OEUVRES COMPLÈTES

DE M. LE VICOMTE

DE CHATEAUBRIAND.

TOME XVI.

DE L'IMPRIMERIE DE CRAPELET,
RUE DE VAUGIRARD, N° 9.

ŒUVRES COMPLÈTES
DE M. LE VICOMTE
DE CHATEAUBRIAND,
MEMBRE DE L'ACADÉMIE FRANÇOISE.

TOME SEIZIÈME.

GÉNIE DU CHRISTIANISME.

TOME III.

PARIS.

POURRAT FRÈRES, ÉDITEURS.

M. DCCC. XXXVI.

GÉNIE
DU CHRISTIANISME.

SUITE DE LA QUATRIÈME PARTIE.

GÉNIE DU CHRISTIANISME.

SUITE DU LIVRE QUATRIÈME.

HISTOIRE.

CHAPITRE V.

QUE L'INCRÉDULITÉ EST LA PRINCIPALE CAUSE DE LA DÉCADENCE DU GOUT ET DU GÉNIE.

Ce que nous avons dit jusqu'ici a pu conduire le lecteur à cette réflexion, *que l'incrédulité est la principale cause de la décadence du goût et du génie.* Quand on ne crut plus rien à Athènes et à Rome, les talents disparurent avec les dieux, et les muses livrèrent à la barbarie ceux qui n'avoient plus de foi en elles.

Dans un siècle de lumières, on ne sauroit croire jusqu'à quel point les bonnes mœurs sont dépendantes du bon goût, et le bon goût des bonnes mœurs. Les ouvrages de Racine, devenant toujours plus purs à mesure que l'auteur devient plus religieux, se terminent enfin à *Athalie*. Remarquez, au contraire, comment l'impiété et le génie de Voltaire se décèlent à la fois dans ses écrits, par un mélange de choses exquises et de choses odieuses. Le mauvais goût, quand il est incorrigible, est une fausseté de jugement, un biais naturel dans les idées; or, comme l'esprit agit sur le cœur, il est difficile que les voies du second soient droites, quand celles du premier ne le sont pas. Celui qui aime la laideur, dans un temps où mille chefs-d'œuvre peuvent avertir et redresser son goût, n'est pas loin d'aimer le vice; quiconque est insensible à la beauté pourroit bien méconnoître la vertu.

Un écrivain qui refuse de croire en un Dieu auteur de l'univers, et juge des hommes dont il a fait l'âme immortelle, bannit d'abord l'infini de ses ouvrages. Il renferme sa pensée dans un cercle de boue, dont il ne peut plus sortir. Il ne voit rien de noble dans la nature, tout s'y opère par d'impurs moyens de corruption et de régénération. L'abîme n'est qu'un peu d'eau *bitumineuse;* les montagnes sont des *protubérances* de pierres *calcaires* ou *vitrescibles,* et le ciel, où le jour prépare une immense solitude, comme pour servir de camp à l'armée des astres que la nuit y amène en silence; le ciel, disons-nous, n'est plus qu'une étroite voûte momentanément suspendue par la main capricieuse du hasard.

Si l'incrédule se trouve ainsi borné dans les

choses de la nature, comment peindra-t-il l'homme avec éloquence? Les mots pour lui manquent de richesse, et les trésors de l'expression lui sont fermés. Contemplez, au fond de ce tombeau, ce cadavre enseveli, cette statue du néant, voilée d'un linceul : c'est l'homme de l'athée! Fœtus né du corps impur de la femme, au-dessous des animaux pour l'instinct, poudre comme eux, et retournant comme eux en poudre, n'ayant point de passion, mais des appétits, n'obéissant point à des lois morales, mais à des ressorts physiques, voyant devant lui, pour toute fin, le sépulcre et des vers : tel est cet être qui se disoit animé d'un souffle immortel! Ne nous parlez plus de mystères de l'âme, du charme secret de la vertu : grâces de l'enfance, amours de la jeunesse, noble amitié, élévation de pensées, charme des tombeaux et de la patrie, vos enchantements sont détruits !

Nécessairement encore l'incrédulité introduit l'esprit raisonneur, les définitions abstraites, le style scientifique, et avec lui le néologisme, choses mortelles au goût et à l'éloquence.

Il est possible que la somme de talents départie aux auteurs du dix-huitième siècle soit égale à celle qu'avoient reçue les écrivains du dix-septième [1]. Pourquoi donc le second siècle est-il au-dessous du premier? Car, il n'est plus temps de le dissimuler,

[1] Nous accordons ceci pour la force de l'argument; mais nous sommes bien loin de le croire. Pascal et Bossuet, Molière et La Fontaine, sont quatre hommes tout-à-fait incomparables, et qu'on ne retrouvera plus. Si nous ne mettons pas Racine de ce nombre, c'est qu'il a un rival dans Virgile.

les écrivains de notre âge ont été en général placés trop haut. S'il y a tant de choses à reprendre, comme on en convient, dans les ouvrages de Rousseau et de Voltaire, que dire de ceux de Raynal et de Diderot[1]? On a vanté, sans doute avec raison, la méthode de nos derniers métaphysiciens. Toutefois on auroit dû remarquer qu'il y a deux sortes de *clartés* : l'une tient à un ordre vulgaire d'idées (un lieu commun s'explique nettement); l'autre vient d'une admirable faculté de concevoir et d'exprimer clairement une pensée forte et composée. Des cailloux au fond d'un ruisseau se voient sans peine, parce que l'eau n'est pas profonde; mais l'ambre, le corail et les perles appellent l'œil du plongeur à des profondeurs immenses, sous les flots transparents de l'abîme.

Or, si notre siècle littéraire est inférieur à celui de Louis XIV, n'en cherchons d'autre cause que notre religion. Nous avons déjà montré combien Voltaire eût gagné à être chrétien : il disputeroit aujourd'hui la palme des muses à Racine. Ses ouvrages auroient pris cette teinte morale sans laquelle rien n'est parfait : on y trouveroit aussi ces souvenirs du vieux temps, dont l'absence y forme un si grand vide. Celui qui renie le Dieu de son pays est presque toujours un homme sans respect pour la mémoire de ses pères; les tombeaux sont sans intérêt pour lui; les institutions de ses aïeux ne lui semblent que des coutumes barbares; il n'a

---

[1] *Voyez* la note A, à la fin du volume.

aucun plaisir à se rappeler les sentences, la sagesse et les goûts de sa mère.

Cependant il est vrai que la majeure partie du génie se compose de cette espèce de souvenirs. Les plus belles choses qu'un auteur puisse mettre dans un livre sont les sentiments qui lui viennent, par réminiscence, des premiers jours de sa jeunesse. Voltaire a bien péché contre ces règles critiques (pourtant si douces!), lui qui s'est éternellement moqué des mœurs et des coutumes de nos ancêtres. Comment se fait-il que ce qui enchante les autres hommes soit précisément ce qui dégoûte un incrédule?

La religion est le plus puissant motif de l'amour de la patrie; les écrivains pieux ont toujours répandu ce noble sentiment dans leurs écrits. Avec quel respect, avec quelle magnifique opinion les écrivains du siècle de Louis XIV ne parlent-ils pas toujours de la France! Malheur à qui insulte son pays! Que la patrie se lasse d'être ingrate avant que nous nous lassions de l'aimer; ayons le cœur plus grand que ses injustices.

Si l'homme religieux aime sa patrie, c'est que son esprit est simple, et que les sentiments naturels qui nous attachent aux champs de nos aïeux sont comme le fond et l'habitude de son cœur. Il donne la main à ses pères et à ses enfants; il est planté dans le sol natal, comme le chêne qui voit au-dessous de lui ses vieilles racines s'enfoncer dans la terre, et à son sommet des boutons naissants qui aspirent vers le ciel.

Rousseau est un des écrivains du dix-huitième siècle dont le style a le plus de charme, parce que cet homme, bizarre à dessein, s'étoit au moins créé une ombre de religion. Il avoit foi en quelque chose qui n'étoit pas le *Christ*, mais qui pourtant étoit l'*Évangile;* ce fantôme de christianisme, tel quel, a quelquefois donné beaucoup de grâces à son génie. Lui qui s'est élevé avec tant de force contre les sophistes, n'eût-il pas mieux fait de s'abandonner à la tendresse de son âme, que de se perdre, comme eux, dans des systèmes dont il n'a fait que rajeunir les vieilles erreurs[1] ?

Il ne manqueroit rien à Buffon s'il avoit autant de sensibilité que d'éloquence. Remarque étrange, que nous avons lieu de faire à tous moments, que nous répétons jusqu'à satiété, et dont nous ne saurions trop convaincre le siècle : sans religion, *point de sensibilité:* Buffon surprend par son style; mais rarement il attendrit. Lisez l'admirable article du chien; tous les chiens y sont : le chien chasseur, le chien berger, le chien sauvage, le chien grand seigneur, le chien petit-maître, etc. Qu'y manque-t-il enfin? Le chien de l'aveugle. Et c'est celui-là dont se fût d'abord souvenu un chrétien.

En général, les rapports tendres ont échappé à Buffon. Et néanmoins rendons justice à ce grand peintre de la nature : son style est d'une perfection

---

[1] *Voyez* la note B, à la fin du volume.

rare. Pour garder aussi bien les convenances, pour n'être jamais ni trop haut ni trop bas, il faut avoir soi-même beaucoup de mesure dans l'esprit et dans la conduite. On sait que Buffon respectoit tout ce qu'il faut respecter. Il ne croyoit pas que la philosophie consistât à afficher l'incrédulité, à insulter aux autels de vingt-quatre millions d'hommes. Il étoit régulier dans ses devoirs de chrétien, et donnoit l'exemple à ses domestiques. Rousseau, s'attachant au fond et rejetant les formes du culte, montre dans ses écrits la tendresse de la religion avec le mauvais ton du sophiste; Buffon, par la raison contraire, a la sécheresse de la philosophie avec les bienséances de la religion. Le christianisme a mis au-dedans du style du premier le charme, l'abandon et l'amour; et au-dehors du style du second, l'ordre, la clarté et la magnificence. Ainsi les ouvrages de ces hommes célèbres portent, en bien et en mal, l'empreinte de ce qu'ils ont choisi, et de ce qu'ils ont rejeté eux-mêmes de la religion.

En nommant Montesquieu, nous rappelons le véritable grand homme du dix-huitième siècle. *L'Esprit des Lois* et les *Considérations sur les causes de la grandeur des Romains et de leur décadence*, vivront aussi long-temps que la langue dans laquelle ils sont écrits. Si Montesquieu, dans un ouvrage de sa jeunesse, laissa tomber sur la religion quelques-uns des traits qu'il dirigeoit contre nos mœurs, ce ne fut qu'une erreur passagère, une espèce de tribut payé à la corruption de la Régence ¹. Mais dans le livre qui a placé Montesquieu au rang des hommes illustres, il a magnifiquement réparé ses torts, en faisant l'éloge du culte qu'il avoit eu l'imprudence d'attaquer. La maturité de ses années et l'intérêt même de sa gloire lui firent comprendre que, pour élever un monument durable, il falloit en creuser les fondements dans un sol moins mouvant que la poussière de ce monde ; son génie, qui embrassoit tous les temps, s'est appuyé sur la seule religion à qui tous les temps sont promis.

Il résulte de nos observations que les écrivains du dix-huitième siècle doivent la plupart de leurs défauts à un système trompeur de philosophie, et qu'en étant plus religieux, ils eussent approché davantage de la perfection.

Il y a eu dans notre âge, à quelques exceptions près, une sorte d'avortement général des talents. On diroit même que l'impiété, qui rend tout stérile, se manifeste aussi par l'appauvrissement de la nature physique. Jetez les yeux sur les générations qui succédèrent au siècle de Louis XIV. Où sont ces hommes aux figures calmes et majestueuses, au port et aux vêtements nobles, au langage épuré, à l'air guerrier et classique, conquérant et inspiré des arts ? On les cherche, et on ne les trouve plus. De petits hommes inconnus se promènent comme des pygmées sous les hauts portiques des monuments d'un autre âge. Sur leur

¹ *Voyez* la note C, à la fin du volume.

front dur respirent l'égoïsme et le mépris de Dieu; ils ont perdu et la noblesse de l'habit et la pureté du langage : on les prendroit, non pour les fils, mais pour les baladins de la grande race qui les a précédés.

Les disciples de la nouvelle école flétrissent l'imagination avec je ne sais quelle vérité, qui n'est point la véritable vérité. Le style de ces hommes est sec, l'expression sans franchise, l'imagination sans amour et sans flamme; ils n'ont nulle onction, nulle abondance, nulle simplicité. On ne sent point quelque chose de plein et de nourri dans leurs ouvrages; l'immensité n'y est point, parce que la divinité y manque. Au lieu de cette tendre religion, de cet instrument harmonieux dont les auteurs du siècle de Louis XIV se servoient pour trouver le ton de leur éloquence, les écrivains modernes font usage d'une étroite philosophie qui va divisant toute chose, mesurant les sentiments au compas, soumettant l'âme au calcul, et réduisant l'univers, Dieu compris, à une soustraction passagère du néant.

Aussi le dix-huitième siècle diminue-t-il chaque jour dans la perspective, tandis que le dix-septième semble s'élever à mesure que nous nous en éloignons; l'un s'affaisse, l'autre monte dans les cieux. On aura beau chercher à ravaler le génie de Bossuet et de Racine, il aura le sort de cette grande figure d'Homère qu'on aperçoit derrière les âges : quelquefois elle est obscurcie par la poussière qu'un siècle fait en s'écroulant; mais aussitôt que le nuage s'est dissipé, on voit reparoître la majestueuse figure, qui s'est encore agrandie pour dominer les ruines nouvelles [1].

[1] *Voyez* la note D, à la fin du volume.

LIVRE CINQUIÈME.

HARMONIES DE LA RELIGION CHRÉTIENNE
AVEC LES SCÈNES DE LA NATURE
ET LES PASSIONS DU CŒUR HUMAIN.

CHAPITRE PREMIER.
DIVISION DES HARMONIES.

Avant de passer à la description du culte, il nous reste à examiner quelques sujets que nous n'avons pu suffisamment développer dans les livres précédents. Ces sujets se rapportent au côté physique ou au côté moral des arts. Ainsi, par exemple, les sites des monastères, les ruines des monuments religieux, etc., tiennent à la partie matérielle de l'architecture, tandis que les effets de la doctrine chrétienne, avec les passions du cœur de l'homme et les tableaux de la nature, rentrent dans la partie dramatique et descriptive de la poésie.

Tels sont les sujets que nous réunissons dans ce livre, sous le titre général d'*Harmonies*, etc.

CHAPITRE II.

HARMONIES PHYSIQUES.

SUITE DES MONUMENTS RELIGIEUX, COUVENTS MARONITES, COPHTES, ETC.

Il y a dans les choses humaines deux espèces de nature, placées l'une au commencement, l'autre à la fin de la société. S'il n'en étoit ainsi, l'homme, en s'éloignant toujours de son origine, seroit devenu une sorte de monstre; mais, par une loi de la Providence, plus il se civilise, plus il se rapproche de son premier état : il advient que la science au plus haut degré est l'ignorance, et que les arts parfaits sont la nature.

Cette dernière nature, ou cette *nature de la société*, est la plus belle : le génie en est l'instinct, et la vertu l'innocence, car le génie et la vertu de l'homme civilisé ne sont que l'instinct et l'innocence perfectionnés du Sauvage. Or, personne ne peut comparer un Indien du Canada à Socrate, bien que le premier soit, rigoureusement parlant, aussi moral que le second; ou bien il faudroit soutenir que la paix des passions non développées dans l'enfant a la même excellence que la paix des passions domptées dans l'homme; que l'être à pures sensations est égal à l'être pensant, ce qui reviendroit à dire que foiblesse est aussi belle que force. Un petit lac ne ravage pas ses bords, et personne n'en est étonné; son impuissance fait son repos : mais on aime le calme sur la mer, parce qu'elle a le pouvoir des orages, et l'on admire le silence de l'abîme, parce qu'il vient de la profondeur même des eaux.

Entre les siècles de nature et ceux de civilisation, il y en a d'autres que nous avons nommés siècles de *barbarie*. Les anciens ne les ont point connus. Ils se composent de la réunion subite d'un peuple policé et d'un peuple sauvage. Ces âges doivent être remarquables par la corruption du goût. D'un côté, l'homme sauvage, en s'emparant des arts, n'a pas assez de finesse pour les porter jusqu'à l'élégance, et l'homme social pas assez de simplicité pour redescendre à la seule nature.

On ne peut alors espérer rien de pur que dans les sujets où une cause morale agit par elle-même, indépendamment des causes temporaires. C'est pourquoi les premiers solitaires, livrés à ce goût délicat et sûr de la religion, qui ne trompe jamais lorsqu'on n'y mêle rien d'étranger, ont choisi dans les diverses parties du monde les sites les plus frappants pour y fonder leurs monastères [1]. Il n'y a point d'ermite qui ne saisisse aussi bien que Claude le Lorrain ou Le Nôtre le rocher où il doit placer sa grotte.

On voit çà et là, dans la chaîne du Liban, des couvents maronites bâtis sur des abîmes. On pénètre dans les uns par de longues cavernes, dont on ferme l'entrée avec des quartiers de roche; on

---

[1] Voyez la note E, à la fin du volume.

ne peut monter dans les autres qu'au moyen d'une corbeille suspendue. Le *fleuve saint* sort du pied de la montagne; la forêt de cèdres noirs domine le tableau, et elle est elle-même surmontée par des croupes arrondies, que la neige drape de sa blancheur. Le miracle ne s'achève qu'au moment où l'on arrive au monastère : au dedans sont des vignes, des ruisseaux, des bocages; au dehors, une nature horrible; et la terre qui se perd et s'enfuit avec ses fleuves, ses campagnes et ses mers dans de bleuâtres profondeurs. Nourris par la religion, entre la terre et le firmament, sur ces roches escarpées, c'est là que de pieux solitaires prennent leur vol vers le ciel comme les aigles de la montagne.

Les cellules rondes et séparées des couvents égyptiens sont renfermées dans l'enceinte d'un mur qui les défend des Arabes. Du haut de la tour bâtie au milieu de ces couvents, on découvre des landes de sable, d'où s'élèvent les têtes grisâtres des pyramides, ou des bornes qui marquent le chemin au voyageur. Quelquefois une caravane abyssinienne, des Bédouins vagabonds, passent dans le lointain à l'un des horizons de la mouvante étendue; quelquefois le souffle du midi noie la perspective dans une atmosphère de poudre. La lune éclaire un sol nu, où des brises muettes ne trouvent pas même un brin d'herbe pour en former une voix. Le désert sans arbres se montre de toutes parts sans ombre; ce n'est que dans les bâtiments du monastère qu'on retrouve quelques voiles de la nuit.

Sur l'isthme de Panama en Amérique, le cénobite peut contempler du faîte de son couvent les deux mers qui baignent les deux rives du Nouveau-Monde : l'une souvent agitée quand l'autre repose, et présentant aux méditations le double tableau du calme et de l'orage.

Les couvents situés dans les Andes voient s'aplanir au loin les flots de l'océan Pacifique. Un ciel transparent abaisse le cercle de ses horizons sur la terre et sur les mers, et semble enfermer l'édifice de la religion sous un globe de cristal. La fleur capucine remplaçant le lierre religieux, brode de ses chiffres de pourpre les murs sacrés : le Lamaz traverse le torrent sur un pont flottant de lianes, et le Péruvien infortuné vient prier le Dieu de Las Casas.

Tout le monde a vu en Europe de vieilles abbayes cachées dans les bois où elles ne se décèlent aux voyageurs que par leurs clochers perdus dans la cime des chênes. Les monuments ordinaires reçoivent leur grandeur des paysages qui les environnent ; la religion chrétienne embellit au contraire le théâtre où elle place ses autels et suspend ses saintes décorations. Nous avons parlé des couvents européens dans l'histoire de *René*, et retracé quelques-uns de leurs effets au milieu des scènes de la nature ; pour achever de montrer au lecteur ces monuments, nous lui donnerons ici un morceau précieux que nous devons à l'amitié. L'auteur y a fait de si grands changements, que c'est, pour ainsi dire, un nouvel ouvrage. Ces beaux vers prouveront aux poëtes que leurs muses gagneroient plus à rêver dans les cloîtres qu'à se faire l'écho de l'impiété.

LA CHARTREUSE DE PARIS.

Vieux cloître où de Bruno les disciples cachés
Renferment tous leurs vœux sur le ciel attachés;
Cloître saint, ouvre-moi tes modestes portiques!
Laisse-moi m'égarer dans ces jardins rustiques
Où venoit Catinat méditer quelquefois,
Heureux de fuir la cour et d'oublier les rois.

J'ai trop connu Paris : mes légères pensées,
Dans son enceinte immense au hasard dispersées,
Veulent enfin rejoindre et lier tous les jours
Leur fil demi-formé, qui se brise toujours.
Seul, je viens recueillir mes vagues rêveries.
Fuyez, bruyants remparts, pompeuses Tuileries,
Louvre, dont le portique à mes yeux éblouis
Vante après cent hivers la grandeur de Louis!
Je préfère ces lieux où l'âme, moins distraite,
Même au sein de Paris peut goûter la retraite :
La retraite me plaît, elle eut mes premiers vers.
Déjà, de feux moins vifs éclairant l'univers,
Septembre loin de nous s'enfuit et décolore
Cet éclat dont l'année un moment brille encore.
Il redouble la paix qui m'attache en ces lieux;
Son jour mélancolique, et si doux à nos yeux,
Son vert plus rembruni, son grave caractère,
Semblent se conformer au deuil du monastère.
Sous ces bois jaunissants j'aime à m'ensevelir,
Couché sur un gazon qui commence à pâlir,
Je jouis d'un air pur, de l'ombre et du silence.

Ces chars tumultueux où s'assied l'opulence,
Tous ces travaux, ce peuple à grands flots agité,
Ces sons confus qu'élève une vaste cité,
Des enfants de Bruno ne troublent point l'asile;
Le bruit les environne, et leur âme est tranquille.

Tous les jours, reproduit sous des traits inconstants,
Le fantôme du siècle emporté par le temps
Passe, et roule autour d'eux ses pompes mensongères.
Mais c'est en vain : du siècle ils ont fui les chimères :
Hormis l'éternité tout est songe pour eux.
Vous déplorez pourtant leur destin malheureux!
Quel préjugé funeste à des lois si rigides
Attacha, dites-vous, ces pieux suicides?
Ils meurent longuement, rongés d'un noir chagrin :
L'autel garde leurs vœux sur des tables d'airain ;
Et le seul désespoir habite leurs cellules.

Hé bien! vous qui plaignez ces victimes crédules,
Pénétrez avec moi ces murs religieux :
N'y respirez-vous pas l'air paisible des cieux?
Vos chagrins ne sont plus, vos passions se taisent,
Et du cloître muet les ténèbres vous plaisent.

Mais quel lugubre son, du haut de cette tour,
Descend et fait frémir les dortoirs d'alentour?
C'est l'airain qui, du temps formidable interprète,
Dans chaque heure qui fuit, à l'humble anachorète
Redit en longs échos : Songe au dernier moment!
Le son sous cette voûte expire lentement,
Et quand il a cessé, l'âme en frémit encore.
La méditation qui, seule dès l'aurore,
Dans ces sombres parvis marche en baissant son œil,
A ce signal s'arrête, et lit, sur un cercueil,
L'épitaphe à demi par les ans effacée,
Qu'un gothique écrivain dans la pierre a tracée.
O tableaux éloquents! oh! combien à mon cœur
Plaît ce dôme noirci d'une divine horreur,
Et le lierre embrassant ces débris de murailles
Où croasse l'oiseau chantre des funérailles!
Les approches du soir, et ses ifs attristés
Où glissent du soleil les dernières clartés,
Et ce buste pieux que la mousse environne,
Et la cloche d'airain à l'accent monotone,
Ce temple où chaque aurore entend de saints concerts
Sortir d'un long silence et monter dans les airs ;
Un martyr dont l'autel a conservé les restes,
Et le gazon qui croît sur ces tombeaux modestes

Où l'heureux cénobite a passé sans remord
Du silence du cloître à celui de la mort!

Cependant sur ces murs l'obscurité s'abaisse,
Leur deuil est redoublé, leur ombre est plus épaisse,
Les hauteurs de Meudon me cachent le soleil,
Le jour meurt, la nuit vient : le couchant, moins vermeil,
Voit pâlir de ses feux la dernière étincelle.
Tout à coup se rallume une aurore nouvelle
Qui monte avec lenteur sur les dômes noircis
De ce palais voisin qu'éleva Médicis [1] ;
Elle en blanchit le faîte, et ma vue enchantée
Reçoit par ces vitraux la lueur argentée.
L'astre touchant des nuits verse du haut des cieux
Sur les tombes du cloître un jour mystérieux,
Et semble y réfléchir cette douce lumière
Qui des morts bienheureux doit charmer la paupière.
Ici, je ne vois plus les horreurs du trépas :
Son aspect attendrit et n'épouvante pas.
Me trompé-je? Écoutons : sous ces voûtes antiques
Parviennent jusqu'à moi d'invisibles cantiques,
Et la Religion, le front voilé, descend :
Elle approche : déjà son calme attendrissant,
Jusqu'au fond de votre âme en secret s'insinue ;
Entendez-vous un Dieu dont la voix inconnue
Vous dit tout bas : Mon fils, viens ici, viens à moi;
Marche au fond du désert, j'y serai près de toi.

Maintenant, du milieu de cette paix profonde,
Tournez les yeux : voyez, dans les routes du monde,
S'agiter les humains que travaille sans fruit
Cet espoir obstiné du bonheur qui les fuit.
Rappelez-vous les mœurs de ces siècles sauvages
Où, sur l'Europe entière apportant les ravages,
Des Vandales obscurs, de farouches Lombards,
Des Goths se disputoient le sceptre des Césars.
La force étoit sans frein, le foible sans asile :
Parlez, blâmerez-vous les Benoît, les Basile,
Qui, loin du siècle impie, en ces temps abhorrés,
Ouvrirent au malheur des refuges sacrés ?

[1] Le Luxembourg.

Déserts de l'Orient, sables, sommets arides,
Catacombes, forêts, sauvages Thébaïdes,
Oh! que d'infortunés votre noire épaisseur
A dérobés jadis au fer de l'oppresseur!
C'est là qu'ils se cachoient, et les chrétiens fidèles,
Que la religion protégeoit de ses ailes,
Vivant avec Dieu seul dans leurs pieux tombeaux,
Pouvoient au moins prier sans craindre les bourreaux.
Le tyran n'osoit plus y chercher ses victimes.
Et que dis-je? accablé de l'horreur de ses crimes,
Souvent dans ces lieux saints l'oppresseur désarmé
Venoit demander grâce aux pieds de l'opprimé.
D'héroïques vertus habitoient l'ermitage.
Je vois dans les débris de Thèbes, de Carthage,
Au creux des souterrains, au fond des vieilles tours,
D'illustres pénitents fuir le monde et les cours.
La voix des passions se tait sous leurs cilices;
Mais leurs austérités ne sont point sans délices :
Celui qu'ils ont cherché ne les oubliera pas;
Dieu commande au désert de fleurir sous leurs pas.
Palmier, qui rafraîchis la plaine de Syrie,
Ils venoient reposer sous ton ombre chérie!
Prophétique Jourdain, ils erroient sur tes bords!
Et vous, qu'un roi charmoit de ses divins accords,
Cèdres du haut Liban, sur votre cime altière,
Vous portiez jusqu'au ciel leur ardente prière!
Cet antre protégeoit leur paisible sommeil;
Souvent le cri de l'aigle avança leur réveil;
Ils chantoient l'Éternel sur le roc solitaire,
Au bruit sourd du torrent dont l'eau les désaltère,
Quand tout à coup un ange, en dévoilant ses traits,
Leur porte, au nom du ciel, un message de paix.
Et cependant leurs jours n'étoient point sans orages.
Cet éloquent Jérôme, honneur des premiers âges,
Voyoit, sous le cilice et de cendres couvert,
Les voluptés de Rome assiéger son désert.
Leurs combats exerçoient son austère sagesse.
Peut-être, comme lui, déplorant sa foiblesse,
Un mortel trop sensible habita ce séjour.
Hélas! plus d'une fois les soupirs de l'amour
S'élevoient dans la nuit du fond des monastères
En vain le repoussant de ses regards austères,
La pénitence veille à côté d'un cercueil:

Il entre déguisé sous les voiles du deuil;
Au Dieu consolateur en pleurant il se donne;
A Comminge, à Rancé, Dieu sans doute pardonne:
A Comminge, à Rancé, qui ne doit quelques pleurs?
Qui n'en sait les amours? qui n'en plaint les malheurs?
Et toi, dont le nom seul trouble l'âme amoureuse,
Des bois du Paraclet vestale malheureuse,
Toi qui, sans prononcer de vulgaires serments,
Fis connoître à l'amour de nouveaux sentiments;
Toi que l'homme sensible, abusé par lui-même,
Se plaît à retrouver dans la femme qu'il aime,
Héloïse! à ton nom quel cœur ne s'attendrit?
Tel qu'un autre Abeilard ton amant te chérit.
Que de fois j'ai cherché, loin d'un monde volage,
L'asile où dans Paris s'écoula ton jeune âge,
Ces vénérables tours qu'allonge vers les cieux
La cathédrale antique où prioient nos aïeux!
Ces tours ont conservé ton amoureuse histoire.
Là tout m'en parle encor [1] : là revit ta mémoire;
Là du toit de Fulbert j'ai revu les débris.
On dit même, en ces lieux, par ton ombre chéris,
Qu'un long gémissement s'élève chaque année
A l'heure où se forma ton funeste hyménée.
La jeune fille alors lit, au déclin du jour,
Cette lettre éloquente où brûle ton amour:
Son trouble est aperçu de l'amant qu'elle adore,
Et des feux que tu peins son feu s'accroît encore.
Mais que fais-je, imprudent? quoi! dans ce lieu sacré
J'ose parler d'amour, et je marche entouré
Des leçons du tombeau, des menaces suprêmes!
Ces murs, ces longs dortoirs, se couvrent d'anathèmes,
De sentences de mort qu'aux yeux épouvantés
L'ange exterminateur écrit de tous côtés;
Je lis à chaque pas : *Dieu*, *l'enfer*, la *vengeance*.
Partout est la rigueur, nulle part la clémence.
Cloître sombre, où l'amour est proscrit par le ciel,
Où l'instinct le plus cher est le plus criminel,
Déjà, déjà ton deuil plaît moins à ma pensée.
L'imagination, vers tes murs élancée,
Chercha le saint repos, leur long recueillement;

---

[1] Héloïse vivoit dans le cloître Notre-Dame; on y voit encore la maison de son oncle le chanoine Fulbert.

Mais mon âme a besoin d'un plus doux sentiment.
Ces devoirs rigoureux font trembler ma foiblesse.
Toutefois quand le temps, qui détrompe sans cesse,
Pour moi des passions détruira les erreurs,
Et leurs plaisirs trop courts souvent mêlés de pleurs ;
Quand mon cœur nourrira quelque peine secrète,
Dans ces moments plus doux et si chers au poëte,
Où, fatigué du monde, il veut, libre du moins,
Et jouir de lui-même, et rêver sans témoins,
Alors je reviendrai, solitude tranquille,
Oublier dans ton sein les ennuis de la ville,
Et retrouver encor, sous ces lambris déserts,
Les mêmes sentiments retracés dans ces vers.

CHAPITRE III.

LES RUINES EN GÉNÉRAL.

QU'IL Y EN A DE DEUX ESPÈCES.

De l'examen des *sites* des monuments chrétiens, nous passons aux effets des *ruines* de ces monuments. Elles fournissent au cœur de majestueux souvenirs, et aux arts des compositions touchantes. Consacrons quelques pages à cette poétique des morts.

Tous les hommes ont un secret attrait pour les ruines. Ce sentiment tient à la fragilité de notre nature, à une conformité secrète entre ces monuments détruits et la rapidité de notre existence. Il s'y joint, en outre, une idée qui console notre petitesse, en voyant que des peuples entiers, des hommes quelquefois si fameux, n'ont pu vivre cependant au-delà du peu de jours assignés à notre obscurité. Ainsi, les ruines jettent une grande moralité au milieu des scènes de la nature ; quand elles sont placées dans un tableau, en vain on cherche à porter les yeux autre part : ils reviennent toujours s'attacher sur elles. Et pourquoi les ouvrages des hommes ne passeroient-ils pas, quand le soleil qui les éclaire doit lui-même tomber de sa voûte ? Celui qui le plaça dans les cieux est le seul souverain dont l'empire ne connoisse point de ruines.

Il y a deux sortes de ruines : l'une, ouvrage du temps ; l'autre, ouvrage des hommes. Les premières n'ont rien de désagréable, parce que la nature travaille auprès des ans. Font-ils des décombres, elle y sème des fleurs ; entr'ouvrent-ils un tombeau, elle y place le nid d'une colombe : sans cesse occupée à reproduire, elle environne la mort des plus douces illusions de la vie.

Les secondes ruines sont plutôt des dévastations que des ruines ; elles n'offrent que l'image du néant, sans une puissance réparatrice. Ouvrage du malheur et non des années, elles ressemblent aux cheveux blancs sur la tête de la jeunesse. Les destructions des hommes sont d'ailleurs plus violentes et plus complètes que celles des âges ; les seconds minent, les premiers renversent. Quand Dieu, pour des raisons qui nous sont inconnues, veut hâter les ruines du monde, il ordonne au Temps de prêter sa faux à l'homme ; et le Temps nous voit avec épouvante ravager dans un clin d'œil ce qu'il eût mis des siècles à détruire.

Nous nous promenions un jour derrière le palais du Luxembourg, et nous nous trouvâmes près de cette même Chartreuse que M. de Fontanes a chantée. Nous vîmes une église dont les toits étoient enfoncés, les plombs des fenêtres arrachés, et les portes fermées avec des planches mises debout. La plupart des autres bâtiments du monastère n'existoient plus. Nous nous promenâmes long-temps au milieu des pierres sépulcrales de marbre noir semées çà et là sur la terre; les unes étoient totalement brisées, les autres offroient encore quelques restes d'épitaphes. Nous entrâmes dans le cloître intérieur; deux pruniers sauvages y croissoient parmi les hautes herbes et des décombres. Sur les murailles on voyoit des peintures à demi effacées, représentant la vie de saint Bruno; un cadran étoit resté sur un des pignons de l'église; et dans le sanctuaire, au lieu de cette hymne de paix qui s'élevoit jadis en l'honneur des morts, on entendoit crier l'instrument du manœuvre qui scioit des tombeaux.

Les réflexions que nous fîmes dans ce lieu, tout le monde les peut faire. Nous en sortîmes le cœur flétri, et nous nous enfonçâmes dans le faubourg voisin, sans savoir où nous allions. La nuit approchoit : comme nous passions entre deux murs, dans une rue déserte, tout à coup le son d'un orgue vint frapper notre oreille, et les paroles du cantique *Laudate Dominum, omnes gentes,* sortirent du fond d'une église voisine; c'étoit alors l'octave du Saint-Sacrement. Nous ne saurions peindre l'émotion que nous causèrent ces chants religieux; nous crûmes ouïr une voix du ciel qui disoit : « Chrétien sans foi, pourquoi perds-tu l'espérance ? Crois-tu donc que je change mes desseins comme les hommes; que j'abandonne, parce que je punis? Loin d'accuser mes décrets, imite ces serviteurs fidèles qui bénissent les coups de ma main, jusque sous les débris où je les écrase. »

Nous entrâmes dans l'église au moment où le prêtre donnoit la bénédiction. De pauvres femmes, des vieillards, des enfants étoient prosternés. Nous nous précipitâmes sur la terre, au milieu d'eux; nos larmes couloient; nous dîmes, dans le secret de notre cœur : Pardonne, ô Seigneur, si nous avons murmuré en voyant la désolation de ton temple; pardonne à notre raison ébranlée ! L'homme n'est lui-même qu'un édifice tombé, qu'un débris du péché et de la mort; son amour tiède, sa foi chancelante, sa charité bornée, ses sentiments incomplets, ses pensées insuffisantes, son cœur brisé, tout chez lui n'est que ruines [1].

---

[1] Voyez la Note F, à la fin du volume.

CHAPITRE IV.

EFFET PITTORESQUE DES RUINES.

RUINES DE PALMYRE, D'ÉGYPTE, ETC.

Les ruines, considérées sous le rapport du paysage, sont plus pittoresques dans un tableau que le monument frais et entier. Dans les temples que les siècles n'ont point percés, les murs masquent une partie du site et des objets extérieurs, et empêchent qu'on ne distingue les colonnades et les cintres de l'édifice; mais quand ces temples viennent à crouler, il ne reste que des débris isolés, entre lesquels l'œil découvre au haut et au loin les astres, les nues, les montagnes, les fleuves et les forêts. Alors, par un jeu de l'optique, l'horizon recule et les galeries suspendues en l'air se découpent sur les fonds du ciel et de la terre. Ces effets n'ont point été inconnus des anciens; ils élevoient des cirques sans masses pleines, pour laisser un libre accès aux illusions de la perspective.

Les ruines ont ensuite des harmonies particulières avec leurs déserts, selon le style de leur architecture, les lieux où elles sont placées, et les règnes de la nature au méridien qu'elles occupent.

Dans les pays chauds, peu favorables aux herbes et aux mousses, elles sont privées de ces graminées qui décorent nos châteaux gothiques et nos vieilles tours; mais aussi de plus grands végétaux se marient aux plus grandes formes de leur architecture. A Palmyre, le dattier fend les *têtes d'hommes et de lions* qui soutiennent les chapiteaux du *temple du Soleil;* le palmier remplace par sa colonne la colonne tombée, et le pêcher, que les anciens consacroient à Harpocrate, s'élève dans la demeure du silence. On y voit encore une espèce d'arbre dont le feuillage échevelé et les fruits en cristaux forment, avec les débris pendants, de beaux accords de tristesse. Quelquefois une caravane arrêtée dans ces déserts y multiplie les effets pittoresques : le costume oriental allie bien sa noblesse à la noblesse de ces ruines; et les chameaux semblent en accroître les dimensions, lorsque, couchés entre des fragments de maçonnerie, ils ne laissent voir que leurs têtes fauves et leurs dos bossus.

Les ruines changent de caractère en Égypte; souvent elles offrent dans un petit espace diverses sortes d'architecture et de souvenirs. Les colonnes du vieux style égyptien s'élèvent auprès de la colonne corinthienne; un morceau d'ordre toscan s'unit à une tour arabe, un monument du peuple pasteur à un monument des Romains. Des Sphinx, des Anubis, des statues brisées, des obélisques rompus, sont roulés dans le Nil, enterrés dans le sol, cachés dans des rizières, des champs de fèves et des plaines de trèfle. Quelquefois, dans les débordements du fleuve, ces ruines ressemblent sur les eaux à une grande flotte; quelquefois des nuages, jetés en ondes sur les flancs des pyramides, les partagent en deux moitiés. Le chakal, monté sur un piédestal vide, allonge son museau de loup derrière le buste d'un Pan à tête de belier; la gazelle, l'autruche, l'ibis, la gerboise, sautent parmi les décombres, tandis que la poule sultane se tient immobile sur quelque débris, comme un oiseau hiéroglyphique de granit et de porphyre.

La vallée de Tempé, les bois de l'Olympe, les côtes de l'Attique et du Péloponèse étalent les ruines de la Grèce. Là commencent à paroître les mousses, les plantes grimpantes et les fleurs saxatiles. Une guirlande vagabonde de jasmin embrasse une Vénus, comme pour lui rendre sa ceinture; une barbe de mousse blanche descend du menton d'une Hébé; le pavot croît sur les feuillets du livre de Mnémosyne : symbole de la renommée passée et de l'oubli présent de ces lieux. Les flots de l'Égée, qui viennent expirer sous de croulants portiques, Philomèle qui se plaint, Alcyon qui gémit, Cadmus qui roule ses anneaux autour d'un autel, le cygne qui fait son nid dans le sein de quelque Léda, mille accidents, produits comme par les Grâces, enchantent ces poétiques débris : on diroit qu'un souffle divin anime encore la poussière des temples d'Apollon et des Muses; et le paysage entier, baigné par la mer, ressemble à un tableau d'Apelles, consacré à Neptune et suspendu à ses rivages [1].

[1] Voyez la note G, à la fin du volume.

CHAPITRE V.

RUINES DES MONUMENTS CHRÉTIENS.

Les ruines des monuments chrétiens n'ont pas la même élégance que les ruines des monuments de Rome et de la Grèce; mais, sous d'autres rapports, elles peuvent supporter le parallèle. Les plus belles que l'on connoisse dans ce genre sont celles que l'on voit en Angleterre, au bord du lac du Cumberland, dans les montagnes d'Écosse et jusque dans les Orcades. Les bas côtés du chœur, les arcs des fenêtres, les ouvrages ciselés des voussures, les pilastres des cloîtres et quelques pans de la tour des cloches sont en général les parties qui ont le plus résisté aux efforts du temps.

Dans les ordres grecs, les voûtes et les cintres suivent parallèlement les arcs du ciel, de sorte que, sur la tenture grise des nuages ou sur un paysage obscur, ils se perdent dans les fonds; dans l'ordre gothique, au contraire, les pointes contrastent avec les arrondissements des cieux et les courbures de l'horizon. Le gothique, étant tout composé de *vides*, se décore ensuite plus aisément d'herbes et de fleurs que les pleins des ordres grecs. Les filets redoublés des pilastres, les dômes découpés en feuillage ou creusés en forme de cueilloir, deviennent autant de corbeilles où les vents portent, avec la poussière, les semences des végétaux. La joubarbe se cramponne dans le ciment, les mousses emballent d'inégaux décombres dans leur bourre élastique, la ronce fait sortir ses cercles bruns de l'embrasure d'une fenêtre; et le lierre, se traînant le long des cloîtres septentrionaux, retombe en festons dans les arcades.

Il n'est aucune ruine d'un effet plus pittoresque que ces débris : sous un ciel nébuleux, au milieu des vents et des tempêtes, au bord de cette mer dont Ossian a chanté les orages, leur architecture gothique a quelque chose de grand et de sombre comme le Dieu de Sinaï, dont elle perpétue le souvenir. Assis sur un autel brisé, dans les Orcades, le voyageur s'étonne de la tristesse de ces lieux; un océan sauvage, des syrtes embrumées, des vallées où s'élève la pierre d'un tombeau, des torrents qui coulent à travers la bruyère, quelques pins rougeâtres jetés sur la nudité d'un *morne* flanqué de couches de neige, c'est tout ce qui s'offre aux regards. Le vent circule dans les ruines, et leurs innombrables jours deviennent autant de tuyaux d'où s'échappent des plaintes; l'orgue avoit jadis moins de soupirs sous ces voûtes religieuses. De longues herbes tremblent aux ouvertures des dômes. Derrière ces ouvertures on voit fuir la nue et planer l'oiseau des terres boréales. Quelquefois égaré dans sa route, un vaisseau caché sous ses voiles arrondies, comme un esprit des eaux voilé de ses ailes, sillonne les vagues désertes; sous le souffle de l'aquilon, il semble se prosterner à chaque pas, et saluer les mers qui baignent les débris du temple de Dieu.

Ils ont passé sur ces plages inconnues, ces hommes qui adoroient la *Sagesse* qui s'est promenée sous les flots. Tantôt, dans leurs solennités, ils s'avançoient le long des grèves en chantant avec le Psalmiste : « Comme elle est vaste, cette mer qui étend « au loin ses bras spacieux[1] ! » tantôt, assis dans la grotte de *Fingal,* près des soupiraux de l'Océan, ils croyoient entendre cette voix qui disoit à Job : « Savez-vous qui a enfermé la mer dans des digues, « lorsqu'elle se débordoit en sortant du sein de sa « mère, *quasi de vulva procedens*[2] ? » La nuit, quand les tempêtes de l'hiver étoient descendues, quand le monastère disparoissoit dans des tourbillons, les tranquilles cénobites, retirés au fond de leurs cellules, s'endormoient au murmure des orages; heureux de s'être embarqués dans ce vaisseau du Seigneur, qui ne périra point[3] !

Sacrés débris des monuments chrétiens, vous ne rappelez point, comme tant d'autres ruines, du sang, des injustices et des violences! vous ne racontez qu'une histoire paisible, ou tout au plus que les souffrances mystérieuses du Fils de l'homme! Et vous, saints ermites, qui, pour arriver à des retraites plus fortunées, vous étiez exilés sous les glaces du pôle, vous jouissez maintenant du fruit de vos sacrifices! S'il est parmi les anges, comme parmi les hommes, des campagnes habitées et des lieux déserts, de même que vous ensevelites vos

---

[1] *Ps.*, CIII, v. 25.
[2] Job, cap. XXXVIII, v. 8.
[3] Voyez la note H, à la fin du volume.

vertus dans les solitudes de la terre, vous aurez sans doute choisi les solitudes célestes pour y cacher votre bonheur!

CHAPITRE VI.

HARMONIES MORALES.

DÉVOTIONS POPULAIRES.

Nous quittons les harmonies physiques des monuments religieux et des scènes de la nature pour entrer dans les harmonies morales du christianisme. Il faut placer au premier rang *ces dévotions populaires* qui consistent en de certaines croyances et de certains rites pratiqués par la foule, sans être ni avoués, ni absolument proscrits par l'Église. Ce ne sont en effet que des harmonies de la religion et de la nature. Quand le peuple croit entendre la voix des morts dans les vents, quand il parle des fantômes de la nuit, quand il va en pèlerinage pour le soulagement de ses maux, il est évident que ces opinions ne sont que des relations touchantes entre quelques scènes naturelles, quelques dogmes sacrés et la misère de nos cœurs. Il suit de là que, plus un culte a de ces *dévotions populaires,* plus il est poétique, puisque la poésie se fonde sur les mouvements de l'âme et les accidents de la nature, rendus tout mystérieux par l'intervention des idées religieuses.

Il faudroit nous plaindre si, voulant tout soumettre aux règles de la raison, nous condamnions avec rigueur ces croyances qui aident au peuple à supporter les chagrins de la vie, et qui lui enseignent une morale que les meilleures lois ne lui apprendront jamais. Il est bon, il est beau, quoi qu'on en dise, que toutes nos actions soient pleines de Dieu, et que nous soyons sans cesse environnés de ses miracles.

Le peuple est bien plus sage que les philosophes. Chaque fontaine, chaque croix dans un chemin, chaque soupir du vent de la nuit, porte avec lui un prodige. Pour l'homme de foi, la nature est une constante merveille. Souffre-t-il, il prie sa petite image, et il est soulagé. A-t-il besoin de revoir un parent, un ami, il fait un vœu, prend le bâton et le bourdon du pèlerin; il franchit les Alpes ou les Pyrénées, visite Notre-Dame de Lorette ou Saint-Jacques en Galice; il se prosterne, il prie le saint de lui rendre un fils (pauvre matelot peut-être errant sur les mers), de sauver une épouse, de prolonger les jours d'un père. Son cœur se trouve allégé. Il part pour retourner à sa chaumière : chargé de coquillages, il fait retentir les hameaux du son de sa conque, et chante dans une complainte naïve la bonté de Marie, mère de Dieu. Chacun veut avoir quelque chose qui ait appartenu au pèlerin. Que de maux guéris par un seul ruban consacré ! Le pèlerin arrive à son village, la première personne qui vient au-devant de lui, c'est sa femme relevée de couches, c'est son fils retrouvé, c'est son père rajeuni.

Heureux, trois et quatre fois heureux ceux qui croient! ils ne peuvent sourire sans compter qu'ils souriront toujours; ils ne peuvent pleurer sans penser qu'ils touchent à la fin de leurs larmes. Leurs pleurs ne sont point perdus : la religion les reçoit dans son urne, et les présente à l'Éternel.

Les pas du vrai croyant ne sont jamais solitaires; un bon ange veille à ses côtés, il lui donne des conseils dans ses songes, il le défend contre le mauvais ange. Ce céleste ami lui est si dévoué, qu'il consent pour lui à s'exiler sur la terre.

Trouvoit-on chez les anciens rien de plus admirable qu'une foule de pratiques usitées jadis dans notre religion? Si l'on rencontroit au coin d'une forêt le corps d'un homme assassiné, on plantoit une croix dans ce lieu en signe de miséricorde. Cette croix demandoit au Samaritain une larme pour un infortuné, et à l'habitant de la cité fidèle une prière pour son frère. Et puis, ce voyageur étoit peut-être un étranger tombé loin de son pays, comme cet illustre inconnu sacrifié par la main des hommes, loin de sa patrie céleste! Quel commerce entre nous et Dieu! quelle élévation cela ne donnoit-il pas à la nature humaine! qu'il étoit étonnant d'oser trouver des conformités entre nos jours mortels et l'éternelle existence du Maître du monde!

Nous ne parlerons point de ces jubilés substitués aux jeux séculaires, qui plongent les chrétiens dans la piscine du repentir, rajeunissent les consciences, et appellent les pécheurs à l'amnistie de la religion. Nous ne dirons point non plus comment, dans les calamités publiques, les grands et les petits s'en alloient pieds nus d'église en église; pour tâcher de désarmer la colère de Dieu. Le pasteur marchoit à leur tête, la corde au cou, humble victime dévouée pour le salut du troupeau.

Mais le peuple ne nourrissoit point la crainte de ces fléaux, quand il avoit sous son toit le Christ d'ébène, le laurier bénit, l'image du saint, protecteur de la famille. Que de fois on s'est prosterné devant ces reliques, pour demander des secours qu'on n'avoit point obtenus des hommes!

Qui ne connoît *Notre-Dame des Bois*, cette habitante du tronc de la vieille épine ou du creux moussu de la fontaine? Elle est célèbre dans le hameau par ses miracles. Maintes matrones vous diront que leurs douleurs dans l'enfantement ont été moins grandes depuis qu'elles ont invoqué la *bonne Marie des Bois*. Les filles qui ont perdu leurs fiancés ont souvent, au clair de la lune, aperçu les âmes de ces jeunes hommes dans ce lieu solitaire; elles ont reconnu leur voix dans les soupirs de la fontaine. Les colombes qui boivent ses eaux ont toujours des œufs dans leur nid, et les fleurs qui croissent sur ses bords, toujours des boutons sur leur tige. Il étoit convenable que la sainte des forêts fît des miracles doux comme les mousses qu'elle habite, charmants comme les eaux qui la voilent.

C'est dans les grands événements de la vie que les coutumes religieuses offrent aux malheureux leurs consolations. Nous avons été une fois spectateur d'un naufrage. En arrivant sur la grève, les matelots dépouillèrent leurs vêtements et ne conservèrent que leurs pantalons et leurs chemises mouillées. Ils avoient fait un vœu à la Vierge pendant la tempête. Ils se rendirent en procession à une petite chapelle dédiée à saint Thomas. Le capitaine marchoit à leur tête, et le peuple suivoit en chantant avec eux l'*Ave, maris stella.* Le prêtre célébra la messe des naufragés, et les matelots suspendirent leurs habits trempés d'eau de mer, en *ex voto,* aux murs de la chapelle. La philosophie peut remplir ses pages de paroles magnifiques, mais nous doutons que les infortunés viennent jamais suspendre leurs vêtements à son temple.

La mort, si poétique parce qu'elle touche aux choses immortelles, si mystérieuse à cause de son silence, devoit avoir mille manières de s'annoncer pour le peuple. Tantôt un trépas se faisoit prévoir par les tintements d'une cloche qui sonnoit d'elle-même, tantôt l'homme qui devoit mourir entendoit frapper trois coups sur le plancher de sa chambre. Une religieuse de saint Benoît, près de quitter la terre, trouvoit une couronne d'épine blanche sur le seuil de sa cellule. Une mère perdoit-elle un fils dans un pays lointain, elle en étoit instruite à l'instant par ses songes. Ceux qui nient les pressentiments ne connoîtront jamais les routes secrètes par où deux cœurs qui s'aiment communiquent d'un bout du monde à l'autre. Souvent le mort chéri, sortant du tombeau, se présentoit à son ami, lui recommandoit de dire des prières pour le racheter des flammes et le conduire à la félicité des élus. Ainsi la religion avoit fait partager à l'amitié le beau privilége que Dieu a de donner une éternité de bonheur.

Des opinions d'une espèce différente, mais toujours d'un caractère religieux, inspiroient l'humanité : elles sont si naïves qu'elles embarrassent l'écrivain. Toucher au nid d'une hirondelle, tuer un rouge-gorge, un roitelet, un grillon, hôte du foyer champêtre, un chien devenu caduc au service de la famille, c'étoit une sorte d'impiété qui ne manquoit point, disoit-on, d'attirer après soi quelque malheur. Par un admirable respect pour la vieillesse, on croyoit que les personnes âgées étoient d'un heureux augure dans une maison, et qu'un ancien domestique portoit bonheur à son maître. On retrouve ici quelques traces du culte touchant des *lares*, et l'on se rappelle la fille de Laban emportant ses dieux paternels.

Le peuple étoit persuadé que nul ne commet une méchante action sans se condamner à avoir le reste de sa vie d'effroyables apparitions à ses côtés. L'antiquité, plus sage que nous, se seroit donné de garde de détruire ces utiles harmonies de la religion, de la conscience et de la morale. Elle n'auroit point rejeté cette autre opinion, par laquelle il étoit tenu pour certain que tout homme qui jouit d'une prospérité mal acquise a fait un pacte avec l'esprit des ténèbres, et légué son âme aux enfers.

Enfin les vents, les pluies, les soleils, les saisons, les cultures, les arts, la naissance, l'enfance, l'hymen, la vieillesse, la mort, tout avoit ses saints et ses images, et jamais peuple ne fut plus environné de divinités amies que ne l'étoit le peuple chrétien.

Il ne s'agit pas d'examiner rigoureusement ces croyances. Loin de rien ordonner à leur sujet, la religion servoit au contraire à en prévenir l'abus, et à en corriger l'excès. Il s'agit seulement de savoir si leur but est moral, si elles tendent mieux que les lois elles-mêmes à conduire la foule à la vertu. Et quel homme sensé peut en douter? A force de déclamer contre la superstition, on finira par ouvrir la voie à tous les crimes. Ce qu'il y aura d'étonnant pour les sophistes, c'est qu'au milieu des maux qu'ils auront causés, ils n'auront pas même la satisfaction de voir le peuple plus incrédule. S'il cesse de soumettre son esprit à la religion, il se fera des opinions monstrueuses. Il sera saisi d'une terreur d'autant plus étrange, qu'il n'en connoîtra pas l'objet : il tremblera dans un cimetière où il aura gravé que *la mort est un sommeil éternel;* et, en affectant de mépriser la puissance divine, il ira interroger la bohémienne, ou chercher ses destinées dans les bigarrures d'une carte.

Il faut du merveilleux, un avenir, des espérances à l'homme, parce qu'il se sent fait pour l'immortalité. Les *conjurations*, la *nécromancie*, ne sont chez le peuple que l'instinct de la religion, et une des preuves les plus frappantes de la nécessité d'un culte. On est bien près de tout croire quand on ne croit rien; on a des devins quand on n'a plus de prophètes, des sortiléges quand on renonce aux cérémonies religieuses, et l'on ouvre les antres des sorciers quand on ferme les temples du Seigneur.

FIN DU CINQUIÈME LIVRE DE LA TROISIÈME PARTIE.

QUATRIÈME PARTIE.

CULTE.

LIVRE PREMIER.
ÉGLISES, ORNEMENTS, CHANTS, PRIÈRES, SOLENNITÉS, ETC.

CHAPITRE PREMIER.
DES CLOCHES.

Nous allons maintenant nous occuper du culte chrétien. Ce sujet est pour le moins aussi riche que celui des trois premières parties, avec lesquelles il forme un tout complet.

Or, puisque nous nous préparons à entrer dans le temple, parlons premièrement de la cloche qui nous y appelle.

C'étoit d'abord, ce nous semble, une chose assez merveilleuse d'avoir trouvé le moyen, par un seul coup de marteau, de faire naître, à la même minute, un même sentiment dans mille cœurs divers, et d'avoir forcé les vents et les nuages à se charger des pensées des hommes. Ensuite, considérée comme harmonie, la cloche a indubitablement une beauté de la première sorte : celle que les artistes appellent *le grand.* Le bruit de la foudre est sublime, et ce n'est que par sa grandeur ; il en est ainsi des vents, des mers, des volcans, des cataractes, de la voix de tout un peuple.

Avec quel plaisir Pythagore, qui prêtoit l'oreille au marteau du forgeron, n'eût-il point écouté le bruit de nos cloches la veille d'une solennité de l'Église ! L'âme peut être attendrie par les accords d'une lyre, mais elle ne sera pas saisie d'enthousiasme, comme lorsque la foudre des combats la réveille, ou qu'une pesante sonnerie proclame dans la région des nuées les triomphes du Dieu des batailles.

Et pourtant ce n'étoit pas là le caractère le plus remarquable du son des cloches, ce son avoit une foule de relations secrètes avec nous. Combien de fois, dans le calme des nuits, les tintements d'une agonie, semblables aux lentes pulsations d'un cœur expirant, n'ont-ils point surpris l'oreille d'une épouse adultère ! Combien de fois ne sont-ils point parvenus jusqu'à l'athée, qui, dans sa veille impie, osoit peut-être écrire qu'il n'y a point de Dieu ! La plume échappe de sa main ; il écoute avec effroi le glas de la mort, qui semble lui dire : *Est-ce qu'il n'y a point de Dieu ?* Oh ! que de pareils bruits n'effrayèrent-ils le sommeil de nos tyrans ! Étrange religion, qui, au seul coup d'un airain magique, peut changer en tourments les plaisirs, ébranler l'athée, et faire tomber le poignard des mains de l'assassin !

Des sentiments plus doux s'attachoient aussi au bruit des cloches. Lorsque, avec le chant de l'alouette, vers le temps de la coupe des blés, on entendoit, au lever de l'aurore, les petites sonneries de nos hameaux, on eût dit que l'ange des moissons, pour réveiller les laboureurs, soupiroit, sur quelque instrument des Hébreux, l'histoire de Séphora ou de Noémi. Il nous semble que si nous étions poëte, nous ne dédaignerions point cette cloche *agitée par les fantômes* dans la vieille chapelle de la forêt, ni celle qu'une religieuse frayeur balançoit dans nos campagnes pour écarter le tonnerre, ni celle qu'on sonnoit la nuit, dans certains ports de mer, pour diriger le pilote à travers les écueils. Les carillons des cloches, au milieu de nos fêtes, sembloient augmenter l'allégresse publique; dans des calamités, au contraire, ces mêmes bruits devenoient terribles. Les cheveux dressent encore sur la tête au souvenir de ces jours de meurtre et de feu, retentissant des clameurs du tocsin. Qui de nous a perdu la mémoire de ces hurlements, de ces cris aigus, entrecoupés de silences, durant lesquels on distinguoit de rares coups de fusil, quelque voix lamentable et solitaire, et surtout le bourdonnement de la cloche d'alarme, ou le son de l'horloge qui frappoit tranquillement l'heure écoulée ?

Mais, dans une société bien ordonnée, le bruit du tocsin, rappelant une idée de secours, frappoit l'âme de pitié et de terreur, et faisoit couler ainsi les deux sources des sensations tragiques.

Tels sont à peu près les sentiments que faisoient naître les sonneries de nos temples ; sentiments d'autant plus beaux qu'il s'y mêloit un souvenir du ciel. Si les cloches eussent été attachées à tout autre monument qu'à des églises, elles auroient perdu leur sympathie morale avec nos cœurs. C'étoit Dieu même qui commandoit à l'ange des victoires de lancer les *volées* qui publioient nos triomphes, ou à l'ange de la mort de sonner le départ de l'âme qui venoit de remonter à lui. Ainsi, par mille voix secrètes, une société chrétienne correspondoit avec la Divinité, et ses institutions alloient se perdre mystérieusement à la source de tout mystère.

Laissons donc les cloches rassembler les fidèles ; car la voix de l'homme n'est pas assez pure pour convoquer au pied des autels le repentir, l'innocence et le malheur. Chez les Sauvages de l'Amérique, lorsque des suppliants se présentent à la porte d'une cabane, c'est l'enfant du lieu qui introduit ces infortunés au foyer de son père : si les cloches nous étoient interdites, il faudroit choisir un enfant pour nous appeler à la maison du Seigneur.

CHAPITRE II.

DU VÊTEMENT DES PRÊTRES ET DES ORNEMENTS DE L'ÉGLISE.

On ne cesse de se récrier sur les institutions de l'antiquité, et l'on ne veut pas s'apercevoir que le culte évangélique est le seul débris de cette antiquité qui soit parvenu jusqu'à nous; tout dans l'Église retrace ces temps éloignés dont les hommes ont depuis long-temps quitté les rivages, et où ils aiment encore à égarer leurs pensées. Si l'on fixe les yeux sur le prêtre chrétien, à l'instant on est transporté dans la patrie de Numa, de Lycurgue ou de Zoroastre. La *tiare* nous montre le Mède errant sur les débris de Suze et d'Ecbatane; l'*aube*, dont le nom latin rappelle et le lever du jour et la blancheur virginale, offre de douces consonnances avec les idées religieuses; toujours un majestueux souvenir ou une agréable harmonie s'attache aux tissus de nos autels.

Et ces autels chrétiens, modelés comme des tombeaux antiques, et ces images du soleil vivant renfermées dans nos tabernacles, ont-ils quelque chose qui blesse les yeux ou qui choque le goût? Nos calices avoient cherché leurs noms parmi les plantes, et le lis leur avoit prêté sa forme; gracieuse concordance entre l'Agneau et les fleurs.

Comme la marque la plus directe de la foi, la

croix est aussi l'objet le plus ridicule à de certains yeux. Les Romains s'en étoient moqués, ainsi que les nouveaux ennemis du christianisme; et Tertullien leur avoit montré qu'ils employoient eux-mêmes ce signe dans leurs faisceaux d'armes. L'attitude que la croix fait prendre au Fils de l'homme est sublime : l'affaissement du corps et la tête penchée font un contraste divin avec les bras étendus vers le ciel. Au reste, la nature n'a pas été aussi délicate que les incrédules; elle n'a pas craint de mouler la croix dans une multitude de ses ouvrages : il y a une famille entière de fleurs qui appartient à cette forme, et cette famille se distingue par une inclination à la solitude; la main du Tout-Puissant a aussi placé l'étendard de notre salut parmi les soleils.

L'urne qui renfermoit les parfums imitoit la forme d'une navette, des feux et d'odorantes vapeurs flottoient dans un vase à l'extrémité d'une longue chaîne : là se voyoient les candélabres de bronze doré, ouvrage d'un Cafieri ou d'un Vassé, et images des chandeliers mystiques du roi-poëte; ici, les vertus cardinales, assises, soutenoient le lutrin triangulaire; des lyres accompagnoient ses faces; un globe terrestre le couronnoit, et un aigle d'airain, surmontant ces belles allégories, sembloit, sur ses ailes déployées, emporter nos prières vers les cieux. Partout se présentoient et des chaires légèrement suspendues, et des vases surmontés de flammes, et des balcons, et de hautes torchères, et des balustres en marbre, et des stalles sculptées par les Charpentier et les Dugoulon, et des lampadaires arrondis par les Ballin; et des Saints-Sacrements de vermeil dessinés par les Bertrand et les Cotte. Quelquefois les débris des temples des dieux du mensonge servoient à décorer le temple du vrai Dieu; les bénitiers de Saint-Sulpice étoient deux urnes sépulcrales apportées d'Alexandrie : les bassins, les patènes, les eaux lustrales, rappeloient les sacrifices antiques; et toujours venoient se mêler, sans se confondre, les souvenirs de la Grèce et d'Israël.

Enfin, les lampes et les fleurs qui décoroient nos églises servoient à perpétuer la mémoire de ces temps de persécution où les fidèles se rassembloient pour prier dans les tombeaux. On croyoit voir ces premiers chrétiens allumer furtivement leur flambeau sous des arches funèbres, et les jeunes filles apporter des fleurs pour parer l'autel des catacombes : un pasteur, éclatant d'indigence et de bonnes œuvres, consacroit ces dons au Seigneur. C'étoit alors le véritable règne de Jésus-Christ, le Dieu des petits et des misérables; son autel étoit pauvre comme ses serviteurs. Mais si les *calices étoient de bois, les prêtres étoient d'or*, comme parle saint Boniface; et jamais on n'a vu tant de vertus évangéliques que dans ces âges où, pour bénir le Dieu de la lumière et de la vie, il falloit se cacher dans la nuit et dans la mort.

CHAPITRE III.

DES CHANTS ET DES PRIÈRES.

On reproche au culte catholique d'employer dans ses chants et ses prières une langue étrangère au peuple, comme si l'on prêchoit en latin, et que l'office ne fût pas traduit dans tous les livres d'église. D'ailleurs, si la religion, aussi mobile que les hommes, eût changé d'idiome avec eux, comment aurions-nous connu les ouvrages de l'antiquité? Telle est l'inconséquence de notre humeur, que nous blâmons ces mêmes coutumes auxquelles nous sommes redevables d'une partie de nos sciences et de nos plaisirs.

Mais, à ne considérer l'usage de l'Église romaine que sous ses rapports immédiats, nous ne voyons pas ce que la langue de Virgile, conservée dans notre culte (et même en certains temps et en certains lieux la langue d'Homère), peut avoir de si déplaisant. Nous croyons qu'une langue antique et mystérieuse, une langue qui ne varie plus avec les siècles, convenoit assez bien au culte de l'Être éternel, incompréhensible, immuable. Et puisque le sentiment de nos maux nous force d'élever vers le Roi des rois une voix suppliante, n'est-il pas naturel qu'on lui parle dans le plus bel idiome de la terre, et dans celui-là même dont se servoient les nations prosternées pour adresser leurs prières aux Césars?

De plus, et c'est une chose remarquable, les oraisons en langue latine semblent redoubler le sentiment religieux de la foule. Ne seroit-ce point un effet naturel de notre penchant au secret? Dans le tumulte de ses pensées et des misères qui assiégent sa vie, l'homme, en prononçant des mots peu familiers ou même inconnus, croit demander les choses qui lui manquent et qu'il ignore; le vague de sa prière en fait le charme, et son âme inquiète, qui sait peu ce qu'elle désire, aime à former des vœux aussi mystérieux que ses besoins.

Il reste donc à examiner ce qu'on appelle la *barbarie* des cantiques saints.

On convient assez généralement que, dans le genre lyrique, les Hébreux sont supérieurs aux autres peuples de l'antiquité : ainsi l'Église, qui chante tous les jours les psaumes et les leçons des prophètes, a donc premièrement un très beau fonds de cantiques. On ne devine pas trop, par exemple, ce que ceux-ci peuvent avoir de *ridicule* ou de *barbare* :

« N'espérons plus, mon âme, aux promesses du monde, etc. [1] »

« Qu'aux accents de ma voix la terre se réveille, etc. »

« J'ai vu mes tristes journées
« Décliner vers leur penchant, etc. [2] »

---

[1] Malh., livre I, ode III.
[2] Rouss., livre I, odes III et X.

L'Église trouve une autre source de chants dans les évangiles et dans les épîtres des apôtres. Racine, en imitant ces *proses*[1], a pensé comme Malherbe et Rousseau, qu'elles étoient dignes de sa muse. Saint Chrysostome, saint Grégoire, saint Ambroise, saint Thomas d'Aquin, Coffin, Santeuil, ont réveillé la lyre grecque et latine dans les tombeaux d'Alcée et d'Horace. Vigilante à louer le Seigneur, la religion mêle au matin ses concerts à ceux de l'aurore :

Splendor paternæ gloriæ, etc.

Source ineffable de lumière,
Verbe, en qui l'Éternel contemple sa beauté,
Astre, dont le soleil n'est que l'ombre grossière,
Sacré jour, dont le jour emprunte sa clarté,
Lève-toi, soleil adorable, etc.

Avec le soleil couchant l'Église chante encore[2] :

Cæli, Deus sanctissime, etc.

Grand Dieu, qui fais briller sur la voûte étoilée
Ton trône glorieux,
Et d'une blancheur vive, à la pourpre mêlée,
Peins le cintre des cieux.

Cette musique d'Israël, sur la lyre de Racine, ne laisse pas d'avoir quelque charme : on croit moins entendre un son *réel* que cette voix *intérieure et mélodieuse* qui, selon Platon, réveille au

[1] Voyez le cantique tiré de saint Paul.
[2] Voyez la note I, à la fin du volume.

matin les hommes épris de la vertu, *en chantant de toute sa force dans leurs cœurs.*

Mais, sans avoir recours à ces hymnes, les prières les plus communes de l'Église sont admirables; il n'y a que l'habitude de les répéter dès notre enfance qui nous puisse empêcher d'en sentir la beauté. Tout retentiroit d'acclamations, si l'on trouvoit dans Platon ou dans Sénèque une profession de foi aussi simple, aussi pure, aussi claire que celle-ci :

« Je crois en un seul Dieu, père tout-puissant, créateur du ciel et de la terre, et de toutes les choses visibles et invisibles. »

L'oraison dominicale est l'ouvrage d'un Dieu qui connoissoit tous nos besoins : qu'on en pèse bien les paroles :

« *Notre Père qui es aux cieux ;* »

Reconnoissance d'un Dieu unique.

« *Que ton nom soit sanctifié ;* »

Culte qu'on doit à la Divinité; vanité des choses du monde; Dieu seul mérite d'être sanctifié.

« *Que ton règne nous arrive ;* »

Immortalité de l'âme.

« *Que ta volonté soit faite sur la terre comme au ciel ;* »

Mot sublime qui comprend les attributs de la Divinité : sainte résignation qui embrasse l'ordre physique et moral de l'univers.

« *Donne-nous aujourd'hui notre pain quotidien ;* »

Comme cela est touchant et philosophique ! Quel est le seul besoin réel de l'homme ? un peu de pain;

encore il ne lui faut qu'*aujourd'hui* (*hodie*); car demain existera-t-il?

« *Et pardonne-nous nos offenses, comme nous les pardonnons à ceux qui nous ont offensés;* »

C'est la morale et la charité en deux mots.

« *Ne nous laisse point succomber à la tentation; mais délivre-nous du mal.* »

Voilà le cœur humain tout entier; voilà l'homme et sa foiblesse! Qu'il ne demande point des forces pour vaincre, qu'il ne prie que pour n'être point attaqué, que pour ne point souffrir. Celui qui a créé l'homme pouvoit seul le connoître aussi bien.

Nous ne parlerons point de la salutation angélique, véritablement pleine de grâce, ni de cette confession que le chrétien fait chaque jour aux pieds de l'Éternel. Jamais les lois ne remplaceront la moralité d'une telle coutume. Songe-t-on quel frein c'est pour l'homme que cet aveu pénible qu'il renouvelle matin et soir: *J'ai péché par mes pensées, par mes paroles, par mes œuvres?* Pythagore avoit recommandé une pareille confession à ses disciples: il étoit réservé au christianisme de réaliser ces songes de vertu que rêvoient les sages de Rome et d'Athènes.

En effet, le christianisme est à la fois une sorte de secte philosophique et une antique législation. De là lui viennent les abstinences, les jeûnes, les veilles, dont on retrouve des traces dans les anciennes républiques; et que pratiquoient les écoles savantes de l'Inde, de l'Égypte et de la Grèce : plus on examine le fond de la question, plus on est convaincu que la plupart des insultes prodiguées au culte chrétien retombent sur l'antiquité. Mais revenons aux prières.

Les actes de foi, d'espérance, de charité, de contrition, disposoient encore le cœur à la vertu : les oraisons des cérémonies chrétiennes, relatives à des objets civils ou religieux, ou même à de simples accidents de la vie, présentoient des convenances parfaites, des sentiments élevés, de grands souvenirs et un style à la fois simple et magnifique. A la messe des noces, le prêtre lisoit l'épître de saint Paul : « *Mes frères, que les femmes soient soumises à leurs maris comme au Seigneur.* » Et à l'évangile : « *En ce temps-là, les Pharisiens s'approchèrent de Jésus pour le tenter, et lui dirent: Est-il permis à un homme de quitter sa femme?... Il leur répondit : Il est écrit que l'homme quittera son père et sa mère, et s'attachera à sa femme.* »

A la bénédiction nuptiale, le célébrant, après avoir répété les paroles que Dieu même prononça sur Adam et Ève : *Crescite et multiplicamini,* ajoutoit :

« O Dieu, unissez, s'il vous plaît, les esprits de ces époux, et versez dans leurs cœurs une sincère amitié. Regardez d'un œil favorable votre servante... Faites que son joug soit un joug d'amour et de paix; faites que, chaste et fidèle, elle suive toujours l'exemple des femmes fortes; qu'elle se rende aimable à son mari comme Rachel; qu'elle soit sage comme Rebecca; qu'elle jouisse d'une longue vie, et qu'elle soit fidèle comme Sara... qu'elle obtienne une heureuse fécondité ; qu'elle mène une vie pure et irréprochable, afin d'arriver au repos des saints et au royaume du ciel; faites, Seigneur, qu'ils voient tous deux les enfants de leurs enfants jusqu'à la troisième et quatrième génération, et qu'ils parviennent à une heureuse vieillesse. »

A la cérémonie des *relevailles*, on chantoit le psaume *Nisi Dominus* : « Si l'Éternel ne bâtit la maison, c'est en vain que travaillent ceux qui la bâtissent. »

Au commencement du carême, à la cérémonie de la *commination*, ou de la dénonciation de la colère céleste, on prononçoit ces malédictions du Deutéronome :

« Maudit celui qui a méprisé son père et sa mère.

« Maudit celui qui égare l'aveugle en chemin, etc. »

Dans la visite aux malades, le prêtre disoit en entrant :

« *Paix à cette maison et à ceux qui l'habitent.* » Puis au chevet du lit de l'infirme :

« Père de miséricorde, conserve et retiens ce malade dans le corps de ton Église, comme un de ses membres. Aie égard à sa contrition, reçois ses larmes, soulage ses douleurs. »

Ensuite il lisoit le psaume *In te, Domine* :

« Seigneur, je me suis retiré vers toi, délivre-moi par ta justice. »

Quand on se rappelle que c'étoient presque toujours des misérables que le prêtre alloit visiter ainsi, sur la paille où ils étoient couchés, combien ces oraisons chrétiennes paroissent encore plus divines!

Tout le monde connoît les belles prières des *Agonisants*. On lit d'abord l'oraison PROFICISCERE : *Sortez de ce monde, âme chrétienne;* ensuite cet endroit de la Passion : *En ce temps-là, Jésus étant sorti, s'en alla à la montagne des Oliviers, etc.;* puis le psaume *Miserere mei;* puis cette lecture de l'Apocalypse : *En ces jours-là j'ai vu des morts, grands et petits, qui comparurent devant le trône, etc.;* enfin la vision d'Ézéchiel : *La main du Seigneur fut sur moi, et m'ayant mené dehors par l'esprit du Seigneur, elle me laissa au milieu d'une campagne qui étoit couverte d'ossements. Alors le Seigneur me dit : Prophétise à l'esprit; fils de l'homme, dis à l'esprit : Venez des quatre vents, et soufflez sur ces morts, afin qu'ils revivent, etc.*

Pour les incendies, pour les pestes, pour les guerres, il y avoit des prières marquées. Nous nous souviendrons toute notre vie d'avoir entendu lire, pendant un naufrage où nous nous trouvions nous-même engagé, le psaume *Confitemini Domino :* « Confessez le Seigneur, parce qu'il est bon... »

« Il commande, et le souffle de la tempête s'est élevé, et les vagues se sont amoncelées... Alors les mariniers crient vers le Seigneur, dans leur détresse, et il les tire de danger. »

« Il arrête la tourmente, et la change en calme, et les flots de la mer s'apaisent. »

Vers le temps de Pâques, Jérémie se réveilloit dans la poudre de Sion pour pleurer le Fils de l'homme. L'Église empruntoit ce qu'il y a de plus beau et de plus triste dans les Pères et dans la Bible, afin d'en composer les chants de cette semaine consacrée au plus grand des martyrs, qui est aussi la plus grande des douleurs. Il n'y avoit pas jusqu'aux litanies qui n'eussent des cris ou des élans admirables; témoin ces versets *des litanies de la Providence :*

« Providence de Dieu, consolation de l'âme pèlerine;
« Providence de Dieu, espérance du pécheur délaissé;
« Providence de Dieu, calme dans les tempêtes;
« Providence de Dieu, repos du cœur, etc.,
« Ayez pitié de nous. »

Enfin nos cantiques gaulois, les noëls même de nos aïeux, avoient aussi leur mérite; on y sentoit la naïveté, et comme la fraîcheur de la foi. Pourquoi, dans nos missions de campagne, se sentoit-on attendri, lorsque des laboureurs venoient à chanter au *salut :*

« Adorons tous, ô mystère ineffable!
« Un Dieu caché, etc. »

C'est qu'il y avoit dans ces voix champêtres un accent irrésistible de vérité et de conviction. Les noëls, qui peignoient les scènes rustiques, avoient un tour plein de grâce dans la bouche de la paysanne. Lorsque le bruit du fuseau accompagnoit ses chants, que ses enfants, appuyés sur ses genoux, écoutoient avec une grande attention l'histoire de l'Enfant-Jésus et de sa crèche, on auroit en vain cherché des airs plus doux et une religion plus convenable à une mère.

CHAPITRE IV.

DES SOLENNITÉS DE L'ÉGLISE.

DU DIMANCHE.

Nous avons déjà fait remarquer[1] la beauté de ce septième jour, qui correspond à celui du repos du Créateur; cette division du temps fut connue de la plus haute antiquité. Il importe peu de savoir à présent si c'est une obscure tradition de la création transmise au genre humain par les enfants de Noé, ou si les pasteurs retrouvèrent cette division par l'observation des planètes; mais il est du moins certain qu'elle est la plus parfaite qu'aucun législateur ait employée. Indépendamment de ses justes relations avec la force des hommes et des animaux, elle a ces harmonies géométriques que les anciens cherchoient toujours à établir entre les lois particulières et les lois générales de l'univers; elle donne le six pour le travail; et le six, par deux multiplications, engendre les trois cent soixante jours de l'année antique, et les trois cent soixante degrés de la circonférence. On pouvoit donc trouver magnificence et philosophie dans cette loi religieuse, qui divisoit le cercle de nos labeurs ainsi que le cercle décrit par les astres dans leur révolution; comme si l'homme n'avoit d'autre terme de

---

[1] Première partie, liv. II, chap. I.

ses fatigues que la consommation des siècles, ni de moindres espaces à remplir de ses douleurs, que tous les temps.

Le calcul décimal peut convenir à un peuple mercantile; mais il n'est ni beau, ni commode dans les autres rapports de la vie, et dans les équations célestes. La nature l'emploie rarement : il gêne l'année et le cours du soleil ; et la loi de la pesanteur ou de la gravitation, peut-être l'unique loi de l'univers, s'accomplit par le *carré*, et non par le *quintuple* des distances. Il ne s'accorde pas davantage avec la naissance, la croissance et le développement des espèces : presque toutes les femelles portent par le trois, le neuf, le douze, qui appartient au calcul seximal [1].

On sait maintenant, par expérience, que le cinq est un jour trop près, et le dix un jour trop loin pour le repos. La terreur, qui pouvoit tout en France, n'a jamais pu forcer le paysan à remplir la décade, parce qu'il y a impuissance dans les forces humaines, et même, comme on l'a remarqué, dans les forces des animaux. Le bœuf ne peut labourer neuf jours de suite; au bout du sixième, ses mugissements semblent demander les heures marquées par le Créateur pour le repos général de la créature [2].

Le dimanche réunissoit deux grands avantages : c'étoit à la fois un jour de plaisir et de religion. Il

---

[1] *Vid.* BUFFON.

[2] Les paysans disoient : « Nos bœufs connoissent le dimanche, et ne veulent pas travailler ce jour-là. »

faut sans doute que l'homme se délasse de ses travaux, mais comme il ne peut être atteint dans ses loisirs par la loi civile, le soustraire en ce moment à la loi religieuse, c'est le délivrer de tout frein, c'est le replonger dans l'état de nature, et lâcher une espèce de Sauvage au milieu de la société. Pour prévenir ce danger, les anciens même avoient fait aussi du jour de *repos* un jour *religieux;* et le christianisme avoit consacré cet exemple.

Cependant cette journée de la bénédiction de la terre, cette journée du repos de Jéhovah, choqua les esprits d'une Convention *qui avoit fait alliance avec la mort, parce qu'elle étoit digne d'une telle société* [1]. Après six mille ans d'un consentement universel, après soixante siècles d'Hosannah, la sagesse des Danton, levant la tête, osa juger mauvais l'ouvrage que l'Éternel avoit trouvé bon. Elle crut qu'en nous replongeant dans le chaos, elle pourroit substituer la tradition de ses ruines et de ses ténèbres à celle de la naissance de la lumière et de l'ordre des mondes; elle voulut séparer le peuple françois des autres peuples, et en faire, comme les Juifs, une caste ennemie du genre humain : un dixième jour, auquel s'attachoit pour tout honneur la mémoire de Robespierre, vint remplacer cet antique sabbath, lié au souvenir du berceau des temps, ce jour sanctifié par la religion de nos pères, chômé par cent millions de chrétiens sur la surface du globe, fêté par les saints et les milices

---

[1] *Sap.*, cap. I, v. 16.

célestes, et, pour ainsi dire, gardé par Dieu même dans les siècles de l'éternité.

CHAPITRE V.

EXPLICATION DE LA MESSE.

Il y a un argument si simple et si naturel en faveur des cérémonies de la messe, que l'on ne conçoit pas comment il est échappé aux catholiques dans leurs disputes avec les protestants. Qu'est-ce qui constitue le culte dans une religion quelconque? C'est le *sacrifice*. Une religion qui n'a pas de sacrifice n'a pas de culte proprement dit. Cette vérité est incontestable, puisque, chez les divers peuples de la terre, les cérémonies religieuses sont nées du sacrifice, et que ce n'est pas le sacrifice qui est sorti des cérémonies religieuses. D'où il faut conclure que le seul peuple chrétien qui ait un culte est celui qui conserve une immolation.

Le principe étant reconnu, on s'attachera peut-être à combattre la forme. Si l'objection se réduit à ces termes, il n'est pas difficile de prouver que la messe est le plus beau, le plus mystérieux et le plus divin des sacrifices.

Une tradition universelle nous apprend que la créature s'est jadis rendue coupable envers le Créateur. Toutes les nations ont cherché à apaiser le ciel; toutes ont cru qu'il falloit une victime; toutes en ont été si persuadées, qu'elles ont commencé par offrir l'homme lui-même en holocauste : c'est le Sauvage qui eut d'abord recours à ce terrible sacrifice, comme étant plus près, par sa nature, de la sentence originelle, qui demandoit la mort de l'homme.

Aux victimes humaines, on substitua dans la suite le sang des animaux; mais dans les grandes calamités on revenoit à la première coutume; des oracles revendiquoient les enfants mêmes des rois : la fille de Jephté, Isaac, Iphigénie, furent réclamés par le ciel; Curtius et Codrus se dévouèrent pour Rome et Athènes.

Cependant le sacrifice humain dut s'abolir le premier, parce qu'il appartenoit à l'état de nature, où l'homme est presque tout *physique;* on continua long-temps à immoler des animaux : mais quand la société commença à vieillir, quand on vint à réfléchir sur l'ordre des choses divines, on s'aperçut de l'insuffisance du sacrifice matériel; on comprit que le sang des boucs et des génisses ne pouvoit racheter un être intelligent et capable de vertu. On chercha donc une hostie plus digne de la nature humaine. Déjà les philosophes enseignoient que les dieux ne se laissent point toucher par des hécatombes, et qu'ils n'acceptent que l'offrande d'un cœur humilié : Jésus-Christ confirma ces notions vagues de la raison. L'Agneau mystique, dévoué pour le salut universel, remplaça le premier-né des brebis; et à l'immolation de l'homme *physique* fut à jamais substituée l'immolation des passions, ou le sacrifice de l'homme *moral*.

Plus on approfondira le christianisme, plus on verra qu'il n'est que le développement de lumières naturelles, et le résultat nécessaire de la vieillesse de la société. Qui pourroit aujourd'hui souffrir le sang infect des animaux autour d'un autel, et croire que la dépouille d'un bœuf rend le ciel favorable à nos prières? Mais l'on conçoit fort bien qu'une victime spirituelle, offerte chaque jour pour les péchés des hommes, peut être agréable au Seigneur.

Toutefois, pour la conservation du culte extérieur, il falloit un signe, symbole de la victime morale. Jésus-Christ, avant de quitter la terre, pourvut à la grossièreté de nos sens, qui ne peuvent se passer de l'objet matériel : il institua l'Eucharistie, où, sous les espèces visibles du pain et du vin, il cacha l'offrande invisible de son sang et de nos cœurs. Telle est l'explication du sacrifice chrétien; explication qui ne blesse ni le bon sens ni la philosophie; et si le lecteur veut la méditer un moment, peut-être lui ouvrira-t-elle quelques nouvelles vues sur les saints abîmes de nos mystères.

CHAPITRE VI.

CÉRÉMONIES ET PRIÈRES DE LA MESSE.

Il ne reste donc plus qu'à justifier les rites du sacrifice[1]. Or, supposons que la messe soit une cérémonie antique dont on trouve les prières et la description dans les jeux séculaires d'Horace, ou dans quelques tragédies grecques : comme nous ferions admirer ce dialogue qui ouvre le sacrifice chrétien !

℣. *Je m'approcherai de l'autel de Dieu.*

℞. *Du Dieu qui réjouit ma jeunesse.*

℣. *Faites luire votre lumière et votre vérité; elles m'ont conduit dans vos tabernacles et sur votre montagne sainte.*

℞. *Je m'approcherai de l'autel de Dieu, du Dieu qui réjouit ma jeunesse.*

℣. *Je chanterai vos louanges sur la harpe, ô Seigneur! Mais, mon âme, d'où vient ta tristesse, et pourquoi me troubles-tu ?*

℞. *Espérez en Dieu, etc.*

Ce dialogue est un véritable poëme lyrique entre le prêtre et le catéchumène : le premier, plein de jours et d'expérience, gémit sur la misère de l'homme pour lequel il va offrir le sacrifice; le second, rempli d'espoir et de jeunesse, chante la victime par qui il sera racheté.

---

[1] Voyez la note J, à la fin du volume.

Vient ensuite le *Confiteor,* prière admirable par sa moralité. Le prêtre implore la miséricorde du Tout-Puissant pour le peuple et pour lui-même.

Le dialogue recommence.

℣. *Seigneur, écoutez ma prière!*

℟. *Et que mes cris s'élèvent jusqu'à vous.*

Alors le sacrificateur monte à l'autel, s'incline, et baise avec respect la pierre qui, dans les anciens jours, cachoit les os des martyrs.

Souvenir des catacombes.

En ce moment le prêtre est saisi d'un feu divin : comme les prophètes d'Israël, il entonne le cantique chanté par les anges sur le berceau du Sauveur, et dont Ézéchiel entendit une partie dans la nue.

« Gloire à Dieu dans les hauteurs du ciel, et paix aux hommes de bonne volonté sur la terre! Nous vous louons, nous vous bénissons, nous vous adorons, Roi du ciel, dans votre gloire immense! etc. »

L'épître succède au cantique. L'ami du Rédempteur du monde, Jean, fait entendre des paroles pleines de douceur, ou le sublime Paul, insultant à la mort, découvre les mystères de Dieu. Prêt à lire une leçon de l'Évangile, le prêtre s'arrête et supplie l'Éternel de purifier ses lèvres avec le charbon de feu dont il toucha les lèvres d'Isaïe. Alors les paroles de Jésus-Christ retentissent dans l'assemblée : c'est le jugement sur la femme adultère; c'est le Samaritain versant le baume dans les plaies du voyageur; ce sont les petits enfants bénis dans leur innocence.

Que peuvent faire le prêtre et l'assemblée, après avoir entendu de telles paroles? Déclarer sans doute qu'ils croient fermement à l'existence d'un Dieu qui laissa de tels exemples à la terre. Le symbole de la foi est donc chanté en triomphe. La philosophie, qui se pique d'applaudir aux grandes choses, auroit dû remarquer que c'est la première fois que tout un peuple a professé publiquement le dogme de l'unité d'un Dieu : *Credo in unum Deum.*

Cependant le sacrificateur prépare l'hostie *pour lui, pour les vivants, pour les morts.* Il présente le calice : « *Seigneur, nous vous offrons la coupe de notre salut.* » Il bénit le pain et le vin. « *Venez, Dieu éternel, bénissez ce sacrifice.* » Il lave ses mains.

« *Je laverai mes mains entre les innocents... Oh! ne me faites point finir mes jours parmi ceux qui aiment le sang.* »

Souvenir des persécutions.

Tout étant préparé, le célébrant se tourne vers le peuple, et dit :

« *Priez, mes frères.* »

Le peuple répond :

« *Que le Seigneur reçoive de vos mains ce sacrifice.* »

Le prêtre reste un moment en silence, puis tout à coup annonçant l'éternité : *Per omnia sæcula sæculorum,* il s'écrie :

« *Elevez vos cœurs!* »

Et mille voix répondent :

« *Habemus ad Dominum : Nous les élevons vers le Seigneur.* »

La préface est chantée sur l'antique mélopée ou récitatif de la tragédie grecque, les Dominations, les Puissances, les Vertus, les Anges et les Séraphins sont invités à descendre avec la grande victime, et à répéter, avec le chœur des fidèles, le triple *Sanctus* et l'*Hosannah* éternel.

Enfin l'on touche au moment redoutable. Le canon, où la loi éternelle est gravée, vient de s'ouvrir : la consécration s'achève par les paroles mêmes de Jésus-Christ. « *Seigneur*, dit le prêtre en s'inclinant profondément, *que l'hostie sainte vous soit agréable comme les dons d'Abel le juste, comme le sacrifice d'Abraham notre patriarche, comme celui de votre grand-prêtre Melchisédech. Nous vous supplions d'ordonner que ces dons soient portés à votre autel sublime par les mains de votre ange, en présence de votre divine majesté.* »

A ces mots le mystère s'accomplit, l'Agneau descend pour être immolé :

« O moment solennel! ce peuple prosterné,
Ce temple dont la mousse a couvert les portiques,
Ses vieux murs, son jour sombre et ses vitraux gothiques,
Cette lampe d'airain qui, dans l'antiquité,
Symbole du soleil et de l'éternité,
Luit devant le Très-Haut, jour et nuit suspendue ;
La majesté d'un Dieu parmi nous descendue,
Les pleurs, les vœux, l'encens qui monte vers l'autel,
Et de jeunes beautés qui, sous l'œil maternel,
Adoucissent encor par leur voix innocente
De la religion la pompe attendrissante ;
Cet orgue qui se tait, ce silence pieux,
L'invisible union de la terre et des cieux,
Tout enflamme, agrandit, émeut l'homme sensible :
Il croit avoir franchi ce monde inaccessible,

Où sur des harpes d'or l'immortel Séraphin
Aux pieds de Jéhovah chante l'hymne sans fin.
Alors de toutes parts un Dieu se fait entendre;
Il se cache au savant, se révèle au cœur tendre :
Il doit moins se prouver qu'il ne doit se sentir [1]. »

CHAPITRE VII.

LA FÊTE-DIEU.

Il n'en est pas des fêtes chrétiennes comme des cérémonies du paganisme; on n'y traîne pas en triomphe un bœuf-dieu, un bouc sacré; on n'est pas obligé, sous peine d'être mis en prison, d'adorer un chat ou un crocodile, ou de se rouler ivre dans les rues, en commettant toutes sortes d'abominations pour Vénus, Flore ou Bacchus : dans nos solennités, tout est essentiellement moral. Si l'Église en a seulement banni les danses [2], c'est qu'elle sait combien de passions se cachent sous ce plaisir en apparence innocent. Le Dieu des chrétiens ne demande que les élans du cœur et les mouvements égaux d'une âme qui règle le paisible concert des vertus. Et quelle est, par exemple, la

[1] *Le jour des Morts*, par M. DE FONTANES. La Harpe a dit que ce sont là vingt des plus beaux vers de la langue françoise ; nous ajouterons qu'ils peignent avec la dernière exactitude le sacrifice chrétien. Voyez la note K, à la fin du volume.

[2] Elles sont cependant en usage dans quelques pays, comme dans l'Amérique méridionale, parce que parmi les Sauvages chrétiens il règne encore une grande innocence.

solennité païenne qu'on peut opposer à la fête où nous célébrons le nom du Seigneur[1] ?

Aussitôt que l'aurore a annoncé la fête du Roi du monde, les maisons se couvrent de tapisseries de laine et de soie, les rues se jonchent de fleurs, et les cloches appellent au temple la troupe des fidèles. Le signal est donné : tout s'ébranle, et la pompe commence à défiler.

On voit paroître d'abord les corps qui composent la société des peuples. Leurs épaules sont chargées de l'image des protecteurs de leurs tribus, et quelquefois des reliques de ces hommes qui, nés dans une classe inférieure, ont mérité d'être adorés des rois par leurs vertus : sublime leçon que la religion chrétienne a seule donnée à la terre.

Après ces groupes populaires, on voit s'élever l'étendard de Jésus-Christ, qui n'est plus un signe de douleur, mais une marque de joie. A pas lents s'avance sur deux files une longue suite de ces époux de la solitude, de ces enfants du torrent et du rocher, dont l'antique vêtement retrace à la mémoire d'autres mœurs et d'autres siècles. Le clergé séculier vient après ces solitaires : quelquefois des prélats, revêtus de la pourpre romaine, prolongent encore la chaîne religieuse. Enfin le pontife de la fête apparoît seul dans le lointain. Ses mains soutiennent la radieuse Eucharistie, qui se montre sous un dais à l'extrémité de la pompe, comme on

[1] Voyez la note L, à la fin du volume.

voit quelquefois le soleil briller sous un nuage d'or, au bout d'une avenue illuminée de ses feux.

Cependant des groupes d'adolescents marchent entre les rangs de la procession : les uns présentent les corbeilles de fleurs, les autres les vases des parfums. Au signal répété par le maître des pompes, les choristes se retournent vers l'image du soleil éternel, et font voler des roses effeuillées sur son passage. Des lévites, en tuniques blanches, balancent l'encensoir devant le Très-Haut. Alors des chants s'élèvent le long des lignes saintes : le bruit des cloches et le roulement des canons annoncent que le Tout-Puissant a franchi le seuil de son temple. Par intervalles, les voix et les instruments se taisent, et un silence aussi majestueux que celui des *grandes mers*[1] dans un jour de calme, règne parmi cette multitude recueillie : on n'entend plus que ses pas mesurés sur les pavés retentissants.

Mais où va-t-il, ce Dieu redoutable dont les puissances de la terre proclament ainsi la majesté ? Il va se reposer sous des tentes de lin, sous des arches de feuillages, qui lui présentent, comme au jour de l'ancienne alliance, des temples innocents et des retraites champêtres. Les humbles de cœur, les pauvres, les enfants le précèdent; les juges, les guerriers, les potentats le suivent. Il marche entre la simplicité et la grandeur, comme en ce mois qu'il a choisi pour sa fête, il se montre

[1] *Bibl. Sacra.*

aux hommes entre la saison des fleurs et celle des foudres.

Les fenêtres et les murs de la cité sont bordés d'habitants dont le cœur s'épanouit à cette fête du Dieu de la patrie : le nouveau-né tend les bras au Jésus de la montagne, et le vieillard, penché vers la tombe, se sent tout à coup délivré de ses craintes; il ne sait quelle assurance de vie le remplit de joie à la vue du Dieu vivant.

Les solennités du christianisme sont coordonnées d'une manière admirable aux scènes de la nature. La fête du Créateur arrive au moment où la terre et le ciel déclarent sa puissance, où les bois et les champs fourmillent de générations nouvelles : tout est uni par les plus doux liens; il n'y a pas une seule plante veuve dans les campagnes.

La chute des feuilles, au contraire, amène la fête des Morts pour l'homme qui tombe comme les feuilles des bois.

Au printemps, l'Église déploie dans nos hameaux une autre pompe. La Fête-Dieu convient aux splendeurs des cours, les Rogations aux naïvetés du village. L'homme rustique sent avec joie son âme s'ouvrir aux influences de la religion, et sa glèbe aux rosées du ciel : heureux celui qui portera des moissons utiles, et dont le cœur humble s'inclinera sous ses propres vertus, comme le chaume sous le grain dont il est chargé !

CHAPITRE VIII.

LES ROGATIONS.

Les cloches du hameau se font entendre, les villageois quittent leurs travaux : le vigneron descend de la colline, le laboureur accourt de la plaine, le bûcheron sort de la forêt; les mères, fermant leurs cabanes, arrivent avec leurs enfants, et les jeunes filles laissent leurs fuseaux, leurs brebis et les fontaines pour assister à la fête.

On s'assemble dans le cimetière de la paroisse, sur les tombes verdoyantes des aïeux. Bientôt on voit paroître tout le clergé destiné à la cérémonie : c'est un vieux pasteur qui n'est connu que sous le nom de *curé*, et ce nom vénérable, dans lequel est venu se perdre le sien, indique moins le ministre du temple que le père laborieux du troupeau. Il sort de sa retraite, bâtie auprès de la demeure des morts, dont il surveille la cendre. Il est établi dans son presbytère, comme une garde avancée aux frontières de la vie, pour recevoir ceux qui entrent et ceux qui sortent de ce royaume des douleurs. Un puits, des peupliers, une vigne autour de sa fenêtre, quelques colombes, composent l'héritage de ce roi des sacrifices.

Cependant l'apôtre de l'Évangile, revêtu d'un simple surplis, assemble ses ouailles devant la grande porte de l'église; il leur fait un discours, fort beau sans doute, à en juger par les larmes de l'assistance. On lui entend souvent répéter : *Mes enfants, mes chers enfants*, et c'est là tout le secret de l'éloquence du Chrysostome champêtre.

Après l'exhortation, l'assemblée commence à marcher en chantant: « *Vous sortirez avec plaisir, et vous serez reçu avec joie; les collines bondiront et vous entendront avec joie.* » L'étendard des saints, antique bannière des temps chevaleresques, ouvre la carrière au troupeau, qui suit pêle-mêle avec son pasteur. On entre dans des chemins ombragés et coupés profondément par la roue des chars rustiques; on franchit de hautes barrières formées d'un seul tronc de chêne; on voyage le long d'une haie d'aubépine où bourdonne l'abeille, et où sifflent les bouvreuils et les merles. Les arbres sont couverts de leurs fleurs ou parés d'un naissant feuillage. Les bois, les vallons, les rivières, les rochers entendent tour à tour les hymnes des laboureurs. Étonnés de ces cantiques, les hôtes des champs sortent des blés nouveaux, et s'arrêtent à quelque distance, pour voir passer la pompe villageoise.

La procession rentre enfin au hameau. Chacun retourne à son ouvrage : la religion n'a pas voulu que le jour où l'on demande à Dieu les biens de la terre fût un jour d'oisiveté. Avec quelle espérance on enfonce le soc dans le sillon, après avoir imploré celui qui dirige le soleil et qui garde dans ses *trésors* les vents du midi et les tièdes ondées! Pour bien achever un jour si saintement commencé, les anciens du village viennent, à l'entrée de la nuit, converser avec le curé, qui prend son repas du soir sous les peupliers de sa cour. La lune répand alors les dernières harmonies sur cette fête que ramènent chaque année le mois le plus doux et le cours de l'astre le plus mystérieux. On croit entendre de toutes parts les blés germer dans la terre, et les plantes croître et se développer : des voix inconnues s'élèvent dans le silence des bois, comme le chœur des anges champêtres dont on a imploré le secours : et les soupirs du rossignol parviennent à l'oreille des vieillards assis non loin des tombeaux [1].

CHAPITRE IX.

DE QUELQUES FÊTES CHRÉTIENNES.

LES ROIS, NOEL, ETC.

Ceux qui n'ont jamais reporté leurs cœurs vers ces temps de foi, où un acte de religion étoit une fête de famille, et qui méprisent des plaisirs qui n'ont pour eux que leur innocence ; ceux-là, sans mentir, sont bien à plaindre. Du moins, en nous privant de ces simples amusements, nous donneront-ils quelque chose ? Hélas ! ils l'ont essayé. La Convention eut ses jours sacrés : alors la famine étoit appelée *sainte*, et l'*Hosannah* étoit changé

---

[1] Voyez la note M, à la fin du volume.

dans le cri de *vive la mort!* Chose étrange! des hommes puissants, parlant au nom de l'égalité et des passions, n'ont jamais pu fonder une fête, et le saint le plus obscur qui n'avoit jamais prêché que pauvreté, obéissance, renoncement aux biens de la terre, avoit sa solennité au moment même où la pratique de son culte exposoit la vie. Apprenons par-là que toute fête qui se rallie à la religion et à la mémoire des bienfaits est la seule qui soit durable. Il ne suffit pas de dire aux hommes, *Réjouissez-vous*, pour qu'ils se réjouissent : on ne crée pas des jours de plaisir comme des jours de deuil, et l'on ne commande pas les ris aussi facilement qu'on peut faire couler les larmes.

Tandis que la statue de Marat remplaçoit celle de saint Vincent de Paul, tandis qu'on célébroit ces pompes dont les anniversaires seront marqués dans nos fastes comme des jours d'éternelle douleur, quelque pieuse famille chômoit en secret une fête chrétienne, et la religion mêloit encore un peu de joie à tant de tristesse. Les cœurs simples ne se rappellent point sans attendrissement ces heures d'épanchement où les familles se rassembloient autour des gâteaux qui retraçoient les présents des Mages. L'aïeul, retiré pendant le reste de l'année au fond de son appartement, reparoissoit dans ce jour comme la divinité du foyer paternel. Ses petits-enfants, qui depuis long-temps ne rêvoient que la fête attendue, entouroient ses genoux, et le rajeunissoient de leur jeunesse. Les fronts respiroient la gaieté, les cœurs étoient épanouis : la salle du festin étoit merveilleusement décorée, et chacun prenoit un vêtement nouveau. Au choc des verres, aux éclats de la joie, on tiroit au sort ces royautés qui ne coûtoient ni soupirs ni larmes : on se passoit ces sceptres, qui ne pesoient point dans la main de celui qui les portoit. Souvent une fraude, qui redoubloit l'allégresse des sujets, et n'excitoit que les plaintes de la souveraine, faisoit tomber la fortune à la fille du lieu et au fils du voisin, dernièrement arrivé de l'armée. Les jeunes gens rougissoient, embarrassés qu'ils étoient de leur couronne; les mères sourioient, et l'aïeul vidoit sa coupe à la nouvelle reine.

Or, le curé, présent à la fête, recevoit, pour la distribuer avec d'autres secours, cette première part, appelée *la part des pauvres*. Des jeux de l'ancien temps, un bal dont quelque vieux serviteur étoit le premier musicien, prolongeoient les plaisirs; et la maison entière, nourrices, enfants, fermiers, domestiques et maîtres, dansoient ensemble la ronde antique.

Ces scènes se répétoient dans toute la chrétienté; depuis le palais jusqu'à la chaumière, il n'y avoit point de laboureur qui ne trouvât moyen d'accomplir, ce jour-là, le souhait du Béarnois. Et quelle succession de jours heureux! Noël, le premier jour de l'an, la fête des Mages, les plaisirs qui précèdent la pénitence! En ce temps-là les fermiers renouveloient leur bail, les ouvriers recevoient leur paiement : c'étoit le moment des mariages, des présents, des charités, des visites : le client voyoit le juge, le juge le client : les corps de métiers, les confréries, les prevôtés, les cours de justice, les universités, les mairies, s'assembloient selon des usages gaulois et de vieilles cérémonies; l'infirme et le pauvre étoient soulagés. L'obligation où l'on étoit de recevoir son voisin à cette époque faisoit qu'on vivoit bien avec lui le reste de l'année, et par ce moyen la paix et l'union régnoient dans la société.

On ne peut douter que ces institutions ne servissent puissamment au maintien des mœurs, en entretenant la cordialité et l'amour entre les parents. Nous sommes déjà bien loin de ces temps où une femme, à la mort de son mari, venoit trouver son fils aîné, lui remettoit les clefs, et lui rendoit les comptes de la maison comme au chef de la famille. Nous n'avons plus cette haute idée de la dignité de l'homme, que nous inspiroit le christianisme. Les mères et les enfants aiment mieux tout devoir aux articles d'un contrat, que de se fier aux sentiments de la nature, et la loi est mise partout à la place des mœurs.

Ces fêtes chrétiennes avoient d'autant plus de charmes, qu'elles existoient de toute antiquité, et l'on trouvoit avec plaisir, en remontant dans le passé, que nos aïeux s'étoient réjouis à la même époque que nous. Ces fêtes étant d'ailleurs très multipliées, il en résultoit encore que, malgré les chagrins de la vie, la religion avoit trouvé moyen de donner de race en race, à des millions d'infortunés, quelques moments de bonheur.

Dans la nuit de la naissance du Messie, les troupes d'enfants qui adoroient la crèche, les églises illuminées et parées de fleurs, le peuple qui se pressoit autour du berceau de son Dieu, les chrétiens qui, dans une chapelle retirée, faisoient leur paix avec le ciel, les *alleluia* joyeux, le bruit de l'orgue et des cloches, offroient une pompe pleine d'innocence et de majesté.

Immédiatement après le dernier jour de folie, trop souvent marqué par nos excès, venoit la cérémonie des Cendres, comme la mort le lendemain des plaisirs. « *O homme !* disoit le prêtre, *souviens-toi que tu es poussière, et que tu retourneras en poussière.* » L'officier qui se tenoit auprès des rois de Perse pour leur rappeler qu'ils étoient mortels, ou le soldat romain qui abaissoit l'orgueil du triomphateur, ne donnoit pas de plus puissantes leçons.

Un volume ne suffiroit pas pour peindre en détail les seules cérémonies de la Semaine-Sainte; on sait de quelle magnificence elles étoient dans la capitale du monde chrétien : aussi nous n'entreprendrons point de les décrire. Nous laissons aux peintres et aux poëtes le soin de représenter dignement ce clergé en deuil, ces autels, ces temples voilés, cette musique sublime, ces voix célestes chantant les douleurs de Jérémie, cette Passion mêlée d'incompréhensibles mystères, ce saint sépulcre environné d'un peuple abattu, ce pontife lavant les pieds des pauvres, ces ténèbres, ces silences entrecoupés de bruits formidables, ce cri de victoire échappé tout à coup du tombeau, enfin ce Dieu qui ouvre la route du ciel aux âmes délivrées, et laisse aux chrétiens sur la terre, avec une religion divine, d'intarissables espérances.

CHAPITRE X.

FUNÉRAILLES.

POMPES FUNÈBRES DES GRANDS.

Si l'on se rappelle ce que nous avons dit dans la première partie de cet ouvrage, sur le dernier sacrement des chrétiens, on conviendra d'abord qu'il y a dans cette seule cérémonie plus de véritables beautés que dans tout ce que nous connoissons du culte des morts chez les anciens. Ensuite la religion chrétienne, n'envisageant dans l'homme que ses fins divines, a multiplié les honneurs autour du tombeau; elle a varié les pompes funèbres selon le rang et les destinées de la victime. Par ce moyen, elle a rendu plus douce à chacun cette dure, mais salutaire pensée de la mort, dont elle s'est plu à nourrir notre âme; ainsi la colombe amollit dans son bec le froment qu'elle présente à ses petits.

La religion a-t-elle à s'occuper des funérailles de quelque puissance de la terre, ne craignez pas qu'elle manque de grandeur. Plus l'objet pleuré aura été malheureux, plus elle étalera de pompe autour de son cercueil, plus ses leçons seront éloquentes : elle seule pourra mesurer la hauteur et la chute, et dire ces sommets et ces abîmes, d'où tombent et où disparoissent les rois.

Quand donc l'une des douleurs a été ouverte, et qu'elle s'est remplie des larmes des monarques et des reines; quand de grandes cendres et de grands malheurs ont englouti leurs doubles vanités dans un étroit cercueil, la religion assemble les fidèles dans quelque temple. Les voûtes de l'église, les autels, les colonnes, les saints se retirent sous des voiles funèbres. Au milieu de la nef s'élève un cercueil environné de flambeaux. La messe des funérailles s'est célébrée aux pieds de celui qui n'est point né et qui ne mourra point : maintenant tout est muet. Debout dans la chaire de vérité, un prêtre seul, vêtu de blanc au milieu du deuil général, le front chauve, la figure pâle, les yeux fermés, les mains croisées sur la poitrine, est recueilli dans les profondeurs de Dieu; tout à coup ses yeux s'ouvrent, ses mains se déploient et ces mots tombent de ses lèvres :

« Celui qui règne dans les cieux, et de qui relèvent tous les empires, à qui seul appartient la gloire, la majesté et l'indépendance, est aussi le seul qui se glorifie de faire la loi aux rois, et de leur donner, quand il lui plaît, de grandes et de terribles leçons : soit qu'il élève les trônes, soit qu'il les abaisse, soit qu'il communique sa puissance aux princes, soit qu'il la retire à lui-même, et ne leur laisse que leur propre foiblesse, il leur apprend leurs devoirs d'une manière souveraine et digne de lui [1]...

« Chrétiens, que la mémoire d'une grande reine, fille, femme, mère de rois si puissants et souveraine de trois royaumes, appelle à cette triste cérémonie, ce discours vous fera paroître un de ces exemples redoutables qui étalent aux yeux du monde sa vanité tout entière. Vous verrez dans une seule vie toutes les extrémités des choses humaines : la félicité sans bornes aussi bien que les misères ; une longue et pénible jouissance d'une des plus nobles couronnes de l'univers. Tout ce que peut donner de plus glorieux la naissance et la grandeur accumulées sur une tête qui ensuite est exposée à tous les outrages de la fortune ; la rébellion, long-temps retenue, à la fin tout-à-fait maîtresse ; nul frein à la licence ; les lois abolies ; la majesté violée par des attentats jusqu'alors inconnus, un trône indignement renversé... voilà les enseignements que Dieu donne aux rois. »

Souvenirs d'un grand siècle, d'une princesse infortunée et d'une révolution mémorable, oh! combien la religion vous a rendus touchants et sublimes en vous transmettant à la postérité [1]

---

[1] Bossuet, *Orais. fun. de la reine de la Gr. Bret.*

CHAPITRE XI.

FUNÉRAILLES DU GUERRIER, CONVOIS DES RICHES, COUTUMES, ETC.

Une noble simplicité présidoit aux obsèques du guerrier chrétien. Lorsqu'on croyoit encore à quelque chose, on aimoit à voir un aumônier dans une tente ouverte, près d'un champ de bataille, célébrer une messe des morts sur un autel formé de tambours. C'étoit un assez beau spectacle de voir le Dieu des armées descendre, à la voix d'un prêtre, sur les tentes d'un camp françois, tandis que de vieux soldats, qui avoient tant de fois bravé la mort, tomboient à genoux devant un cercueil, un autel et un ministre de paix. Aux roulements des tambours drapés, aux salves interrompues du canon, des grenadiers portoient le corps de leur vaillant capitaine à la tombe qu'ils avoient creusée pour lui avec leurs baïonnettes. Au sortir de ces funérailles on n'alloit point courir pour des trépieds, pour de doubles coupes, pour des peaux de lion aux ongles d'or, mais on s'empressoit de chercher, au milieu des combats, des jeux funèbres et une arène plus glorieuse; et, si l'on n'immoloit point une génisse noire aux mânes du héros, du moins on répandoit en son honneur un sang moins stérile, celui des ennemis de la patrie.

Parlerons-nous de ces enterrements faits à la

lueur des flambeaux dans nos villes, de ces chapelles ardentes, de ces chars tendus de noir, de ces chevaux parés de plumes et de draperies, de ce silence interrompu par les versets de l'hymne de la colère, *Dies iræ?*

La religion conduisoit à ces convois des grands, de pauvres orphelins sous la livrée pareille de l'infortune : par-là elle faisoit sentir à des enfants qui n'avoient point de père quelque chose de la piété filiale ; elle montroit en même temps à l'extrême misère ce que c'est que des biens qui viennent se perdre au cercueil, et elle enseignoit au riche qu'il n'y a point de plus puissante médiation auprès de Dieu que celle de l'innocence et de l'adversité.

Un usage particulier avoit lieu au décès des prêtres : on les enterroit le visage découvert : le peuple croyoit lire sur les traits de son pasteur l'arrêt du souverain Juge, et reconnoître les joies du prédestiné à travers l'ombre d'une sainte mort, comme dans les voiles d'une nuit pure on découvre les splendeurs du ciel.

La même coutume s'observoit dans les couvents. Nous avons vu une jeune religieuse ainsi couchée dans sa bière. Son front se confondoit par sa pâleur avec le bandeau de lin dont il étoit à demi couvert, une couronne de roses blanches étoit sur sa tête, et un flambeau brûloit entre ses mains : les grâces et la paix du cœur ne sauvent point de la mort, et l'on voit se faner les lis, malgré la candeur de leur sein et la tranquillité des vallées qu'ils habitent.

Au reste, la simplicité des funérailles étoit réservée au nourricier, comme au défenseur de la patrie. Quatre villageois, précédés du curé, transportoient sur leurs épaules l'homme des champs au tombeau de ses pères. Si quelques laboureurs rencontroient le convoi dans les campagnes, ils suspendoient leurs travaux, découvroient leurs têtes, et honoroient d'un signe de croix leur compagnon décédé. On voyoit de loin ce mort rustique voyager au milieu des blés jaunissants, qu'il avoit peut-être semés. Le cercueil, couvert d'un drap mortuaire, se balançoit comme un pavot noir au-dessus des froments d'or et des fleurs de pourpre et d'azur. Des enfants, une veuve éplorée, formoient tout le cortége. En passant devant *la croix du chemin*, ou *la sainte du rocher*, on se délassoit un moment: on posoit la bière sur la borne d'un héritage, on invoquoit la *Notre-Dame* champêtre, au pied de laquelle le laboureur décédé avoit tant de fois prié pour une bonne mort, ou pour une récolte abondante. C'étoit là qu'il mettoit ses bœufs à l'ombre au milieu du jour : c'étoit là qu'il prenoit son repas de lait et de pain bis, au chant des cigales et des alouettes. Que bien différent d'alors il s'y repose aujourd'hui ! Mais du moins les sillons ne seront plus arrosés de ses sueurs; du moins son sein paternel a perdu ses sollicitudes; et, par ce même chemin où les jours de fête il se rendoit à l'église, il marche maintenant au tombeau, entre les touchants monuments de sa vie, des enfants vertueux et d'innocentes moissons.

6.

CHAPITRE XII.

DES PRIÈRES POUR LES MORTS.

Chez les anciens, le cadavre du pauvre ou de l'esclave étoit abandonné presque sans honneurs; parmi nous, le ministre des autels est obligé de veiller au cercueil du villageois comme au catafalque du monarque. L'indigent de l'Évangile, en exhalant son dernier soupir, devient soudain (chose sublime!) un être auguste et sacré. À peine le mendiant qui languissoit à nos portes, objet de nos dégoûts et de nos mépris, a-t-il quitté cette vie, que la religion nous force à nous incliner devant lui. Elle nous rappelle à une égalité formidable, ou plutôt elle nous commande de respecter un juste racheté du sang de Jésus-Christ, et qui, d'une condition obscure et misérable, vient de monter à un trône céleste : c'est ainsi que le grand nom de chrétien met tout de niveau dans la mort; et l'orgueil du plus puissant potentat ne peut arracher à la religion d'autre prière que celle-là même qu'elle offre pour le dernier manant de la cité.

Mais qu'elles sont admirables ces prières! Tantôt ce sont des cris de douleur, tantôt des cris d'espérance: le mort se plaint, se réjouit, tremble, se rassure, gémit et supplie.

Exibit spiritus ejus, etc.

« Le jour qu'ils ont rendu l'esprit, ils retournent

à leur terre originelle, et toutes leurs vaines pensées périssent [1]. »

Delicta juventutis meœ, etc.

« O mon Dieu, ne vous souvenez ni des fautes de ma jeunesse, ni de mes ignorances [2] ! »

Les plaintes du roi-prophète sont entrecoupées par les soupirs du saint Arabe.

« O Dieu, cessez de m'affliger, puisque mes jours ne sont que néant ! Qu'est-ce que l'homme pour mériter tant d'égards, et pour que vous y attachiez votre cœur ?...

« Lorsque vous me chercherez le matin, vous ne me trouverez plus [3].

« La vie m'est ennuyeuse ; je m'abandonne aux plaintes et aux regrets... Seigneur, vos jours sont-ils comme les jours des mortels, et vos années éternelles comme les années passagères de l'homme [4] ?

« Pourquoi, Seigneur, détournez-vous votre visage, et me traitez-vous comme votre ennemi ? Devez-vous employer toute votre puissance contre une feuille que le vent emporte, et poursuivre une feuille séchée [5] ?

« L'homme né de la femme vit peu de temps, et il est rempli de beaucoup de misère ; il fuit comme une ombre qui ne demeure jamais dans un même état.

« Mes années coulent avec rapidité, et je marche par une voie par laquelle je ne reviendrai jamais [6].

« Mes jours sont passés, toutes mes pensées sont

---

[1] *Office des Morts*, ps. CLIV. [2] *Ibid.*, ps. XXIV.
[3] *Ibid.*, Ire leçon. [4] *Ibid.*, IIe leçon.
[5] *Ibid.*, IVe leçon. [6] *Ibid.*, VIIe leçon.

évanouies, toutes les espérances de mon cœur dissipées... Je dis au sépulcre : Vous serez mon père ; et aux vers : Vous serez ma mère et mes sœurs. »

De temps en temps le dialogue du prêtre et du chœur interrompt la suite des cantiques.

Le Prêtre. « Mes jours se sont évanouis comme la fumée ; mes os sont tombés en poudre. »

Le Chœur. « Mes jours ont décliné comme l'ombre. »

Le Prêtre. « Qu'est-ce que la vie ? Une petite vapeur. »

Le Chœur. « Mes jours ont décliné comme l'ombre. »

Le Prêtre. « Les morts sont endormis dans la poudre. »

Le Chœur. « Ils se réveilleront, les uns dans l'éternelle gloire, les autres dans l'opprobre, pour y demeurer à jamais. »

Le Prêtre. « Ils ressusciteront tous, mais non pas tous comme ils étoient. »

Le Chœur. « Ils se réveilleront. »

A la Communion de la messe, le prêtre dit :

« Heureux ceux qui meurent dans le Seigneur ; ils se reposent dès à présent de leurs travaux, car leurs bonnes œuvres les suivent. »

Au lever du cercueil, on entonne le psaume des douleurs et des espérances. « Seigneur, je crie vers vous du fond de l'abîme ; que mes cris parviennent jusqu'à vous. »

En portant le corps, on recommence le dialogue : *Qui dormiunt ;* « Ils dorment dans la poudre ; ils se réveilleront. »

Si c'est pour un prêtre, on ajoute : « Une victime a été immolée avec joie dans le tabernacle du Seigneur. »

En descendant le cercueil dans la fosse : « Nous rendons la terre à la terre, la cendre à la cendre, la poudre à la poudre. »

Enfin, au moment où l'on jette la terre sur la bière, le prêtre s'écrie, dans les paroles de l'Apocalypse : *Une voix d'en haut fut entendue, qui disoit : Bienheureux sont les morts!*

Et cependant ces superbes prières n'étoient pas les seules que l'Église offrît pour les trépassés : de même qu'elle avoit des voiles sans tache et des couronnes de fleurs pour le cercueil de l'enfant, de même elle avoit des oraisons analogues à l'âge et au sexe de la victime. Si quatre vierges, vêtues de lin et parées de feuillages, apportoient la dépouille d'une de leurs compagnes dans une nef tendue de rideaux blancs, le prêtre récitoit à haute voix, sur cette jeune cendre, une hymne à la virginité. Tantôt c'étoit l'*Ave, maris stella,* cantique où il règne une grande fraîcheur, et où l'heure de la mort est représentée comme l'accomplissement de l'espérance ; tantôt c'étoient des images tendres et poétiques, empruntées de l'Écriture : *Elle a passé comme l'herbe des champs ; ce matin elle fleurissoit dans toute sa grâce, le soir nous l'avons vue séchée.* N'est-ce pas là la fleur *qui languit touchée par le tranchant de la charrue ; le pavot qui penche sa tête abattue par une pluie d'orage?* PLUVIA CUM FORTE GRAVANTUR.

Et quelle oraison funèbre le pasteur prononçoit-il sur l'enfant décédé, dont une mère en pleurs lui présentoit le petit cercueil? Il entonnoit l'hymne que les trois enfants hébreux chantoient dans la fournaise, et que l'Église répète le dimanche au lever du jour : *Que tout bénisse les œuvres du Seigneur!* La religion bénit Dieu d'avoir couronné l'enfant par la mort, d'avoir délivré ce jeune ange des chagrins de la vie. Elle invite la nature à se réjouir autour du tombeau de l'innocence : ce ne sont point des cris de douleur, ce sont des cris d'allégresse qu'elle fait entendre. C'est dans le même esprit qu'elle chante encore le *Laudate, pueri, Dominum,* qui finit par cette strophe : *Qui habitare facit sterilem in domo : matrem filiorum lætantem.* « Le Seigneur qui rend féconde une maison stérile, et qui fait que la mère se réjouit dans ses fils. » Quel cantique pour des parents affligés! L'Église leur montre l'enfant qu'ils viennent de perdre vivant au bienheureux séjour, et leur promet d'autres enfants sur la terre!

Enfin, non satisfaite d'avoir donné cette attention à chaque cercueil, la religion a couronné les choses de l'autre vie par une cérémonie générale, où elle réunit la mémoire des innombrables habitants du sépulcre[1]; vaste communauté de morts, où le grand est couché auprès du petit; république de parfaite égalité, où l'on n'entre point sans ôter son casque ou sa couronne, pour passer par la porte abaissée du tombeau. Dans ce jour solennel

---

[1] Voyez la note N, à la fin du volume.

où l'on célèbre les funérailles de la famille entière d'Adam, l'âme mêle ses tribulations pour les anciens morts, aux peines qu'elle ressent pour ses amis nouvellement perdus. Le chagrin prend, par cette union, quelque chose de souverainement beau, comme une moderne douleur prend le caractère antique, quand celui qui l'exprime a nourri son génie des vieilles tragédies d'Homère. La religion seule étoit capable d'élargir assez le cœur de l'homme pour qu'il pût contenir des soupirs et des amours égaux en nombre à la multitude des morts qu'il avoit à honorer.

FIN DU LIVRE PREMIER DE LA QUATRIÈME PARTIE.

LIVRE SECOND.

TOMBEAUX.

CHAPITRE PREMIER.

TOMBEAUX ANTIQUES.

L'ÉGYPTE.

Les derniers devoirs qu'on rend aux hommes seroient bien tristes s'ils étoient dépouillés des signes de la religion. La religion a pris naissance aux tombeaux, et les tombeaux ne peuvent se passer d'elle : il est beau que le cri de l'espérance s'élève du fond du cercueil, et que le prêtre du Dieu vivant escorte au monument la cendre de l'homme; c'est en quelque sorte l'immortalité qui marche à la tête de la mort.

Des funérailles nous passons aux tombeaux, qui tiennent une si grande place dans l'histoire des hommes. Afin de mieux apprécier le culte dont on les honore chez les chrétiens, voyons dans quel état ils ont subsisté chez les peuples idolâtres.

Il existe un pays sur la terre qui doit une partie de sa célébrité à ses tombeaux. Deux fois attirés par la beauté des ruines et des souvenirs, les François ont tourné leurs pas vers cette contrée : ce peuple de saint Louis est travaillé intérieurement d'une certaine grandeur qui le force à se mêler, dans tous les coins du globe, aux choses grandes comme lui-même. Cependant est-il certain que des momies soient des objets fort dignes de notre curiosité? On diroit que l'ancienne Égypte ait craint que la postérité ignorât un jour ce que c'étoit que la mort, et qu'elle ait voulu, à travers les temps, lui faire parvenir des échantillons de cadavres.

Vous ne pouvez faire un pas dans cette terre sans rencontrer un monument. Voyez-vous un obélisque, c'est un tombeau; les débris d'une colonne, c'est un tombeau; une cave souterraine, c'est encore un tombeau. Et lorsque la lune, se levant derrière la grande pyramide, vient à paroître sur le sommet de ce sépulcre immense, vous croyez apercevoir le phare même de la mort, et errer véritablement sur le rivage où jadis le nautonnier des enfers passoit les ombres.

CHAPITRE II.

LES GRECS ET LES ROMAINS.

Chez les Grecs et les Romains, les morts ordinaires reposoient à l'entrée des villes, le long des chemins publics, apparemment parce que les tombeaux sont les vrais monuments du voyageur. On ensevelissoit souvent les morts fameux au bord de la mer.

Ces espèces de signaux funèbres, qui annonçoient de loin le rivage et l'écueil au navigateur, étoient pour lui, sans doute, un sujet de réflexions bien sérieuses. Oh! que la mer devoit lui paroître un élément sûr et fidèle auprès de cette terre où l'orage avoit brisé tant de hautes fortunes, englouti tant d'illustres vies! Près de la cité d'Alexandre on apercevoit le petit monceau de sable élevé par la piété d'un affranchi et d'un vieux soldat aux mânes du grand Pompée; non loin des ruines de Carthage, on découvroit sur un rocher la statue armée consacrée à la mémoire de Caton; sur les côtes de l'Italie, le mausolée de Scipion marquoit le lieu où ce grand homme mourut dans l'exil; et la tombe de Cicéron indiquoit la place où le père de la patrie fut indignement massacré.

Mais, tandis que la fatale Rome érigeoit sur le rivage de la mer ces témoignages de son injustice, la Grèce, consolant l'humanité, plaçoit au bord des mêmes flots de plus riants souvenirs. Les disciples de Platon et de Pythagore, en voguant sur la terre d'Égypte, où ils alloient s'instruire touchant les dieux, passoient devant l'île d'Io, à la vue du tombeau d'Homère. Il étoit naturel que le chantre d'Achille reposât sous la protection de Thétis; on pouvoit supposer que l'ombre du poëte se plaisoit encore à raconter les malheurs d'Ilion aux Néréides, ou que, dans les douces nuits de l'Ionie, elle disputoit aux Sirènes le prix des concerts.

CHAPITRE III.

TOMBEAUX MODERNES.

LA CHINE ET LA TURQUIE.

Les Chinois ont une coutume touchante; ils enterrent leurs proches dans leurs jardins. Il est assez doux d'entendre dans les bois la voix des ombres de ses pères, et d'avoir toujours quelques souvenirs au désert.

A l'autre extrémité de l'Asie, les Turcs ont à peu près le même usage. Le détroit des Dardanelles présente un spectacle bien philosophique : d'un côté s'élèvent les promontoires de l'Europe avec toutes ses ruines; de l'autre, les côtes de l'Asie, bordées de cimetières islamistes. Que de mœurs diverses ont animé ces rivages! Que de peuples y sont ensevelis, depuis les jours où la lyre d'Orphée y rassembla des Sauvages jusqu'aux jours qui ont rendu ces contrées à la barbarie! Pélasges, Hellènes, Grecs, Méoniens, peuples d'Ilus, de Sarpédon, d'Énée, habitants de l'Ida, du Tmolus, du Méandre et du Pactole, sujets de Mithridate, esclaves des Césars romains, Vandales, hordes de Goths, de Huns, de Francs, d'Arabes, vous avez tous, sur ces bords, étalé le culte des tombeaux, et en cela seul vos mœurs ont été pareilles. La mort, se jouant à son gré des choses et des destinées humaines, a prêté le catafalque d'un empereur romain à la dépouille d'un Tartare, et, dans le tombeau d'un Platon, logé les cendres d'un mollah.

CHAPITRE IV.

LA CALÉDONIE OU L'ANCIENNE ÉCOSSE.

Quatre pierres couvertes de mousse marquent, sur les bruyères de la Calédonie, la tombe des guerriers de Fingal. Oscar et Malvina ont passé, mais rien n'est changé dans leur solitaire patrie. Le montagnard écossois se plaît encore à redire les chants de ses ancêtres; il est encore brave, sensible, généreux; ses mœurs modernes sont comme le souvenir de ses mœurs antiques : ce n'est plus, qu'on nous pardonne l'image, ce n'est plus la main du barde même qu'on entend sur la harpe : c'est ce frémissement des cordes produit par le toucher d'une ombre, lorsque la nuit, dans une salle déserte, elle annonçoit la mort d'un héros.

Carril accompanied his voice. The music was like the memory of joys that are past, pleasant, and mournful to the soul. The ghosts of departed Bards heard it from Slimora's side, soft sounds spread along the wood, and the silent valley of night rejoice. So when he sits, in the silence of noon, in the valley of his breeze, the humming of the mountain's bee comes to Ossian's ear: the gale drowns it often in its course ; but the pleasant sound returns again. « Carril accompagnoit sa voix. Leur musique, pleine de douceur et de tristesse, ressembloit au souvenir des joies qui ne sont plus. Les ombres des Bardes décédés l'entendirent sur les flancs de Slimora. De foibles sons se prolongèrent le long des bois, et les vallées silencieuses de la nuit se réjouirent. Ainsi, pendant le silence de midi, lorsque Ossian est assis dans la vallée de ses brises, le murmure de l'abeille de la montagne parvient à son oreille ; souvent le zéphyr, dans sa course, emporte[1] le son léger, mais bientôt il revient encore. »

[1] *Drowns*, noie.

CHAPITRE V.

OTAITI.

L'homme, ici-bas, ressemble à l'aveugle Ossian, assis sur les tombeaux des rois de Morven : quelque part qu'il étende sa main dans l'ombre, il touche les cendres de ses pères.

Lorsque les navigateurs pénétrèrent pour la première fois dans l'océan Pacifique, ils virent se dérouler au loin des flots que caressent éternellement des brises embaumées. Bientôt, du sein de l'immensité, s'élevèrent des îles inconnues. Des bosquets de palmiers, mêlés à de grands arbres, qu'on eût pris pour de hautes fougères, couvroient les côtes, et descendoient jusqu'au bord de la mer en amphithéâtre : les cimes bleues des montagnes couronnoient majestueusement ces forêts. Ces îles, environnées d'un cercle de coraux, sembloient se balancer comme des vaisseaux à l'ancre dans un port, au milieu des eaux les plus tranquilles : l'ingénieuse antiquité auroit cru que Vénus avoit noué sa ceinture autour de ces nouvelles Cythères pour les défendre des orages.

Sous ces ombrages ignorés, la nature avoit placé un peuple beau comme le ciel qui l'avoit vu naître : les Otaïtiens portoient pour vêtement une draperie d'écorce de figuier; ils habitoient sous des toits de feuilles de mûrier, soutenus par des piliers de bois odorants, et ils faisoient voler sur les ondes de doubles canots aux voiles de jonc, aux banderoles de fleurs et de plumes. Il y avoit des danses et des sociétés consacrées aux plaisirs; les chansons et les drames de l'amour n'étoient point inconnus sur ces bords. Tout s'y ressentoit de la mollesse de la vie, et un jour plein de calme, et une nuit dont rien ne troubloit le silence. Se coucher près des ruisseaux, disputer de paresse avec leurs ondes, marcher avec des chapeaux et des manteaux de feuillages, c'étoit toute l'existence des tranquilles Sauvages d'Otaïti. Les soins qui, chez les autres hommes, occupent leurs pénibles journées, étoient ignorés de ces insulaires; en errant à travers les bois, ils trouvoient le lait et le pain suspendus aux branches des arbres.

Telle apparut Otaïti à Wallis, à Cook et à Bougainville. Mais, en approchant de ces rivages, ils distinguèrent quelques monuments des arts, qui se marioient à ceux de la nature : c'étoient les poteaux des moraï. Vanité des plaisirs des hommes! Le premier pavillon qu'on découvre sur ces rives enchantées est celui de la mort, qui flotte au-dessus de toutes les félicités humaines.

Donc ne pensons pas que ces lieux où l'on ne trouve au premier coup d'œil qu'une vie insensée, soient étrangers à ces sentiments graves, nécessaires à tous les hommes. Les Otaïtiens, comme les autres peuples, ont des rites religieux et des cérémonies funèbres; ils ont surtout attaché une grande pensée de mystère à la mort. Lorsqu'on porte un esclave au moraï, tout le monde fuit sur son passage; le maître de la pompe murmure alors quelques mots à l'oreille du décédé. Arrivé au lieu du repos, on ne descend point le corps dans la terre, mais on le suspend dans un berceau qu'on recouvre d'un canot renversé, symbole du naufrage de la vie. Quelquefois une femme vient gémir auprès du moraï; elle s'assied les pieds dans la mer, la tête baissée, et ses cheveux retombant sur son visage: les vagues accompagnent le chant de sa douleur, et sa voix monte vers le Tout-Puissant avec la voix du tombeau et celle de l'océan Pacifique.

CHAPITRE VI.

TOMBEAUX CHRÉTIENS.

En parlant du sépulcre dans notre religion, le ton s'élève et la voix se fortifie : on sent que c'est là le vrai tombeau de l'homme. Le monument de l'idolâtre ne vous entretient que du passé; celui du chrétien ne vous parle que de l'avenir. Le christianisme a toujours fait en tout le mieux possible; jamais il n'a eu de ces demi-conceptions, si fréquentes dans les autres cultes. Ainsi, par rapport aux sépulcres, négligeant les idées intermédiaires qui tiennent aux accidents et aux lieux, il s'est distingué des autres religions par une coutume sublime; il a placé la cendre des fidèles dans l'ombre des temples du Seigneur, et dépose les morts dans le sein du Dieu vivant.

Lycurgue n'avoit pas craint d'établir les tombeaux au milieu de Lacédémone; il avoit pensé, comme notre religion, que la cendre des pères, loin d'abréger les jours des fils, prolonge en effet leur existence, en leur enseignant la modération et la vertu, qui conduisent à une heureuse vieillesse. Les raisons humaines qu'on a opposées à ces raisons divines sont bien loin d'être convaincantes. Meurt-on moins en France que dans le reste de l'Europe, où les cimetières sont encore dans les villes?

Lorsque autrefois parmi nous on sépara les tombeaux des églises, le peuple, qui n'est pas si prudent que les beaux esprits, qui n'a pas les mêmes raisons de craindre le bout de la vie, le peuple s'opposa à l'abandon des antiques sépultures. Et qu'avoient en effet les modernes cimetières qui pût le disputer aux anciens? Où étoient leurs lierres, leurs ifs, leurs gazons nourris depuis tant de siècles des biens de la tombe? pouvoient-ils montrer les os sacrés des aïeux, le temple, la maison du médecin spirituel, enfin cet appareil de religion qui promettoit, qui assuroit même une renaissance très prochaine? Au lieu de ces cimetières fréquentés, on nous assigna dans quelque faubourg un enclos solitaire abandonné des vivants et des souvenirs, et où la mort, privée de tout signe d'espérance, sembloit devoir être éternelle.

Qu'on nous en croie : c'est lorsqu'on vient à

toucher à ces bases fondamentales de l'édifice que les royaumes trop remués s'écroulent[1]. Encore si l'on s'étoit contenté de changer simplement le lieu des sépultures ! mais, non satisfait de cette première atteinte portée aux mœurs, on fouilla les cendres de nos pères, on enleva leurs restes, comme le manant enlève dans son tombereau les boues et les ordures de nos cités.

Il fut réservé à notre siècle de voir ce qu'on regardoit comme le plus grand malheur chez les anciens, ce qui étoit le dernier supplice dont on punissoit les scélérats, nous entendons la dispersion des cendres; de voir, disons-nous, cette dispersion applaudie comme le chef-d'œuvre de la philosophie. Et où étoit donc le crime de nos aïeux, pour traiter ainsi leurs restes, sinon d'avoir mis au jour des fils tels que nous ! Mais écoutez la fin de tout ceci, et voyez l'énormité de la sagesse humaine : dans quelques villes de France, on bâtit des cachots sur l'emplacement des cimetières; on éleva les prisons des hommes sur le champ où Dieu avoit décrété la fin de tout esclavage; on édifia des lieux de douleurs, pour remplacer les demeures où toutes les peines viennent finir; enfin, il ne resta qu'une ressemblance, à la vérité effroyable, entre ces prisons

---

[1] Les anciens auroient cru un état renversé si l'on eût violé l'asile des morts. On connoît les belles lois de l'Égypte sur les sépultures. Les lois de Solon séparoient le violateur des tombeaux de la communion du temple, et l'abandonnoient aux furies. Les *Institutes* de Justinien règlent jusqu'aux legs, l'héritage, la vente et le rachat d'un sépulcre, etc.

et ces cimetières, c'est là que s'exercèrent les jugements iniques des hommes, là où Dieu avoit prononcé les arrêts de son inviolable justice [1].

CHAPITRE VII.

CIMETIÈRES DE CAMPAGNE.

Les anciens n'ont point eu de lieux de sépulture plus agréables que nos cimetières de campagne : des prairies, des champs, des eaux, des bois, une riante perspective, marioient leurs simples images avec les tombeaux des laboureurs. On aimoit à voir le gros if qui ne végétoit plus que par son écorce, les pommiers du presbytère, le haut gazon, les

---

[1] Nous passons sous silence les abominations commises pendant les jours révolutionnaires. Il n'y a point d'animal domestique qui, chez une nation étrangère un peu civilisée, ne fût inhumé avec plus de décence que le corps d'un citoyen françois. On sait comment les enterrements s'exécutoient, et comment, pour quelques deniers, on faisoit jeter un père, une mère ou une épouse à la voirie. Encore ces morts sacrés n'y étoient-ils pas en sûreté ; car il y avoit des hommes qui faisoient métier de dérober le linceul, le cercueil, ou les cheveux du cadavre. Il ne faut rapporter toutes ces choses qu'à un conseil de Dieu ; c'étoit une suite de la première violation sous la monarchie. Il est bien à désirer qu'on rende au cercueil les signes de religion dont on l'a privé, et surtout qu'on ne fasse plus garder les cimetières par des chiens. Tel est l'excès de la misère où l'homme tombe, quand il perd la vue de Dieu, que, n'osant plus se confier à l'homme, dont rien ne garantit la foi, il se voit réduit à placer ses cendres sous la protection des animaux.

peupliers, l'ornement des morts, et les buis, et les petites croix de consolation et de grâce. Au milieu des paisibles monuments, le temple villageois élevoit sa tour surmontée de l'emblème rustique de la vigilance. On n'entendoit dans ces lieux que le chant du rouge-gorge, et le bruit des brebis qui broutoient l'herbe de la tombe de leur ancien pasteur.

Les sentiers qui traversoient l'enclos bénit aboutissoient à l'église, ou à la maison du curé : ils étoient tracés par le pauvre et le pèlerin, qui alloient prier le Dieu des miracles, ou demander le pain de l'aumône à l'homme de l'Évangile : l'indifférent ou le riche ne passoit point sur ces tombeaux.

On y lisoit pour toute épitaphe : *Guillaume* ou *Paul, né en telle année, mort en telle autre*. Sur quelques-uns il n'y avoit pas même de nom. Le laboureur chrétien repose oublié dans la mort, comme ces végétaux utiles au milieu desquels il a vécu : la nature ne grave pas le nom des chênes sur leurs troncs abattus dans les forêts.

Cependant, en errant un jour dans un cimetière de campagne, nous aperçûmes une épitaphe latine sur une pierre qui annonçoit le tombeau d'un enfant. Surpris de cette magnificence, nous nous en approchâmes, pour connoître l'érudition du curé du village; nous lûmes ces mots de l'Évangile :

« *Sinite parvulos venire ad me.* »

« Laissez les petits enfants venir à moi. »

Les cimetières de la Suisse sont quelquefois placés sur des rochers[1], d'où ils commandent les lacs, les précipices et les vallées. Le chamois et l'aigle y fixent leur demeure, et la mort croît sur ces sites escarpés, comme ces plantes alpines dont la racine est plongée dans des glaces éternelles. Après son trépas, le paysan de Glaris ou de Saint-Gall est transporté sur ces hauts lieux par son pasteur. Le convoi a pour pompe funèbre la pompe de la nature et pour musique sur les croupes des Alpes ces airs bucoliques qui rappellent au Suisse exilé son père, sa mère, ses sœurs, et les bêlements des troupeaux de sa montagne.

L'Italie présente au voyageur ses catacombes, ou l'humble monument d'un martyr dans les jardins de Mécène et de Lucullus. L'Angleterre a ses morts vêtus de laine, et ses tombeaux semés de réséda. Dans ces cimetières d'Albion, nos yeux attendris ont quelquefois rencontré un nom françois au milieu des épitaphes étrangères : revenons aux tombeaux de la patrie.

---

[1] Voyez la note O, à la fin du volume.

CHAPITRE VIII.

TOMBEAUX DANS LES ÉGLISES.

Rappelez-vous un moment les vieux monastères, ou les cathédrales gothiques telles qu'elles existoient autrefois; parcourez ces ailes du chœur, ces chapelles, ces nefs, ces cloîtres pavés par la mort, ces sanctuaires remplis de sépulcres. Dans ce labyrinthe de tombeaux, quels sont ceux qui vous frappent davantage? Sont-ce ces monuments modernes, chargés de figures allégoriques, qui écrasent de leurs marbres glacés des cendres moins glacées qu'elles? Vains simulacres qui semblent partager la double léthargie du cercueil où ils sont assis, et des cœurs mondains qui les ont fait élever! A peine y jetez-vous un coup d'œil: mais vous vous arrêtez devant ce tombeau poudreux, sur lequel est couchée la figure gothique de quelque évêque revêtu de ses habits pontificaux, les mains jointes, les yeux fermés; vous vous arrêtez devant ce monument où un abbé, soulevé sur le coude, et la tête appuyée sur la main, semble rêver à la mort. Le sommeil du prélat et l'attitude du prêtre ont quelque chose de mystérieux : le premier paroît profondément occupé de ce qu'il voit dans ces rêves de la tombe; le second, comme un homme en voyage, n'a pas voulu se coucher entièrement, tant le moment où il doit se relever est proche!

Et quelle est cette grande dame qui repose ici près de son époux? L'un et l'autre sont habillés dans toute la pompe gauloise; un coussin supporte leurs têtes, et leurs têtes semblent si appesanties par les pavots de la mort, qu'elles ont fait fléchir cet oreiller de pierre : heureux si ces deux époux n'ont point eu de confidences pénibles à se faire sur le lit de leur hymen funèbre! Au fond de cette chapelle retirée, voici quatre écuyers de marbre, bardés de fer, armés de toutes pièces, les mains jointes, et à genoux aux quatre coins de l'entablement d'un tombeau. Est-ce toi, Bayard, qui rendois la rançon aux vierges, pour les marier à leurs amants? Est-ce toi, Beaumanoir, qui buvois ton sang dans le combat des Trente? Est-ce quelque autre chevalier qui sommeille ici? Ces écuyers semblent prier avec ferveur, car ces vaillants hommes, antique honneur du nom françois, tout guerriers qu'ils étoient, n'en craignoient pas moins Dieu du fond du cœur; c'étoit en criant : *Montjoie et saint Denis,* qu'ils arrachoient la France aux Anglois, et faisoient des miracles de vaillance pour l'Église, leur dame et leur roi. N'y a-t-il donc rien de merveilleux dans ces temps des Roland, des Godefroi, des sires de Coucy et de Joinville; dans ces temps des Maures, des Sarrasins, des royaumes de Jérusalem et de Chypre; dans ce temps où l'Orient et l'Asie échangeoient d'armes et de mœurs avec l'Europe et l'Occident; dans ces temps où Thibaud chantoit, où les troubadours se mêloient aux armes, les danses à la religion et les tournois aux siéges et aux batailles[1]?

Sans doute ils étoient merveilleux ces temps, mais ils sont passés. La religion avoit averti les chevaliers de cette vanité des choses humaines, lorsqu'à la suite d'une longue énumération de titres pompeux : *Haut et puissant seigneur, messire Anne de Montmorency, connétable de France, etc., etc., etc.*, elle avoit ajouté : *Priez pour lui, pauvre pécheur.* C'est tout le néant [2].

Quant aux sépultures souterraines, elles étoient généralement réservées aux rois et aux religieux. Lorsqu'on vouloit se nourrir de sérieuses et d'utiles

---

[1] On a sans doute de grandes obligations à l'artiste qui a rassemblé les débris de nos anciens sépulcres ; mais quant aux effets de ces monuments on sent trop qu'ils sont détruits. Resserrés dans un petit espace, divisés par siècles, privés de leurs harmonies avec l'antiquité des temples et du culte chrétien, ne servant qu'à l'histoire de l'art, et non à celle des mœurs et de la religion ; n'ayant pas même gardé leur poussière, ils ne disent plus rien ni à l'imagination ni au cœur. Quand des hommes abominables eurent l'idée de violer l'asile des morts et de disperser leurs cendres pour effacer le souvenir du passé, la chose, tout horrible qu'elle est, pouvoit avoir, aux yeux de la folie humaine, une certaine mauvaise grandeur ; mais c'étoit prendre l'engagement de bouleverser le monde, de ne pas laisser en France pierre sur pierre, et de parvenir, au travers des ruines, à des institutions inconnues. Se plonger dans ces excès pour rester dans des routes communes, et pour ne montrer qu'ineptie et absurdité, c'est avoir les fureurs du crime sans en avoir la puissance. Qu'est-il arrivé à ces spoliateurs des tombeaux ? qu'ils sont tombés dans les gouffres qu'ils avoient ouverts, et que leurs cadavres sont restés comme en gage à la mort pour ceux qu'ils lui avoient dérobés.

[2] Johnson, dans son *Traité des Épitaphes*, cite ce simple mot de la religion comme sublime.

pensées, il falloit descendre dans les caveaux des couvents, et contempler ces solitaires endormis, qui n'étoient pas plus calmes dans leurs demeures funèbres, qu'ils ne l'avoient été sur la terre. Que votre sommeil soit profond sous ces voûtes, hommes de paix, qui aviez partagé votre héritage mortel à vos frères, et qui, comme le héros de la Grèce, partant pour la conquête d'un autre univers, ne vous étiez réservé que l'espérance.

CHAPITRE IX.

SAINT-DENIS.

On voyoit autrefois, près de Paris, des sépultures fameuses entre les sépultures des hommes. Les étrangers venoient en foule visiter les merveilles de Saint-Denis. Ils y puisoient une profonde vénération pour la France, et s'en retournoient en disant en dedans d'eux-mêmes, comme saint Grégoire : *Ce royaume est réellement le plus grand parmi les nations;* mais il s'est élevé un vent de la colère autour de l'édifice de la Mort; les flots des peuples ont été poussés sur lui, et les hommes étonnés se demandent encore : *Comment le temple d'*AMMON *a disparu sous les sables des déserts ?*

L'abbaye gothique où se rassembloient ces grands vassaux de la mort ne manquoit point de gloire : les richesses de la France étoient à ses portes; la

Seine passoit à l'extrémité de sa plaine; cent endroits célèbres remplissoient, à quelque distance, tous les sites de beaux noms, tous les champs de beaux souvenirs; la ville de Henri IV et de Louis-le-Grand étoit assise dans le voisinage; et la sépulture royale de Saint-Denis se trouvoit au centre de notre puissance et de notre luxe, comme un trésor où l'on déposoit les débris du temps, et la surabondance des grandeurs de l'empire françois.

C'est là que venoient, tour à tour, s'engloutir les rois de la France. Un d'entre eux, et toujours le dernier descendu dans ces abîmes, restoit sur les degrés du souterrain, comme pour inviter sa postérité à descendre. Cependant Louis XIV a vainement attendu ses deux derniers fils : l'un s'est précipité au fond de la voûte, en laissant son ancêtre sur le seuil; l'autre, ainsi qu'OEdipe, a disparu dans une tempête. Chose digne de méditation ! le premier monarque que les envoyés de la justice divine rencontrèrent fut ce Louis si fameux par l'obéissance que les nations lui portoient. Il étoit encore tout entier dans son cercueil. En vain, pour défendre son trône, il parut se lever avec la majesté de son siècle, et une arrière-garde de huit siècles de rois; en vain son geste menaçant épouvanta les ennemis des morts, lorsque, précipité dans une fosse commune, il tomba sur le sein de Marie de Médicis : tout fut détruit. Dieu, dans l'effusion de sa colère, avoit juré par lui-même de châtier la France : ne cherchons point sur la terre les causes de pareils événements; elles sont plus haut.

Dès le temps de Bossuet, dans le souterrain *de ces princes anéantis*, on pouvoit à peine déposer madame Henriette, « *tant les rangs y sont pressés*, s'écrie le plus éloquent des orateurs, *tant la mort est prompte à remplir ces places !* » En présence des âges, dont les flots écoulés semblent gronder encore dans ces profondeurs, les esprits sont abattus par le poids des pensées qui les oppressent. L'âme entière frémit en contemplant tant de néant et tant de grandeur. Lorsqu'on cherche une expression assez magnifique pour peindre ce qu'il y a de plus élevé, l'autre moitié de l'objet sollicite le terme le plus bas, pour exprimer ce qu'il y a de plus vil. Ici, les ombres des vieilles voûtes s'abaissent, pour se confondre avec les ombres des vieux tombeaux ; là, des grilles de fer entourent inutilement ces bières, et ne peuvent défendre la mort des empressements des hommes. Écoutez le sourd travail du ver du sépulcre, qui semble filer dans ces cercueils, les indestructibles réseaux de la mort! Tout annonce qu'on est descendu à l'empire des ruines ; et, à je ne sais quelle odeur de vétusté répandue sous ces arches funèbres, on croiroit, pour ainsi dire, respirer la poussière des temps passés.

Lecteurs chrétiens, pardonnez aux larmes qui coulent de nos yeux en errant au milieu de cette famille de saint Louis et de Clovis. Si tout à coup, jetant à l'écart le drap mortuaire qui les couvre, ces monarques alloient se dresser dans leurs sépulcres, et fixer sur nous leurs regards, à la lueur de cette lampe !... Oui, nous les voyons tous se lever à demi, ces spectres des rois; nous les reconnoissons, nous osons interroger ces majestés du tombeau. Hé bien, peuple royal de fantômes, dites-lenous : voudriez-vous revivre maintenant au prix d'une couronne ? Le trône vous tente-t-il encore ?... Mais d'où vient ce profond silence ? D'où vient que vous êtes tous muets sous ces voûtes ? Vous secouez vos têtes royales, d'où tombe un nuage de poussière; vos yeux se referment, et vous vous recouchez lentement dans vos cercueils !

Ah ! si nous avions interrogé ces morts champêtres, dont naguère nous visitions les cendres, ils auroient percé le gazon de leurs tombeaux ; et, sortant du sein de la terre comme des vapeurs brillantes, ils nous auroient répondu : « Si Dieu l'ordonne ainsi, pourquoi refuserions-nous de revivre ? Pourquoi ne passerions-nous pas encore des jours résignés dans nos chaumières ? Notre hoyau n'étoit pas si pesant que vous le pensez; nos sueurs mêmes avoient leurs charmes, lorsqu'elles étoient essuyées par une tendre épouse, ou bénies par la religion. »

Mais où nous entraîne la description de ces tombeaux déjà effacés de la terre ? Elles ne sont plus, ces sépultures ! Les petits enfants se sont joués avec les os des puissants monarques : Saint-Denis est désert; l'oiseau l'a pris pour passage, l'herbe croît sur ses autels brisés ; et au lieu du cantique de la mort, qui retentissoit sous ses dômes, on n'entend plus que les gouttes de pluie qui tombent par son toit découvert, la chute de quelque pierre qui se détache de ses murs en ruine, ou le son de son horloge, qui va roulant dans les tombeaux vides et les souterrains dévastés[1].

[1] Voyez la note P, à la fin du volume.

LIVRE TROISIÈME.
VUE GÉNÉRALE DU CLERGÉ.

CHAPITRE PREMIER.
DE JÉSUS-CHRIST ET DE SA VIE.

Vers le temps de l'apparition du Rédempteur sur la terre, les nations étoient dans l'attente de quelque personnage fameux. « Une ancienne et constante opinion, dit Suétone, étoit répandue dans l'Orient, qu'un homme s'élèveroit de la Judée, et obtiendroit l'empire universel[1]. » Tacite raconte le même fait presque dans les mêmes mots. Selon cet historien, « la plupart des Juifs étoient convaincus, d'après un oracle conservé dans les anciens livres de leurs prêtres, que dans ce temps-là (le temps de Vespasien) l'Orient prévaudroit, et que quelqu'un, sorti de Judée, régneroit sur le monde[2]. »

Josèphe, parlant de la ruine de Jérusalem, rapporte que les Juifs furent principalement poussés

---

[1] *Percrebuerat Oriente toto vetus et constans opinio, esse in fatis, ut eo tempore Judæa profecti rerum potirentur.* (Suet., *in Vespas.*, c. IV.)

[2] *Pluribus persuasio inerat, antiquis sacerdotum litteris contineri, eo ipso tempore fore, ut valesceret Oriens, profectique Judæa rerum potirentur.* (Tacit., *Hist.*, lib. v, c. XIII.)

à la révolte contre les Romains par une obscure [1] prophétie qui leur annonçoit que, vers cette époque, *un homme s'élèveroit parmi eux, et soumettroit l'univers* [2].

Le Nouveau-Testament offre aussi des traces de cette espérance répandue dans Israël : la foule qui court au désert demande à saint Jean-Baptiste s'il est le *grand Messie*, le *Christ de Dieu*, depuis longtemps attendu : les disciples d'Emmaüs sont saisis de tristesse lorsqu'ils reconnoissent que Jean *n'est pas l'homme qui doit racheter Israël*. Les soixante-dix semaines de Daniel, ou les quatre cent quatre-vingt-dix ans, depuis la reconstruction du Temple, étoient accomplis. Enfin Origène, après avoir rapporté ces traditions des Juifs, ajoute « qu'un grand nombre d'entre eux avouèrent Jésus-Christ pour le libérateur promis par les prophètes [3]. »

Cependant le ciel prépare les voies du Fils de l'homme. Les nations long-temps désunies de mœurs, de gouvernement, de langage, entretenoient des inimitiés héréditaires; tout à coup le bruit des armes cesse, et les peuples, réconciliés ou vaincus, viennent se perdre dans le peuple romain.

D'un côté, la religion et les mœurs sont parvenues à ce degré de corruption qui produit de force

---

[1] Ἀμφίβολος, *applicable à plusieurs personnes;* et voilà pourquoi les historiens latins l'attribuent à Vespasien.

[2] Joseph., *de Bell. Judaic.*, pag. 1283.

[3] Καὶ πεποιθέναι αὐτὸν εἶναι τὸν προφητευόμενον.

(Orig., *cont. Cels.*, pag. 127.)

un changement dans les affaires humaines ; de l'autre, les dogmes de l'unité d'un Dieu et de l'immortalité de l'âme commencent à se répandre[1] : ainsi les chemins s'ouvrent à la doctrine évangélique, qu'une langue universelle va servir à propager.

Cet empire romain se compose de nations, les unes sauvages, les autres policées, la plupart infiniment malheureuses : la simplicité du Christ pour les premières, ses vertus morales pour les secondes, pour toutes, sa miséricorde et sa charité, sont des moyens de salut que le ciel ménage. Et ces moyens sont si efficaces, que, deux siècles après le Messie, Tertullien disoit aux juges de Rome : « Nous ne sommes que d'hier, et nous remplissons tout, vos cités, vos îles, vos forteresses, vos colonies, vos tribus, vos décuries, vos conseils, le palais, le sénat, le forum ; nous ne vous laissons que vos temples ; » *Sola relinquimus templa*[2].

A la grandeur des préparations naturelles s'unit l'éclat des prodiges : les vrais oracles, depuis long-temps muets dans Jérusalem, recouvrent la voix, et les fausses sibylles se taisent. Une nouvelle étoile se montre dans l'Orient, Gabriel descend vers Marie, et un chœur d'esprits bienheureux chante au haut du ciel, pendant la nuit : *Gloire à Dieu, paix aux hommes !* Tout à coup le bruit se répand que le Sauveur a vu le jour dans la Judée : il n'est point né dans la pourpre, mais dans l'asile de l'in-

---

[1] Voyez la note I, à la fin du volume.
[2] Tertull., *Apologet.*, cap. xxxvii.

digence; il n'a point été annoncé aux grands et aux superbes, mais les anges l'ont révélé aux petits et aux simples; il n'a pas réuni autour de son berceau les heureux du monde, mais les infortunés; et, par ce premier acte de sa vie, il s'est déclaré de préférence le Dieu des misérables.

Arrêtons-nous ici pour faire une réflexion. Nous voyons, depuis le commencement des siècles, les rois, les héros, les hommes éclatants, devenir les dieux des nations. Mais voici que le fils d'un charpentier, dans un petit coin de la Judée, est un modèle de douleurs et de misère : il est flétri publiquement par un supplice; il choisit ses disciples dans les rangs les moins élevés de la société; il ne prêche que sacrifices, que renoncement aux pompes du monde, au plaisir, au pouvoir: il préfère l'esclave au maître, le pauvre au riche, le lépreux à l'homme sain; tout ce qui pleure, tout ce qui a des plaies, tout ce qui est abandonné du monde fait ses délices : la puissance, la fortune et le bonheur sont au contraire menacés par lui. Il renverse les notions communes de la morale; il établit des relations nouvelles entre les hommes, un nouveau droit des gens, une nouvelle foi publique : il élève ainsi sa divinité, triomphe de la religion des Césars, s'assied sur leur trône, et parvient à subjuguer la terre. Non, quand la voix du monde entier s'élèveroit contre Jésus-Christ, quand toutes les lumières de la philosophie se réuniroient contre ses dogmes, jamais on ne nous persuadera qu'une religion fondée sur une pareille base soit une religion humaine. Celui qui a pu faire adorer une *croix*, celui qui a offert pour objet de culte aux hommes *l'humanité souffrante, la vertu persécutée,* celui-là, nous le jurons, ne sauroit être qu'un Dieu.

Jésus-Christ apparoît au milieu des hommes, plein de grâce et de vérité ; l'autorité et la douceur de sa parole entraînent. Il vient pour être le plus malheureux des mortels, et tous ses prodiges sont pour les misérables. *Ses miracles,* dit Bossuet, *tiennent plus de la bonté que de la puissance.* Pour inculquer ses préceptes, il choisit l'apologue ou la parabole, qui se grave aisément dans l'esprit des peuples. C'est en marchant dans les campagnes qu'il donne ses leçons. En voyant les fleurs d'un champ, il exhorte ses disciples à espérer dans la Providence, qui supporte les foibles plantes et nourrit les petits oiseaux ; en apercevant les fruits de la terre, il instruit à juger l'homme par ses œuvres. On lui apporte un enfant, et il recommande l'innocence ; se trouvant au milieu des bergers, il se donne à lui-même le titre de *pasteur des âmes,* et se représente rapportant sur ses épaules la brebis égarée. Au printemps, il s'assied sur une montagne, et tire des objets environnants de quoi instruire la foule assise à ses pieds. Du spectacle même de cette foule pauvre et malheureuse, il fait naître ses béatitudes : *Bienheureux ceux qui pleurent ; bienheureux ceux qui ont faim et soif, etc.* Ceux qui observent ses préceptes et ceux qui les méprisent sont comparés à deux hommes qui bâtissent deux maisons, l'une sur le roc, l'autre sur un sable mouvant : selon quelques interprètes, il montroit, en parlant ainsi, un hameau florissant sur une colline, et au bas de cette colline, des cabanes détruites par une inondation [1]. Quand il demande de l'eau à la femme de Samarie, il lui peint sa doctrine sous la belle image d'une source d'eau vive.

Les plus violents ennemis de Jésus-Christ n'ont jamais osé attaquer sa personne. Celse, Julien, Volusien [2], avouent ses miracles, et Porphyre raconte que les oracles même des païens l'appeloient un homme illustre par sa piété [3]. Tibère avoit voulu le mettre au rang des dieux [4] : selon Lampridius, Adrien lui avoit élevé des temples, et Alexandre-Sévère le révéroit avec les images des âmes saintes, entre Orphée et Abraham [5]. Pline a rendu un illustre témoignage à l'innocence de ces premiers chrétiens qui suivoient de près les exemples du Rédempteur. Il n'y a point de philosophie de l'antiquité à qui l'on n'ait reproché quelques vices : les patriarches même ont eu des foiblesses ; le Christ seul est sans tache : c'est la plus brillante copie de cette beauté souveraine qui réside sur le trône des cieux. Pur et sacré comme le tabernacle du Seigneur, ne respirant que l'amour de Dieu et des hommes, infiniment supérieur à la vaine gloire du

---

[1] Fortin., *on the truth of the Christ. Relig.*, pag. 218.
[2] Orig., *cont. Cels.*, 1, ii ; Jul., *ap. Cyril.*, l. vi ; Aug, ep. iii, iv, t. ii.
[3] Euseb., *Dem.* ev. iii, 3.   [4] Tert., *Apologet.*
[5] Lamp., *in Alex. Sev.*, cap. iv et xxxi.

monde, il poursuivoit, à travers les douleurs, la grande affaire de notre salut, forçant les hommes, par l'ascendant de ses vertus, à embrasser sa doctrine, et à imiter une vie qu'ils étoient contraints d'admirer [1].

Son caractère étoit aimable, ouvert et tendre, sa charité sans bornes. L'Apôtre nous en donne une idée en deux mots : *Il alloit faisant le bien*. Sa résignation à la volonté de Dieu éclate dans tous les moments de sa vie; il aimoit, il connoissoit l'amitié : l'homme qu'il tira du tombeau, Lazare, étoit son ami; ce fut pour le plus grand sentiment de la vie qu'il fit son plus grand miracle. L'amour de la patrie trouva chez lui un modèle : « *Jérusalem! Jérusalem!* s'écrioit-il en pensant au jugement qui menaçoit cette cité coupable, *j'ai voulu rassembler tes enfants, comme la poule rassemble ses poussins sous ses ailes; mais tu ne l'as pas voulu!* » Du haut d'une colline, jetant les yeux sur cette ville condamnée, pour ses crimes, à une horrible destruction, il ne put retenir ses larmes : *Il vit la cité*, dit l'Apôtre, *et il pleura!* Sa tolérance ne fut pas moins remarquable quand ses disciples le prièrent de faire descendre le feu sur un village de Samaritains qui lui avoit refusé l'hospitalité. Il répondit avec indignation : *Vous ne savez pas ce que vous demandez!*

Si le Fils de l'homme étoit sorti du ciel avec toute sa force, il eût eu sans doute peu de peine

---

[1] Voyez la note K, à la fin du volume.

à pratiquer tant de vertus, à supporter tant de maux; mais c'est ici la gloire du mystère : le Christ ressentoit des douleurs; son cœur se brisoit comme celui d'un homme; il ne donna jamais aucun signe de colère que contre la dureté de l'âme et l'insensibilité. Il répétoit éternellement : *Aimez-vous les uns les autres. Mon père,* s'écrioit-il sous le fer des bourreaux, *pardonnez-leur, car ils ne savent ce qu'ils font.* Prêt à quitter ses disciples bien aimés, il fondit tout à coup en larmes; il ressentit les terreurs du tombeau et les angoisses de la croix : une sueur de sang coula le long de ses joues divines; il se plaignit que son père l'avoit abandonné. Lorsque l'ange lui présenta le calice, il dit : *O mon Père, fais que ce calice passe loin de moi; cependant, si je dois le boire, que ta volonté soit faite.* Ce fut alors que ce mot, où respire la sublimité de la douleur, échappa à sa bouche : *Mon âme est triste jusqu'à la mort.* Ah! si la morale la plus pure et le cœur le plus tendre, si une vie passée à combattre l'erreur et à soulager les maux des hommes, sont les attributs de la divinité, qui peut nier celle de Jésus-Christ? Modèle de toutes vertus, l'amitié le voit endormi dans le sein de saint Jean, ou léguant sa mère à ce disciple; la charité l'admire dans le jugement de la femme adultère : partout la pitié le trouve bénissant les pleurs de l'infortuné; dans son amour pour les enfants, son innocence et sa candeur se décèlent; la force de son âme brille au milieu des tourments de la croix, et son dernier soupir est un soupir de miséricorde.

CHAPITRE II.

CLERGÉ SÉCULIER.

HIÉRARCHIE.

Le Christ, ayant laissé ses enseignements à ses disciples, monta sur le Tabor et disparut. Dès ce moment, l'Église subsiste dans les apôtres : elle s'établit à la fois chez les Juifs et chez les Gentils. Saint Pierre, dans une seule prédication, convertit cinq mille hommes à Jérusalem, et saint Paul reçoit sa mission pour les nations infidèles. Bientôt le prince des apôtres jette dans la capitale de l'empire romain les fondements de la puissance ecclésiastique [1]. Les premiers Césars régnoient encore, et déjà circuloit au pied de leur trône, dans la foule, le prêtre inconnu qui devoit les remplacer au Capitole. La hiérarchie commence; Lin succède à Pierre, Clément à Lin : cette chaîne de pontifes, héritiers de l'autorité apostolique, ne s'interrompt plus pendant dix-huit siècles, et nous unit à Jésus-Christ [2].

Avec la dignité épiscopale, on voit s'établir dès le principe les deux autres grandes divisions de la hiérarchie, le *sacerdoce* et le *diaconat*. Saint Ignace exhorte les Magnésiens *à agir en unité avec leur évêque, qui tient la place de Jésus-Christ, leurs*

---

[1] Voyez la note S, à la fin du volume.
[2] Voyez la note T, à la fin du volume.

prêtres, qui représentent les apôtres, et leurs diacres, qui sont chargés du soin des autels[1]. Pie, Clément d'Alexandrie, Origène et Tertullien, confirment ces degrés[2].

Quoiqu'il ne soit fait mention, pour la première fois, des métropolitains ou des archevêques, qu'au concile de Nicée, néanmoins ce concile parle de cette dignité comme d'un degré hiérarchique établi depuis long-temps[3]. Saint Athanase[4] et saint Augustin[5] citent des métropolitains existants avant la date de cette assemblée. Dès le second siècle, Lyon est qualifié, dans les actes civils, de ville métropolitaine, et saint Irénée, qui en étoit évêque, gouvernoit toute l'*Église* (παροχίον) gallicane[6].

Quelques auteurs ont pensé que les archevêques même sont d'institution apostolique[7]; en effet, Eusèbe et saint Chrysostome disent que Tite, évêque, avoit la surintendance des évêques de Crète[8].

Les opinions varient sur l'origine du patriarcat; Baronius, de Marca et Richerius la font remonter aux apôtres; mais il paroît néanmoins qu'il ne fut

---

[1] Ignat., *Ep. ad Magnes.*, n° vi.

[2] Pius, ep. ii; Clem. Alex., *Strom.*, lib. vi, pag. 667; Orig., hom. ii, *in Num.*, hom. *in Cantic.*, Tertull., *de Monogam.*, cap. xi; *de Fuga*, cap. xii; *de Baptismo*, cap. xvii.

[3] *Conc. Nicen.*, can. vi.

[4] Athan., *de Sentent. Dionys.*, t. i, pag. 552.

[5] Aug., *Brevis Collat. tert. die*, cap. xvi.

[6] Euseb., *H. E.*, lib. v, cap. xxiii. De παροχίον nous avons fait *paroisse*.

[7] Usher., *de Orig. Epic. et Metrop. Revereg. cod. can. vind.*, lib. ii, cap. vi, n° 12; Hamm., *Pref. to Titus in Dissert. 4 cont. Blondel*, cap. v.

[8] Euseb., *H. E.*, lib. iii, cap. iv; Chrys., *Hom.* i, *in Tit.*

établi dans l'Église que vers l'an 385, quatre ans après le concile général de Constantinople.

Le nom de cardinal se donnoit d'abord indistinctement aux premiers titulaires des églises [1]. Comme ces chefs du clergé étoient ordinairement des hommes distingués par leur science et leur vertu, les papes les consultoient dans les affaires délicates; ils devinrent peu à peu le conseil permanent du Saint-Siége, et le droit d'élire le souverain pontife passa dans leur sein, quand la communion des fidèles devint trop nombreuse pour être assemblée.

Les mêmes causes qui avoient donné naissance aux cardinaux près des papes produisirent les chanoines près des évêques : c'étoit un certain nombre de prêtres qui composoient la cour épiscopale. Les affaires du diocèse augmentant, les membres du synode furent obligés de se partager le travail. Les uns furent appelés vicaires, les autres grands-vicaires, etc., selon l'étendue de leur charge. Le conseil entier prit le nom de *chapitre*, et les conseillers celui de *chanoines*, qui ne veut dire qu'administrateur canonique.

De simples prêtres, et même des laïques, nommés par les évêques à la direction d'une communauté religieuse, furent la source de l'ordre des abbés. Nous verrons combien les abbayes furent utiles aux lettres, à l'agriculture, et en général à la civilisation de l'Europe.

Les paroisses se formèrent à l'époque où les ordres

---

[1] HÉRICOURT, *Lois eccl. de France*, pag. 205.

principaux du clergé se subdivisèrent. Les évêchés étant devenus trop vastes pour que les prêtres de la métropole pussent porter les secours spirituels et temporels aux extrémités du diocèse, on éleva des églises dans les campagnes. Les ministres attachés à ces temples champêtres ont pris long-temps après le nom de curé, peut-être du latin *cura,* qui signifie *soin, fatigue.* Le nom du moins n'est pas orgueilleux, et on auroit dû le leur pardonner, puisqu'ils en remplissoient si bien les conditions [1].

Outre ces églises paroissiales, on bâtit encore des chapelles sur le tombeau des martyrs et des solitaires. Ces temples particuliers s'appeloient *martyrium* ou *memoria*; et, par une idée encore plus douce et plus philosophique, on les nommoit aussi *cimetières,* d'un mot grec qui signifie *sommeil* [2].

Enfin, les bénéfices séculiers durent leur origine aux *agapes,* ou repas des premiers chrétiens. Chaque fidèle apportoit quelques aumônes pour l'entretien de l'évêque, du prêtre et du diacre, et pour le soulagement des malades et des étrangers [3]. Des hommes riches, des princes, des villes entières, donnèrent dans la suite des terres à l'Église, pour remplacer ces aumônes incertaines. Ces biens partagés en divers lots, par le conseil des supérieurs ecclésiastiques, prirent le nom de prébende, de canonicat, de commande, de bénéfices-cures, de

---

[1] S. Athanase, dans sa seconde *Apologie*, dit que de son temps il y avoit déjà dix églises paroissiales établies dans le Maréotis, qui relevoit du diocèse d'Alexandrie.

[2] Fleury, *Hist. eccl.* [3] S. Just., *Apol.*

bénéfices-manuels, simples, claustraux, selon les degrés hiérarchiques de l'administrateur aux soins duquel ils furent confiés [1].

Quant aux fidèles en général, le corps des chrétiens primitifs se distinguoit en πιστοί, *croyants* ou *fidèles*, et κατεχούμενοι, *catéchumènes* [2]. Le privilége des *croyants* étoit d'être reçus à la sainte table, d'assister aux prières de l'Église, et de prononcer l'Oraison dominicale [3], que saint Augustin appelle pour cette raison *oratio fidelium*, et saint Chrysostome εὐχὴ πιστῶν. Les catéchumènes ne pouvoient assister à toutes les cérémonies, et l'on ne traitoit des mystères devant eux qu'en paraboles obscures [4].

Le nom de laïque fut inventé pour distinguer l'homme qui n'étoit pas engagé dans les ordres du corps général du clergé. Le titre de *clerc* se forma en même temps : *laïci* et κλερκὸς se lisent à chaque page des anciens auteurs. On se servoit de la dénomination d'*ecclésiastique*, tantôt en parlant des chrétiens en opposition aux Gentils [5], tantôt en désignant le clergé, par rapport au reste des fidèles. Enfin, le titre de *catholique*, ou d'universelle, fut attribué à l'Église dès sa naissance. Eusèbe, Clément d'Alexandrie et saint Ignace en portent témoignage [6]. Po-

---

[1] Héric., *Lois eccl.*, pag. 204-13.
[2] Eus., *Demonst. Evang.*, lib. VII, cap. II.
[3] *Constit. Apost.*, lib. VIII, cap. VIII et XII.
[4] Theodor., *Epit. div. dog.*, cap. XXIV; Aug., *Serm. ad Neophytos*, in append., tom. X, pag. 845.
[5] Eus., lib. V, cap. VII; lib. V, c. XXVII; Cyril., *Catech.* XV, n° 4.
[6] Eus., lib. IV, cap. XV; Clem. Alex., *Strom.*, lib. VII; Ignat., cap. *ad Smyrn.*, n° 8.

leimon, le juge, ayant demandé à Pionos, martyr, de quelle Église il étoit, le confesseur répondit : *De l'Église catholique ; car Jésus-Christ n'en connoît point d'autre* [1].

N'oublions pas, dans le développement de cette hiérarchie, que saint Jérôme compare à celle des anges, n'oublions pas les voies par où la chrétienté signaloit sa sagesse et sa force, nous voulons dire les conseils et les persécutions. « Rappelez en votre mémoire, dit La Bruyère, rappelez ce grand et premier concile, où les Pères qui le composoient étoient remarquables chacun par quelques membres mutilés, ou par les cicatrices qui leur étoient restées des fureurs de la persécution : ils sembloient tenir de leurs plaies le droit de s'asseoir dans cette assemblée générale de toute l'Église. »

Déplorable esprit de parti! Voltaire, qui montre souvent l'horreur du sang et l'amour de l'humanité, cherche à persuader qu'il y eut peu de martyrs dans l'Église primitive [2]; et comme s'il n'eût jamais lu les historiens romains, il va presque jusqu'à nier cette première persécution dont Tacite nous a fait une si affreuse peinture. L'auteur de *Zaïre*, qui connoissoit la puissance du malheur, a craint qu'on ne se laissât toucher par le tableau des souffrances des chrétiens ; il a voulu leur arracher une couronne de martyre qui les rendoit intéressants aux cœurs sensibles, et leur ravir jusqu'au charme de leurs pleurs.

[1] Act. Pion., *ap. Bar.*, an. 254, n° 9.
[2] Dans son *Essai sur les mœurs.* Voy. la note U, à la fin du volume.

Ainsi nous avons tracé le tableau de la hiérarchie apostolique : joignez-y le clergé régulier, dont nous allons bientôt nous entretenir, et vous aurez l'Église entière de Jésus-Christ. Nous osons l'avancer : aucune autre religion sur la terre n'a offert un pareil système de bienfaits, de prudence et de prévoyance, de force et de douceur, de lois morales et de lois religieuses. Rien n'est plus sagement ordonné que ces cercles qui, partant du dernier chantre de village, s'élèvent jusqu'au trône pontifical qu'ils supportent, et qui les couronne. L'Église ainsi, par ses différents degrés, touchoit à nos divers besoins : arts, lettres, sciences, législation, politique, institutions littéraires, civiles et religieuses, fondations pour l'humanité, tous ces magnifiques bienfaits nous arrivoient par les rangs supérieurs de la hiérarchie, tandis que les détails de la charité et de la morale étoient répandus par les degrés inférieurs, chez les dernières classes du peuple. Si jadis l'Église fut pauvre, depuis le dernier échelon jusqu'au premier, c'est que la chrétienté étoit indigente comme elle. Mais on ne sauroit exiger que le clergé fût demeuré pauvre, quand l'opulence croissoit autour de lui. Il auroit alors perdu toute considération, et certaines classes de la société avec lesquelles il n'auroit pu vivre se fussent soustraites à son autorité morale. Le chef de l'Église étoit prince, pour pouvoir parler aux princes ; les évêques, marchant de pair avec les grands, osoient les instruire de leurs devoirs : les prêtres séculiers et réguliers, au-dessus des nécessités de la vie, se mêloient aux riches, dont ils épuroient les mœurs, et le simple curé se rapprochoit des pauvres, qu'il étoit destiné à soulager par ses bienfaits, et à consoler par son exemple.

Ce n'est pas que le plus indigent des prêtres ne pût aussi instruire les grands du monde, et les rappeler à la vertu; mais il ne pouvoit ni les suivre dans les habitudes de leur vie, comme le haut clergé, ni leur tenir un langage qu'ils eussent parfaitement entendu. La considération même dont ils jouissoient venoit en partie des ordres supérieurs de l'Église. Il convient d'ailleurs à de grands peuples d'avoir un culte honorable, et des autels où l'infortuné puisse trouver des secours.

Au reste, il n'y a rien d'aussi beau dans l'histoire des institutions civiles et religieuses que ce qui concerne l'autorité, les devoirs et l'investiture du prélat, parmi les chrétiens. On y voit la parfaite image du pasteur des peuples et du ministre des autels. Aucune classe d'hommes n'a plus honoré l'humanité que celle des évêques, et l'on ne pourroit trouver ailleurs plus de vertus, de grandeur et de génie.

Le chef apostolique devoit être sans défaut de corps, et pareil au prêtre sans tache que Platon dépeint dans ses *Lois*. Choisi dans l'assemblée du peuple, il étoit peut-être le seul magistrat légal qui existât dans les temps barbares. Comme cette place entraînoit une responsabilité immense, tant dans cette vie que dans l'autre, elle étoit loin d'être briguée. Les Basile et les Ambroise fuyoient au désert.

dans la crainte d'être élevés à une dignité dont les devoirs effrayoient même leurs vertus.

Non-seulement l'évêque étoit obligé de remplir ses fonctions religieuses, comme d'enseigner la morale, d'administrer les sacrements, d'ordonner les prêtres, mais encore le poids des lois civiles et des débats politiques retomboit sur lui. C'étoit un prince à apaiser, une guerre à détourner, une ville à défendre. L'évêque de Paris, au neuvième siècle, en sauvant par son courage la capitale de la France, empêcha peut-être la France entière de passer sous le joug des Normands.

« On étoit si convaincu, dit d'Héricourt, que l'obligation de recevoir les étrangers étoit un devoir dans l'épiscopat, que saint Grégoire voulut, avant de consacrer Florentinus, évêque d'Ancône, qu'on exprimât si c'étoit par impuissance ou par avarice qu'il n'avoit point exercé jusqu'alors l'hospitalité envers les étrangers [1]. »

On vouloit que l'évêque haït le péché, et non le pécheur [2]; qu'il supportât le foible; qu'il eût un cœur de père pour les pauvres [3]. Il devoit néanmoins garder quelque mesure dans ses dons, et ne point entretenir de profession dangereuse ou inutile, comme les baladins et les chasseurs [4] : véritable loi politique, qui frappoit d'un côté le vice dominant des Romains, et de l'autre la passion des Barbares.

Si l'évêque avoit des parents dans le besoin, il lui

---

[1] *Lois eccl. de France*, pag. 751.   [2] *Id. ib.*, can. *Odio.*
[3] *Id.*, loc. cit.   [4] *Id. ib.*, can. *Don. qui venatoribus.*

étoit permis de les préférer à des étrangers, mais non pas de les enrichir : « Car, dit le canon, c'est leur état d'indigence, et non les liens du sang qu'il doit regarder en pareil cas [1]. »

Faut-il s'étonner qu'avec tant de vertus les évêques obtinssent la vénération des peuples? On courboit la tête sous leur bénédiction; on chantoit *Hozannah* devant eux; on les appeloit *très saints, très chers à Dieu*, et ces titres étoient d'autant plus magnifiques, qu'ils étoient justement acquis.

Quand les nations se civilisèrent, les évêques, plus circonscrits dans leurs devoirs religieux, jouirent du bien qu'ils avoient fait aux hommes, et cherchèrent à leur en faire encore, en s'appliquant plus particulièrement au maintien de la morale, aux œuvres de charité et aux progrès des lettres. Leurs palais devinrent le centre de la politesse et des arts. Appelés par leurs souverains au ministère public, et revêtus des premières dignités de l'Église, ils y déployèrent des talents qui firent l'admiration de l'Europe. Jusque dans ces derniers temps, les évêques de France ont été des exemples de modération et de lumière. On pourroit sans doute citer quelques exceptions; mais, tant que les hommes seront sensibles à la vertu, on se souviendra que plus de soixante évêques catholiques ont erré fugitifs chez des peuples protestants, et qu'en dépit des préjugés religieux, et des préventions qui s'attachent à l'infortune, ils se sont attiré le respect et la

---

[1] *Lois eccl.*, pag. 742, can. *Est probanda.*

vénération de ces peuples ; on se souviendra que le disciple de Luther et de Calvin est venu entendre le prélat romain exilé prêcher, dans quelque retraite obscure, l'amour de l'humanité et le pardon des offenses; on se souviendra enfin que tant de nouveaux Cypriens, persécutés pour leur religion, que tant de courageux Chrysostomes se sont dépouillés du titre qui faisoit leurs combats et leur gloire, sur un simple mot du chef de l'Église : heureux de sacrifier avec leur prospérité première l'éclat de douze ans de malheur à la paix de leur troupeau.

Quant au clergé inférieur, c'étoit à lui qu'on étoit redevable de ce reste de bonnes mœurs que l'on trouvoit encore dans les villes et dans les campagnes. Le paysan sans religion est une bête féroce ; il n'a aucun frein d'éducation ni de respect humain : une vie pénible a aigri son caractère ; la propriété lui a enlevé l'innocence du Sauvage ; il est timide, grossier, défiant, avare, ingrat surtout. Mais, par un miracle frappant, cet homme, naturellement pervers, devient excellent dans les mains de la religion. Autant il étoit lâche, autant il est brave ; son penchant à trahir se change en une fidélité à toute épreuve, son ingratitude en un dévouement sans bornes, sa défiance en une confiance absolue. Comparez ces paysans impies, profanant les églises, dévastant les propriétés, brûlant à petit feu les femmes, les enfants et les prêtres; comparez-les aux Vendéens défendant le culte de leurs pères, et seuls libres quand la France étoit abattue sous le joug de la terreur ; comparez-les, et voyez la différence que la religion peut mettre entre les hommes.

On a pu reprocher aux curés des préjugés d'état ou d'ignorance ; mais, après tout, la simplicité du cœur, la sainteté de la vie, la pauvreté évangélique, la charité de Jésus-Christ, en faisoient un des ordres les plus respectables de la nation. On en a vu plusieurs qui sembloient moins des hommes que des esprits bienfaisants descendus sur la terre pour soulager les misérables. Souvent ils se refusèrent le pain pour nourrir le nécessiteux, et se dépouillèrent de leurs habits pour en couvrir l'indigent. Qui oseroit reprocher à de tels hommes quelque sévérité d'opinion ? Qui de nous, superbes philanthropes, voudroit, durant les rigueurs de l'hiver, être réveillé au milieu de la nuit, pour aller administrer, au loin, dans les campagnes, le moribond expirant sur la paille ? Qui de nous voudroit avoir sans cesse le cœur brisé du spectacle d'une misère qu'on ne peut secourir, se voir environné d'une famille dont les joues hâves et les yeux creux annoncent l'ardeur de la faim et de tous les besoins ? Consentirions-nous à suivre les curés de Paris, ces anges d'humanité, dans le séjour du crime et de la douleur, pour consoler le vice sous les formes les plus dégoûtantes, pour verser l'espérance dans un cœur désespéré ? Qui de nous enfin voudroit se séquestrer du monde des heureux pour vivre éternellement parmi les souffrances, et ne recevoir en mourant pour tant de bienfaits que l'ingratitude du pauvre et la calomnie du riche ?

CHAPITRE III.

CLERGÉ RÉGULIER.

ORIGINE DE LA VIE MONASTIQUE.

S'il est vrai, comme on pourroit le croire, qu'une chose soit poétiquement belle en raison de l'antiquité de son origine, il faut convenir que la vie monastique a quelques droits à notre admiration. Elle remonte aux premiers âges du monde. Le prophète Élie, fuyant la corruption d'Israël, se retira le long du Jourdain, où il vécut d'herbes et de racines, avec quelques disciples. Sans avoir besoin de fouiller plus avant dans l'histoire, cette source des ordres religieux nous semble assez merveilleuse. Que n'eussent point dit les poëtes de la Grèce, s'ils avoient trouvé pour fondateur des colléges sacrés un homme ravi au ciel dans un char de feu, et qui doit reparoître sur la terre au jour de la consommation des siècles ?

De là, la vie monastique, par un héritage admirable, descend à travers les prophètes et saint Jean-Baptiste jusqu'à Jésus-Christ, qui se déroboit souvent au monde pour aller prier sur les montagnes. Bientôt les Thérapeutes[1], embrassant les perfec-

[1] Voltaire se moque d'Eusèbe, *qui prend*, dit-il, *les Thérapeutes pour des moines chrétiens*. Eusèbe étoit plus près de ces moines que Voltaire, et certainement plus versé que lui dans les antiquités chrétiennes. Montfaucon, Fleury, Héricourt, Hélyot, et une foule d'autres savants, se sont rangés à l'opinion de l'évêque de Césarée.

tions de la retraite, offrirent, près du lac Mœris en Égypte, les premiers modèles des monastères chrétiens. Enfin, sous Paul, Antoine et Pacôme, paroissent ces saints de la Thébaïde qui remplirent le Carmel et le Liban des chefs-d'œuvre de la pénitence. Une voix de gloire et de merveille s'éleva du fond des plus affreuses solitudes. Des musiques divines se mêloient au bruit des cascades et des sources; les Séraphins visitoient l'anachorète du rocher, ou enlevoient son âme brillante sur les nues; les lions servoient de messager au solitaire, et les corbeaux lui apportoient la manne céleste. Les cités jalouses virent tomber leur réputation antique : ce fut le temps de la renommée du désert.

Marchant ainsi d'enchantement en enchantement dans l'établissement de la vie religieuse, nous trouvons une seconde sorte d'origines que nous appelons *locales,* c'est-à-dire certaines fondations d'ordres et de couvents : ces origines ne sont ni moins curieuses ni moins agréables que les premières. Aux portes mêmes de Jérusalem on voit un monastère bâti sur l'emplacement de la maison de Pilate; au mont Sinaï, le couvent de la *Transfiguration* marque le lieu où Jéhovah dicta ses lois aux Hébreux, et plus loin s'élève un autre couvent sur la montagne où Jésus-Christ disparut de la terre.

Et que de choses admirables l'Occident ne nous montre-t-il pas à son tour dans les fondations des communautés, monuments de nos antiquités gauloises, lieux consacrés par d'intéressantes aventures ou par des actes d'humanité ! L'histoire, les passions du cœur, la bienfaisance se disputent l'origine de nos monastères. Dans cette gorge des Pyrénées, voilà l'hôpital de Roncevaux, que Charlemagne bâtit à l'endroit même où la fleur des chevaliers, Roland, termina ses hauts faits : un asile de paix et de secours marque dignement le tombeau du preux qui défendit l'orphelin et mourut pour sa patrie. Aux plaines de Bovines, devant ce petit temple du Seigneur, j'apprends à mépriser les arcs de triomphe des Marius et des Césars ; je contemple avec orgueil ce couvent qui vit un roi françois proposer la couronne au plus digne. Mais aimez-vous les souvenirs d'une autre sorte ? Une femme d'Albion, surprise par un sommeil mystérieux, croit voir en songe la lune se pencher vers elle ; bientôt il lui naît une fille chaste et triste comme le flambeau des nuits, et qui fondant un monastère, devient l'astre charmant de la solitude.

On nous accuseroit de chercher à surprendre l'oreille par de doux sons si nous rappelions ces couvents d'*Aqua-Bella*, de *Bel-Monte*, de *Vallombreuse*, ou celui de *la Colombe*, ainsi nommé à cause de son fondateur, colombe céleste qui vivoit dans les bois. La Trappe et le Paraclet gardoient le nom et le souvenir de Comminges et d'Héloïse. Demandez à ce paysan de l'antique Neustrie quel est ce monastère qu'on aperçoit au sommet de la colline. Il vous répondra : « C'est le prieuré *des deux Amants* : un jeune gentilhomme étant devenu amoureux d'une jeune damoiselle, fille du châtelain de Malmain, ce seigneur consentit à accorder sa fille à ce pauvre gentilhomme s'il pouvoit la porter jusqu'au haut du mont. Il accepta le marché, et, chargé de sa dame, il monta tout au sommet de la colline, mais il mourut de fatigue en y arrivant : sa prétendue trépassa bientôt par grand déplaisir; les parents les enterrèrent ensemble dans ce lieu, et ils y firent le prieuré que vous voyez. »

Enfin, les cœurs tendres auront dans les origines de nos couvents de quoi se satisfaire, comme l'antiquaire et le poëte. Voyez ces retraites de la *Charité*, des *Pèlerins*, du *Bien-Mourir*, des *Enterreurs de Morts*, des *Insensés*, des *Orphelins*; tâchez, si vous le pouvez, de trouver dans le long catalogue des misères humaines une seule infirmité de l'âme ou du corps pour qui la religion n'ait pas fondé son lieu de soulagement ou son hospice !

Au reste, les persécutions des Romains contribuèrent d'abord à peupler les solitudes ; ensuite, les Barbares s'étant précipités sur l'empire, et ayant brisé tous les liens de la société, il ne resta aux hommes que Dieu pour espérance, et les déserts pour refuges. Des congrégations d'infortunés se formèrent dans les forêts et dans les lieux les plus inaccessibles. Les plaines fertiles étoient en proie à des Sauvages qui ne savoient pas les cultiver, tandis que sur les crêtes arides des monts habitoit un autre monde, qui, dans ces roches escarpées, avoit sauvé comme d'un déluge les restes des arts et de la civilisation. Mais, de même que les fontaines découlent des lieux élevés, pour fertiliser les vallées, ainsi les premiers anachorètes descendirent peu à peu de leurs hauteurs pour porter aux Barbares la parole de Dieu et les douceurs de la vie.

On dira peut-être que les causes qui donnèrent naissance à la vie monastique n'existant plus parmi nous, les couvents étoient devenus des retraites inutiles. Et quand donc ces causes ont-elles cessé ? N'y a-t-il plus d'orphelins, d'infirmes, de voyageurs, de pauvres, d'infortunés ? Ah ! lorsque les maux des siècles barbares se sont évanouis, la société, si habile à tourmenter les âmes, et si ingénieuse en douleur, a bien su faire naître mille autres raisons d'adversité qui nous jettent dans la solitude ! Que de passions trompées, que de sentiments trahis, que de dégoûts amers nous entraînent chaque jour hors du monde ! C'étoit une chose fort belle que ces maisons religieuses où l'on trouvoit une retraite assurée contre les coups de la fortune et les orages de son propre cœur. Une orpheline abandonnée de la société, à cet âge où de cruelles séductions sourient à la beauté et à l'innocence, savoit du moins qu'il y avoit un asile où l'on ne se feroit pas un jeu de la tromper. Comme il étoit doux pour cette pauvre étrangère sans parents d'entendre retentir le nom de sœur à ses oreilles ! Quelle nombreuse et paisible famille la religion ne venoit-elle pas de lui rendre ! un père céleste lui ouvroit sa maison et la recevoit dans ses bras.

C'est une philosophie bien barbare et une politique bien cruelle que celles-là qui veulent obliger l'infortuné à vivre au milieu du monde. Des hommes ont été assez peu délicats pour mettre en commun leurs voluptés; mais l'adversité a un plus noble égoïsme : elle se cache toujours pour jouir de ses plaisirs, qui sont ses larmes. S'il est des dieux pour la santé du corps, ah! permettez à la religion d'en avoir aussi pour la santé de l'âme, elle qui est bien plus sujette aux maladies, et dont les infirmités sont bien plus douloureuses, bien plus longues et bien plus difficiles à guérir.

Des gens se sont avisés de vouloir qu'on élevât des retraites *nationales* pour ceux *qui pleurent*. Certes, ces philosophes sont profonds dans la connoissance de la nature, et les choses du cœur humain leur ont été révélées! c'est-à-dire qu'ils veulent confier le malheur à la pitié des hommes, et mettre les chagrins sous la protection de ceux qui les causent. Il faut une charité plus magnifique que la nôtre pour soulager l'indigence d'une âme infortunée; Dieu seul est assez riche pour lui faire l'aumône.

On a prétendu rendre un grand service aux religieux et aux religieuses en les forçant de quitter leurs retraites : qu'en est-il advenu ? Les femmes qui ont pu trouver un asile dans des monastères étrangers s'y sont réfugiées; d'autres se sont réunies pour former entre elles des monastères au milieu du monde; plusieurs enfin sont mortes de chagrin; et ces Trappistes si *à plaindre*, au lieu de profiter des charmes de la liberté et de la vie, ont été continuer leurs macérations dans les bruyères de l'Angleterre et dans les déserts de la Russie.

Il ne faut pas croire que nous soyons tous également nés pour manier le hoyau ou le mousquet, et qu'il n'y ait point d'homme d'une délicatesse particulière, qui soit formé pour le labeur de la pensée, comme un autre pour le travail des mains. N'en doutons point, nous avons au fond du cœur mille raisons de solitude : quelques-uns y sont entraînés par une pensée tournée à la contemplation ; d'autres, par une certaine pudeur craintive qui fait qu'ils aiment à habiter en eux-mêmes ; enfin, il est des âmes trop excellentes, qui cherchent en vain dans la nature les autres âmes auxquelles elles sont faites pour s'unir, et qui semblent condamnées à une sorte de virginité morale ou de veuvage éternel.

C'étoit surtout pour ces âmes solitaires que la religion avoit élevé ses retraites.

CHAPITRE IV.

DES CONSTITUTIONS MONASTIQUES.

On doit sentir que ce n'est pas l'histoire particulière des ordres religieux que nous écrivons, mais seulement leur histoire morale.

Ainsi, sans parler de saint Antoine, père des cénobites, de saint Paul, premier des anachorètes, de sainte Synclétique, fondatrice des monastères de filles; sans nous arrêter à l'ordre de saint Augustin, qui comprend les chapitres connus sous le nom de *réguliers;* à celui de saint Basile, adopté par les religieux et les religieuses d'Orient; à la règle de saint Benoît, qui réunit la plus grande partie des monastères occidentaux; à celle de saint François, pratiquée par les ordres mendiants, nous confondrons tous les religieux dans un tableau général où nous tâcherons de peindre leurs costumes, leurs usages, leurs mœurs, leur vie active ou contemplative, et les services sans nombre qu'ils ont rendus à la société.

Cependant nous ne pouvons nous empêcher de faire une observation. Il y a des personnes qui méprisent, soit par ignorance, soit par préjugés, ces constitutions sous lesquelles un grand nombre de cénobites ont vécu depuis plusieurs siècles. Ce mépris n'est rien moins que philosophique, et surtout dans un temps où l'on se pique de connoître et d'étudier les hommes. Tout religieux qui, au moyen d'une haire et d'un sac, est parvenu à rassembler sous ses lois plusieurs milliers de disciples, n'est point un homme ordinaire, et les ressorts qu'il a mis en usage, l'esprit qui domine dans ses institutions, valent bien la peine d'être examinés.

Il est digne de remarque, sans doute, que de toutes ces règles monastiques les plus rigides ont été les mieux observées: les chartreux ont donné au monde l'unique exemple d'une congrégation qui a existé sept cents ans sans avoir besoin de réforme. Ce qui prouve que plus le législateur combat les penchants naturels, plus il assure la durée de son ouvrage. Ceux au contraire qui prétendent élever des sociétés en employant les passions comme matériaux de l'édifice, ressemblent à ces architectes qui bâtissent des palais avec cette sorte de pierre qui se fond à l'impression de l'air.

Les ordres religieux n'ont été, sous beaucoup de rapports, que des sectes philosophiques assez semblables à celles des Grecs. Les moines étoient appelés *philosophes* dans les premiers temps; ils en portoient la robe et en imitoient les mœurs. Quelques-uns même avoient choisi pour seule règle le manuel d'Épictète. Saint Basile établit le premier les vœux *de pauvreté, de chasteté* et *d'obéissance*. Cette loi est profonde; et si l'on y réfléchit, on verra que le génie de Lycurgue est renfermé dans ces trois préceptes.

Dans la règle de saint Benoît, tout est prescrit; jusqu'aux plus petits détails de la vie : lit, nourriture, promenade, conversation, prière. On donnoit aux foibles des travaux plus délicats, aux robustes de plus pénibles; en un mot, la plupart de ces lois religieuses décèlent une connoissance incroyable dans l'art de gouverner les hommes. Platon n'a fait que rêver des républiques, sans pouvoir rien exécuter : saint Augustin, saint Basile, saint Benoît, ont été de véritables législateurs, et les patriarches de plusieurs grands peuples.

On a beaucoup déclamé dans ces derniers temps contre la perpétuité des vœux; mais il n'est peut-être pas impossible de trouver en sa faveur des raisons puisées dans la nature des choses et dans les besoins même de notre âme.

L'homme est surtout malheureux par son inconstance et par l'usage de ce libre arbitre qui fait à la fois sa gloire et ses maux, et qui fera sa condamnation. Il flotte de sentiment en sentiment, de pensée en pensée; ses amours ont la mobilité de ses opinions, et ses opinions lui échappent comme ses amours. Cette inquiétude le plonge dans une misère dont il ne peut sortir que quand une force supérieure l'attache à un seul objet. On le voit alors porter avec joie sa chaîne; car l'homme infidèle hait pourtant l'infidélité. Ainsi, par exemple, l'artisan est plus heureux que le riche désoccupé, parce qu'il est soumis à un travail impérieux qui ferme autour de lui toutes les voies du désir ou de l'inconstance. La même soumission à la puissance fait le bien-être des enfants, et la loi qui défend le divorce a moins d'inconvénients pour la paix des familles que la loi qui le permet.

Les anciens législateurs avoient reconnu cette nécessité d'imposer un joug à l'homme. Les républiques de Lycurgue et de Minos n'étoient en effet que des espèces de communautés où l'on étoit engagé en naissant par des vœux perpétuels. Le citoyen y étoit condamné à une existence uniforme et monotone. Il étoit assujetti à des règles fatigantes, qui s'étendoient jusque sur ses repas et ses loisirs; il ne pouvoit disposer ni des heures de sa journée, ni des âges de sa vie : on lui demandoit un sacrifice rigoureux de ses goûts; il falloit qu'il aimât, qu'il pensât, qu'il agît d'après la loi : en un mot, on lui avoit retiré sa volonté pour le rendre heureux.

Le vœu perpétuel, c'est-à-dire la soumission à une règle inviolable, loin de nous plonger dans l'infortune, est donc, au contraire, une disposition favorable au bonheur, surtout quand ce vœu n'a d'autre but que de nous défendre contre les illusions du monde, comme dans les ordres monastiques. Les passions ne se soulèvent guère dans notre sein avant notre quatrième lustre; à quarante ans elles sont déjà éteintes ou détrompées : ainsi le serment indissoluble nous prive tout au plus de quelques années de désirs, pour faire ensuite la paix de notre vie, pour nous arracher aux regrets ou aux remords le reste de nos jours. Or, si vous mettez en balance les maux qui naissent des passions avec le peu de moments de joie qu'elles vous donnent, vous verrez que le vœu perpétuel est encore un plus grand bien, même dans les plus beaux instants de la jeunesse.

Supposons, d'ailleurs, qu'une religieuse pût sortir de son cloître à volonté, nous demandons si cette femme seroit heureuse. Quelques années de retraite auroient renouvelé pour elle la face de la société. Au spectacle du monde, si nous détournons un moment la tête, les décorations changent, les palais s'évanouissent; et, lorsque nous reportons les yeux sur la scène, nous n'apercevons plus que des déserts et des acteurs inconnus.

On verroit incessamment la folie du siècle entrer par caprice dans les couvents, et en sortir par caprice. Les cœurs agités ne seroient plus assez long-temps auprès des cœurs paisibles pour prendre quelque chose de leur repos, et les âmes sereines auroient bientôt perdu leur calme dans le commerce des âmes troublées. Au lieu de promener en silence leurs chagrins passés dans les abris du cloître, les malheureux iroient se racontant leurs naufrages, et s'excitant peut-être à braver encore les écueils. Femme du monde, femme de la solitude, l'infidèle épouse de Jésus-Christ ne seroit propre ni à la solitude ni au monde : ce flux et reflux des passions, ces vœux tour à tour rompus et formés, banniroient des monastères la paix, la subordination, la décence. Ces retraites sacrées, loin d'offrir un port assuré à nos inquiétudes, ne seroient plus que des lieux où nous viendrions pleurer un moment l'inconstance des autres, et méditer nous-mêmes des inconstances nouvelles.

Mais, ce qui rend le vœu perpétuel de la religion bien supérieur à l'espèce de vœu politique du Spartiate et du Crétois, c'est qu'il vient de nous-mêmes ; qu'il ne nous est imposé par personne, et qu'il présente au cœur une compensation pour ces amours terrestres que l'on sacrifie. Il n'y a rien que de grand dans cette alliance d'une âme immortelle avec le principe éternel ; ce sont deux natures qui se conviennent et qui s'unissent. Il est sublime de voir l'homme né libre chercher en vain son bonheur dans sa volonté ; puis, fatigué de ne rien trouver ici-bas qui soit digne de lui, se jurer d'aimer à jamais l'Être suprême, et se créer, comme Dieu, dans son propre serment, une *Nécessité*.

CHAPITRE V.

TABLEAU DES MOEURS ET DE LA VIE RELIGIEUSE.

MOINES, COPHTES, MARONITES, ETC.

Venons maintenant au tableau de la vie religieuse, et posons d'abord un principe. Partout où se trouve beaucoup de mystère, de solitude, de contemplation, de silence, beaucoup de pensées de Dieu, beaucoup de choses vénérables dans les costumes, les usages et les mœurs, là se doit trouver une abondance de toutes les sortes de beautés. Si cette observation est juste, on va voir qu'elle s'applique merveilleusement au sujet que nous traitons.

Remontons encore aux solitaires de la Thébaïde. Ils habitoient des cellules appelées *laures,* et portoient, comme leur fondateur Paul, des robes de feuilles de palmier; d'autres étoient vêtus de cilices tissus de poil de gazelle; quelques-uns, comme le solitaire Zénon, jetoient seulement sur leurs épaules la dépouille des bêtes sauvages; et l'anachorète Séraphion marchoit enveloppé du linceul qui devoit le couvrir dans la tombe. Les religieux maronites, dans les solitudes du Liban, les ermites nestoriens, répandus le long du Tigre; ceux d'Abyssinie, aux cataractes du Nil et sur les rivages de la mer Rouge, tous, enfin, mènent une vie aussi extraordinaire que les déserts où ils l'ont cachée. Le moine cophte, en entrant dans son monastère, renonce aux plaisirs, consume son temps en travail, en jeûnes, en prières, et à la pratique de l'hospitalité. Il couche sur la dure, dort à peine quelques instants, se relève, et, sous le beau firmament d'Égypte, fait entendre sa voix parmi les débris de Thèbes et de Memphis. Tantôt l'écho des Pyramides redit aux ombres des Pharaons les cantiques de cet enfant de la famille de Joseph; tantôt ce pieux solitaire chante au matin les louanges du vrai soleil, au même lieu où des statues harmonieuses soupiroient le réveil de l'aurore. C'est là qu'il cherche l'Européen égaré à la poursuite de ces ruines fameuses; c'est là que, le sauvant de l'Arabe, il l'enlève dans sa tour, et prodigue à cet inconnu la nourriture qu'il se refuse à lui-même. Les savants vont bien visiter les débris de l'Égypte; mais d'où vient que, comme les moines chrétiens, objet de leur mépris, ils ne vont pas s'établir dans ces mers de sable, au milieu de toutes les privations, pour donner un verre d'eau au voyageur, et l'arracher au cimeterre du Bédouin?

Dieu des chrétiens, quelles choses n'as-tu point faites! Partout où l'on tourne les yeux, on ne voit que les monuments de tes bienfaits. Dans les quatre parties du monde la religion a distribué ses milices et placé ses vedettes pour l'humanité. Le moine maronite appelle, par le claquement de deux planches suspendues à la cime d'un arbre, l'étranger que la nuit a surpris dans les précipices du Liban; ce pauvre et ignorant artiste n'a pas de plus riche moyen de se faire entendre : le moine abyssinien vous attend dans ce bois, au milieu des tigres : le missionnaire américain veille à votre conservation dans ses immenses forêts. Jeté par un naufrage sur des côtes inconnues, tout à coup vous apercevez une croix sur un rocher. Malheur à vous si ce signe de salut ne fait pas couler vos larmes. Vous êtes en pays d'amis; ici ce sont des chrétiens. Vous êtes François, il est vrai, et ils sont Espagnols, Allemands, Anglois peut-être ! Et qu'importe ? n'êtes-vous pas de la grande famille de Jésus-Christ? Ces étrangers vous reconnoîtront pour frère; c'est vous qu'ils invitent par cette croix; ils ne vous ont jamais vu, et cependant ils pleurent de joie en vous voyant sauvé du désert.

Mais le voyageur des Alpes n'est qu'au milieu de sa course. La nuit approche, les neiges tombent : seul, tremblant, égaré, il fait quelques pas et se perd sans retour. C'en est fait, la nuit est venue : arrêté au bord d'un précipice, il n'ose ni avancer, ni retourner en arrière. Bientôt le froid le pénètre, ses membres s'engourdissent, un funeste sommeil cherche ses yeux; ses dernières pensées sont pour ses enfants et son épouse! Mais n'est-ce pas le son d'une cloche qui frappe son oreille à travers le murmure de la tempête, ou bien est-ce le *glas* de la mort que son imagination effrayée croit ouïr au milieu des vents ? Non : ce sont des sons réels, mais inutiles ! car les pieds de ce voyageur refusent maintenant de le porter... Un autre bruit se fait entendre ; un chien jappe sur les neiges ; il approche, il arrive, il hurle de joie : un solitaire le suit.

Ce n'étoit donc pas assez d'avoir mille fois exposé sa vie pour sauver des hommes, et de s'être établi pour jamais au fond des plus affreuses solitudes ? Il falloit encore que les animaux mêmes apprissent à devenir l'instrument de ces œuvres sublimes, qu'ils s'embrasassent, pour ainsi dire, de l'ardente charité de leurs maîtres, et que leurs cris sur le sommet des Alpes proclamassent aux échos les miracles de notre religion.

Qu'on ne dise pas que l'humanité seule puisse conduire à de tels actes ; car d'où vient qu'on ne trouve rien de pareil dans cette belle antiquité, pourtant si sensible ? On parle de la philanthropie ! c'est la religion chrétienne qui est seule philanthrope par excellence. Immense et sublime idée, qui fait du chrétien de la Chine un ami du chrétien de la France, du sauvage néophyte un frère du moine égyptien ! Nous ne sommes plus étrangers sur la terre, nous ne pouvons plus nous y égarer. Jésus-Christ nous a rendu l'héritage que le péché d'Adam nous avoit ravi. Chrétien ! il n'est plus d'Océan ou de déserts inconnus pour toi ; tu trouveras partout la cabane de tes aïeux et la cabane de ton père !

CHAPITRE VI.

SUITE DU PRÉCÉDENT.

TRAPPISTES, CHARTREUX, SOEURS DE S**te**-CLAIRE, PÈRES DE LA RÉDEMPTION, MISSIONNAIRES, FILLES DE LA CHARITÉ, ETC.

Telles sont les mœurs et les coutumes de quelques-uns des ordres religieux de la vie contemplative; mais ces choses, néanmoins, ne sont si belles que parce qu'elles sont unies aux méditations et aux prières : ôtez le nom et la présence de Dieu de tout cela, et le charme est presque détruit.

Voulez-vous maintenant vous transporter à la Trappe, et contempler ces moines vêtus d'un sac, qui bêchent leurs tombes? Voulez-vous les voir errer comme des ombres dans cette grande forêt de Mortagne, et au bord de cet étang solitaire? Le silence marche à leurs côtés, ou s'ils se parlent quand ils se rencontrent, c'est pour se dire seulement : *Frères, il faut mourir*. Ces ordres rigoureux du christianisme étoient des écoles de morale en action : institués au milieu des plaisirs du siècle, ils offroient sans cesse des modèles de pénitence et de grands exemples de la misère humaine aux yeux du vice et de la prospérité.

Quel spectacle que celui du trappiste mourant! quelle sorte de haute philosophie! quel avertissement pour les hommes! Étendu sur un peu de paille et de cendre, dans le sanctuaire de l'église, ses frères rangés en silence autour de lui, il les appelle à la vertu, tandis que la cloche funèbre sonne ses dernières agonies. Ce sont ordinairement les vivants qui engagent l'infirme à quitter courageusement la vie; mais ici c'est une chose plus sublime, c'est le mourant qui parle de la mort. Aux portes de l'éternité, il la doit mieux connoître qu'un autre; et, d'une voix qui résonne déjà entre des ossements, il appelle avec autorité ses compagnons, ses supérieurs même à la pénitence. Qui ne frémiroit en voyant ce religieux qui vécut d'une manière si sainte, douter encore de son salut à l'approche du passage terrible ? Le christianisme a tiré du fond du sépulcre toutes les moralités qu'il renferme. C'est par la mort que la morale est entrée dans la vie : si l'homme, tel qu'il est aujourd'hui après sa chute, fût demeuré immortel, peut-être n'eût-il jamais connu la vertu[1]?

Ainsi s'offrent de toutes parts dans la religion les scènes les plus instructives ou les plus attachantes : là, de saints muets, comme un peuple enchanté par un filtre, accomplissent sans paroles les travaux des moissons et des vendanges; ici les filles de Claire foulent de leurs pieds nus les tombes glacées de leur cloître. Ne croyez pas toutefois qu'elles soient malheureuses au milieu de leurs austérités; leurs cœurs sont purs, et leurs yeux tournés vers le ciel, en signe de désir et d'espérance. Une robe de laine grise est préférable à des habits somptueux, achetés

---

[1] Voyez la note V, à la fin du volume.

au prix des vertus; le pain de la charité est plus sain que celui de la prostitution. Eh! de combien de chagrins ce simple voile baissé entre ces filles et le monde ne les sépare-t-il pas!

En vérité, nous sentons qu'il nous faudroit un tout autre talent que le nôtre pour nous tirer dignement des objets qui se présentent à nos yeux. Le plus bel éloge que nous pourrions faire de la vie monastique seroit de présenter le catalogue des travaux auxquels elle s'est consacrée. La religion, laissant à notre cœur le soin de nos joies, ne s'est occupée, comme une tendre mère, que du soulagement de nos douleurs; mais dans cette œuvre immense et difficile elle a appelé tous ses fils et toutes ses filles à son secours. Aux uns elle a confié le soin de nos maladies, comme à cette multitude de religieux et de religieuses dévoués au service des hôpitaux; aux autres elle a délégué les pauvres, comme aux sœurs de la Charité. Le père de la Rédemption s'embarque à Marseille : où va-t-il seul ainsi avec son bréviaire et son bâton ? Ce conquérant marche à la délivrance de l'humanité, et les armées qui l'accompagnent sont invisibles. La bourse de la charité à la main, il court affronter la peste, le martyre et l'esclavage. Il aborde le dey d'Alger, il lui parle au nom de ce roi céleste dont il est l'ambassadeur. Le Barbare s'étonne à la vue de cet Européen, qui ose seul, à travers les mers et les orages, venir lui redemander des captifs : dompté par une force inconnue, il accepte l'or qu'on lui présente; et l'héroïque libérateur, satisfait d'avoir rendu des malheureux à leur patrie, obscur et ignoré, reprend humblement à pied le chemin de son monastère.

Partout c'est le même spectacle : le missionnaire qui part pour la Chine rencontre au port le missionnaire qui revient, glorieux et mutilé, du Canada; la sœur-grise court administrer l'indigent dans sa chaumière; le père capucin vole à l'incendie; le frère hospitalier lave les pieds du voyageur; le frère du *Bien-Mourir* console l'agonisant sur sa couche; le frère *Enterreur* porte le corps du pauvre décédé; la sœur de la Charité monte au septième étage pour prodiguer l'or, le vêtement et l'espérance; ces filles, si justement appelées *Filles-Dieu*, portent et reportent çà et là les bouillons, la charpie, les remèdes; la fille du *Bon-Pasteur* tend les bras à la fille prostituée, et lui crie : *Je ne suis point venue pour appeler les justes, mais les pécheurs !* l'orphelin trouve un père, l'insensé un médecin, l'ignorant un instructeur. Tous ces ouvriers en œuvres célestes se précipitent, s'animent les uns les autres. Cependant la religion, attentive, et tenant une couronne immortelle, leur crie : « Courage, mes enfants! courage! hâtez-vous, soyez plus prompts que les maux dans la carrière de la vie! méritez cette couronne que je vous prépare : elle vous mettra vous-mêmes à l'abri de tous maux et de tous besoins. »

Au milieu de tant de tableaux, qui mériteroient chacun des volumes de détails et de louanges, sur quelle scène particulière arrêterons-nous nos regards? Nous avons déjà parlé de ces hôtelleries que la religion a placées dans les solitudes des quatre parties du monde, fixons donc à présent les yeux sur des objets d'une autre sorte.

Il y a des gens pour qui le seul nom de capucin est un objet de risée. Quoi qu'il en soit, un religieux de l'ordre de saint François étoit souvent un personnage noble et simple.

Qui de nous n'a vu un couple de ces hommes vénérables, voyageant dans les campagnes, ordinairement vers la fête des Morts, à l'approche de l'hiver, au temps de la *quête des vignes?* Ils s'en alloient, demandant l'hospitalité, dans les vieux châteaux sur leur route. À l'entrée de la nuit, les deux pèlerins arrivoient chez le châtelain solitaire : ils montoient un antique perron, mettoient leurs longs bâtons et leurs besaces derrière la porte, frappoient au portique sonore, et demandoient l'hospitalité. Si le maître refusoit ces hôtes du Seigneur, ils faisoient un profond salut, se retiroient en silence, reprenoient leurs besaces et leurs bâtons, et, secouant la poussière de leurs sandales, ils s'en alloient, à travers la nuit, chercher la cabane du laboureur. Si, au contraire, ils étoient reçus, après qu'on leur avoit donné à laver, à la façon des temps de Jacob et d'Homère, ils venoient s'asseoir au foyer hospitalier. Comme aux siècles antiques, afin de se rendre les maîtres favorables (et parce que, comme Jésus-Christ, ils aimoient aussi les enfants), ils commençoient par caresser ceux de la maison; ils leur présentoient des reliques et des images. Les enfants, qui s'étoient d'abord enfuis tout effrayés, bientôt attirés par ces merveilles, se familiarisoient jusqu'à se jouer entre les genoux des bons religieux. Le père et la mère, avec un sourire d'attendrissement, regardoient ces scènes naïves et l'intéressant contraste de la gracieuse jeunesse de leurs enfants, et de la vieillesse chenue de leurs hôtes.

Or la pluie et le *coup de vent des morts* battoient au dehors les bois dépouillés, les cheminées, les créneaux du château gothique; la chouette crioit sur ses faîtes. Auprès d'un large foyer, la famille se mettoit à table : le repas étoit cordial, et les manières affectueuses. La jeune demoiselle du lieu interrogeoit timidement ses hôtes, qui louoient gravement sa beauté et sa modestie. Les bons pères entretenoient la famille par leurs agréables propos : ils racontoient quelque histoire bien touchante; car ils avoient toujours appris des choses remarquables dans leurs missions lointaines, chez les sauvages de l'Amérique, ou chez les peuples de la Tartarie. A la longue barbe de ces pères, à leur robe de l'antique Orient, à la manière dont ils étoient venus demander l'hospitalité, on se rappeloit ces temps où les Thalès et les Anacharsis voyageoient ainsi dans l'Asie et dans la Grèce.

Après le souper du château, la dame appeloit ses serviteurs, et l'on invitoit un des pères à faire en commun la prière accoutumée; ensuite les deux religieux se retiroient à leur couche, en souhaitant toutes sortes de prospérités à leurs hôtes. Le lendemain on cherchoit les vieux voyageurs, mais ils s'étoient évanouis, comme ces saintes apparitions qui visitent quelquefois l'homme de bien dans sa demeure.

Étoit-il quelque chose qui pût briser l'âme, quelque commission dont les hommes ennemis des larmes n'osassent se charger, de peur de compromettre leurs plaisirs, c'étoit aux enfants du cloître qu'elle étoit aussitôt dévolue, et surtout aux Pères de l'ordre de saint François; on supposoit que des hommes qui s'étoient voués à la misère, devoient être naturellement les hérauts du malheur. L'un étoit obligé d'aller porter à une famille la nouvelle de la perte de sa fortune; l'autre de lui apprendre le trépas de son fils unique. Le grand Bourdaloue remplit lui-même ce triste devoir : il se présentoit en silence à la porte du père, croisoit les mains sur sa poitrine, s'inclinoit profondément et se retiroit muet, comme la mort dont il étoit l'interprète.

Croit-on qu'il y eût beaucoup de plaisirs (nous entendons de ces plaisirs à la façon du monde), croit-on qu'il fût fort doux pour un Cordelier, un Carme, un Franciscain, d'aller au milieu des prisons, annoncer la sentence au criminel, l'écouter, le consoler, et avoir, pendant des journées entières, l'âme transpercée des scènes les plus déchirantes ? On a vu, dans ces actes de dévouement, la sueur tomber à grosses gouttes du front de ces compatissants religieux, et mouiller ce froc qu'elle a pour toujours rendu sacré, en dépit des sarcasmes de la philosophie. Et pourtant quel honneur, quel profit revenoit-il à ces moines de tant de sacrifices, sinon la dérision du monde, et les injures même des prisonniers qu'ils consoloient! Mais du moins les hommes, tout ingrats qu'ils sont, avoient confessé leur nullité dans ces grandes rencontres de la vie, puisqu'ils les avoient abandonnées à la religion, seul véritable secours au dernier degré du malheur. O apôtre de Jésus-Christ, de quelles catastrophes n'étiez-vous point témoin, vous qui, près du bourreau, ne craigniez point de vous couvrir du sang des misérables, et qui étiez leur dernier ami! Voici un des plus hauts spectacles de la terre : aux deux coins de cet échafaud, les deux justices sont en présence, la justice humaine et la justice divine; l'une implacable et appuyée sur un glaive, est accompagnée du désespoir; l'autre, tenant un voile trempé de pleurs, se montre entre la pitié et l'espérance : l'une a pour ministre un homme de sang, l'autre un homme de paix : l'une condamne, l'autre absout : innocente ou coupable, la première dit à la victime : « Meurs! » La seconde lui crie : « Fils de l'innocence ou du repentir, *montez au ciel!* »

LIVRE QUATRIÈME.

MISSIONS.

CHAPITRE PREMIER.

IDÉE GÉNÉRALE DES MISSIONS.

Voici encore une de ces grandes et nouvelles idées qui n'appartiennent qu'à la religion chrétienne. Les cultes idolâtres ont ignoré l'enthousiasme divin qui anime l'apôtre de l'Évangile. Les anciens philosophes eux-mêmes n'ont jamais quitté les avenues d'Académus et les délices d'Athènes, pour aller, au gré d'une impulsion sublime, humaniser le Sauvage, instruire l'ignorant, guérir le malade, vêtir le pauvre et semer la concorde et la paix parmi des nations ennemies : c'est ce que les religieux chrétiens ont fait et font encore tous les jours. Les mers, les orages, les glaces du pôle, les feux du tropique, rien ne les arrête : ils vivent avec l'Esquimau dans son outre de peau de vache marine; ils se nourrissent d'huile de baleine avec le Groënlandois; avec le Tartare ou l'Iroquois, ils parcourent la solitude; ils montent sur le dromadaire de l'Arabe, ou suivent le Caffre errant dans ses déserts embrasés; le Chinois, le Japonois, l'Indien, sont devenus leurs néophytes; il n'est point d'île ou d'écueil dans l'Océan qui ait pu échapper à leur zèle ; et, comme autrefois les royaumes manquoient à l'ambition d'Alexandre, la terre manque à leur charité.

Lorsque l'Europe régénérée n'offrit plus aux prédicateurs de la foi qu'une famille de frères, ils tournèrent les yeux vers les régions où des âmes languissoient encore dans les ténèbres de l'idolâtrie. Ils furent touchés de compassion en voyant cette dégradation de l'homme ; ils se sentirent pressés du désir de verser leur sang pour le salut de ces étrangers. Il falloit percer des forêts profondes, franchir des marais impraticables, traverser des fleuves dangereux, gravir des rochers inaccessibles ; il falloit affronter des nations cruelles, superstitieuses et jalouses ; il falloit surmonter dans les unes l'ignorance de la barbarie, dans les autres les préjugés de la civilisation : tant d'obstacles ne purent les arrêter. Ceux qui ne croient plus à la religion de leurs pères, conviendront du moins que si le missionnaire est fermement persuadé qu'il n'y a de salut que dans la religion chrétienne, l'acte par lequel il se condamne à des maux inouïs pour sauver un idolâtre est au-dessus des plus grands dévouements.

Qu'un homme, à la vue de tout un peuple, sous les yeux de ses parents et de ses amis, s'expose à la mort pour sa patrie, il échange quelques jours de vie pour des siècles de gloire ; il illustre sa famille et d'élève aux richesses et aux honneurs. Mais le missionnaire dont la vie se consume au fond des bois, qui meurt d'une mort affreuse, sans spectateurs, sans applaudissements, sans avantages pour les siens, obscur, méprisé, traité de fou, d'absurde, de fanatique, et tout cela pour donner un bonheur éternel à un Sauvage inconnu... de quel nom faut-il appeler cette mort, ce sacrifice ?

Diverses congrégations religieuses se consacroient aux missions : les Dominicains, l'ordre de saint François, les Jésuites et les prêtres des missions étrangères.

Il y avoit quatre sortes de missions :

Les missions du Levant, qui comprenoient l'Archipel, Constantinople, la Syrie, l'Arménie, la Crimée, l'Éthiopie, la Perse et l'Égypte;

Les missions de l'Amérique, commençant à la baie d'Hudson, et remontant par le Canada, la Louisiane, la Californie, les Antilles et la Guiane, jusqu'aux fameuses *Réductions* ou peuplades du Paraguay;

Les missions de l'Inde, qui renfermoient l'Indostan, la presqu'île en deçà et au-delà du Gange, et qui s'étendoient jusqu'à Manille et aux Nouvelles-Philippines;

Enfin, *les missions de la Chine*, auxquelles se joignent celles de Tong-King, de la Cochinchine et du Japon.

On comptoit de plus quelques églises en Islande et chez les Nègres de l'Afrique, mais elles n'étoient pas régulièrement suivies. Des ministres presbytériens ont tenté dernièrement de prêcher l'Évangile à Otaïti.

Lorsque les Jésuites firent paroître la correspondance connue sous le nom de *Lettres édifiantes*, elle fut citée et recherchée par tous les auteurs. On s'appuyoit de son autorité, et les faits qu'elle contenoit passoient pour indubitables. Mais bientôt la mode vint de décrier ce qu'on avoit admiré. Ces lettres étoient écrites par des prêtres chrétiens : pouvoient-elles valoir quelque chose ? On ne rougit pas de préférer, ou plutôt de feindre de préférer aux Voyages des Dutertre et des Charlevoix ceux d'un baron de la Hontan, ignorant et menteur. Des savants qui avoient été à la tête des premiers tribunaux de la Chine, qui avoient passé trente et quarante années à la cour même des empereurs, qui parloient et écrivoient la langue du pays, qui fréquentoient les petits, qui vivoient familièrement avec les grands, qui avoient parcouru, vu et étudié en détail les provinces, les mœurs, la religion et les lois de ce vaste empire; ces savants, dont les travaux nombreux ont enrichi les mémoires de l'Académie des sciences, se virent traités d'imposteurs par un homme qui n'étoit pas sorti du quartier des Européens à Canton, qui ne savoit pas un mot de chinois, et dont tout le mérite consistoit à contredire grossièrement les récits des missionnaires. On le sait aujourd'hui, et l'on rend une tardive justice aux Jésuites. Des ambassades faites à grands frais par des nations puissantes nous ont-elles appris quelque chose que les Duhalde et les Le Comte nous eussent laissé ignorer, ou nous ont-elles révélé quelques mensonges de ces Pères ?

En effet, un missionnaire doit être un excellent voyageur. Obligé de parler la langue des peuples auxquels il prêche l'Évangile, de se conformer à leurs usages, de vivre long-temps avec toutes les classes de la société, de chercher à pénétrer dans les palais et dans les chaumières, n'eût-il reçu de la nature aucun génie, il parviendroit encore à recueillir une multitude de faits précieux. Au contraire, l'homme qui passe rapidement avec un interprète, qui n'a ni le temps ni la volonté de s'exposer à mille périls pour apprendre le secret des mœurs, cet homme eût-il tout ce qu'il faut pour bien voir et pour bien observer, ne peut cependant acquérir que des connoissances très vagues sur des peuples qui ne font que rouler et disparoître à ses yeux.

Le Jésuite avoit encore sur le voyageur ordinaire l'avantage d'une éducation savante. Les supérieurs exigeoient plusieurs qualités des élèves qui se destinoient aux missions. Pour le Levant, il falloit savoir le grec, le cophte, l'arabe, le turc, et posséder quelques connoissances en médecine; pour l'Inde et la Chine, on vouloit des astronomes, des mathématiciens, des géographes, des mécaniciens; l'Amérique étoit réservée aux naturalistes[1]. Et à combien de saints déguisements, de pieuses ruses, de changements de vie et de mœurs n'étoit-on pas obligé d'avoir recours pour annoncer la vérité aux hommes! A Maduré, le missionnaire prenoit l'habit

---

[1] Voyez les *Lettres édifiantes*, et l'ouvrage de l'abbé FLEURY sur les qualités nécessaires a un missionnaire.

du pénitent indien, s'assujettissoit à ses usages, se soumettoit à ses austérités, si rebutantes ou si puériles qu'elles fussent; à la Chine, il devenoit mandarin et lettré; chez l'Iroquois, il se faisoit chasseur et sauvage.

Presque toutes les missions françoises furent établies par Colbert et Louvois, qui comprirent de quelle ressource elles seroient pour les arts, les sciences et le commerce. Les pères Fontenay, Tachard, Gerbillon, Le Comte, Bouvet et Visdelou, furent envoyés aux Indes par Louis XIV : ils étoient mathématiciens, et le roi les fit recevoir de l'Académie des Sciences avant leur départ.

Le père Brédeveut, connu par sa dissertation physico-mathématique, mourut malheureusement en parcourant l'Éthiopie; mais on a joui d'une partie de ses travaux : le père Sicard visita l'Égypte avec des dessinateurs que lui avoit fournis M. de Maurepas. Il acheva un grand ouvrage sous le titre de *Description de l'Égypte ancienne et moderne.* Ce manuscrit précieux, déposé à la maison professe des Jésuites, fut dérobé sans qu'on en ait jamais pu découvrir aucune trace. Personne sans doute ne pouvoit mieux nous faire connoître la Perse et le fameux Thamas Koulikan que le moine Bazin, qui fut le premier médecin de ce conquérant, et le suivit dans ses expéditions. Le père Cœur-Doux nous donna des renseignements sur les toiles et les teintures indiennes. La Chine nous fut connue comme la France; nous eûmes les manuscrits originaux et les traductions de son histoire; nous eûmes des herbiers chinois, des géographies, des mathématiques chinoises; et, pour qu'il ne manquât rien à la singularité de cette mission, le père Ricci écrivit des livres de morale dans la langue de Confucius, et passe encore pour un auteur élégant à Pékin.

Si la Chine nous est aujourd'hui fermée, si nous ne disputons pas aux Anglois l'empire des Indes, ce n'est pas la faute des Jésuites, qui ont été sur le point de nous ouvrir ces belles régions. « Ils avoient réussi en Amérique, dit Voltaire, en enseignant à des Sauvages les arts nécessaires ; ils réussirent à la Chine, en enseignant les arts les plus relevés à une nation spirituelle[1]. »

L'utilité dont ils étoient à leur patrie dans les échelles du Levant n'est pas moins avérée. En veut-on une preuve authentique ? Voici un certificat dont les signatures sont assez belles.

Brevet du Roi.

« Aujourd'hui, septième de juin mil six cent soixante-dix-neuf, le roi étant à Saint-Germain-en-Laye, voulant gratifier et favorablement traiter les Pères Jésuites françois, missionnaires au Levant, en considération de leur zèle pour la religion, *et des avantages que ses sujets qui résident et qui trafiquent dans toutes les échelles reçoivent de leurs instructions;* sa majesté les a retenus et retient pour

---

[1] *Essai sur les Missions chrétiennes*, cap. cxcv.

ses chapelains dans l'église et chapelle consulaire de la ville d'Alep en Syrie, etc.

« *Signé* LOUIS.

« *Et plus bas*, Colbert[1]. »

C'est à ces mêmes missionnaires que nous devons l'amour que les Sauvages portent encore au nom françois dans les forêts de l'Amérique. Un mouchoir blanc suffit pour passer en sûreté à travers les hordes ennemies, et pour recevoir partout l'hospitalité. C'étoient les Jésuites du Canada et de la Louisiane qui avoient dirigé l'industrie des colons vers la culture, et découvert de nouveaux objets de commerce pour les teintures et les remèdes. En naturalisant sur notre sol des insectes, des oiseaux et des arbres étrangers [2], ils ont ajouté des richesses à nos manufactures, des délicatesses à nos tables et des ombrages à nos bois.

Ce sont eux qui ont décrit les annales élégantes ou naïves de nos colonies. Quelle excellente histoire que celle des Antilles par le père Dutertre, ou celle de la Nouvelle-France par Charlevoix! Les ouvrages de ces hommes pieux sont pleins de toutes sortes de sciences : dissertations savantes, peintures

---

[1] *Lettres édif.*, tom. 1, pag. 129, édit. de 1780. Voyez la note X, à la fin du volume.

[2] Deux moines, sous le règne de Justinien, apportèrent du Serinde des vers à soie à Constantinople. Les dindes, et plusieurs arbres et arbustes étrangers naturalisés en Europe, sont dus à des missionnaires.

de mœurs, plans d'amélioration pour nos établissements, objets utiles, réflexions morales, aventures intéressantes, tout s'y trouve; l'histoire d'un acacia ou d'un saule de la Chine s'y mêle à l'histoire d'un grand empereur réduit à se poignarder; et le récit de la conversion d'un Pariah à un traité sur les mathématiques des Brames. Le style de ces relations, quelquefois sublime, est souvent admirable par sa simplicité. Enfin, les missions fournissoient chaque année à l'astronomie, et surtout à la géographie, de nouvelles lumières. Un Jésuite rencontra en Tartarie une femme huronne qu'il avoit connue au Canada : il conclut de cette étrange aventure que le continent de l'Amérique se rapproche au nord-ouest du continent de l'Asie, et il devina ainsi l'existence du détroit qui long-temps après a fait la gloire de Bering et de Cook. Une grande partie du Canada et toute la Louisiane avoient été découvertes par nos missionnaires. En appelant au christianisme les Sauvages de l'Acadie, ils nous avoient livré ces côtes où s'enrichissoit notre commerce et se formoient nos marins : telle est une foible partie des services que ces hommes, aujourd'hui si méprisés, savoient rendre à leur pays.

CHAPITRE II.

MISSIONS DU LEVANT.

Chaque mission avoit un caractère qui lui étoit propre, et un genre de souffrance particulier. Celles du Levant présentoient un spectacle bien philosophique. Combien elle étoit puissante cette voix chrétienne qui s'élevoit des tombeaux d'Argos et des ruines de Sparte et d'Athènes! Dans les îles de Naxos et de Salamine, d'où partoient ces brillantes théories qui charmoient et enivroient la Grèce, un pauvre prêtre catholique, déguisé en Turc, se jette dans un esquif, aborde à quelque méchant réduit pratiqué sous des tronçons de colonnes, console sur la paille le descendant des vainqueurs de Xerxès, distribue des aumônes au nom de Jésus-Christ, et, faisant le bien comme on fait le mal, en se cachant dans l'ombre, retourne secrètement au désert.

Le savant qui va mesurer les restes de l'antiquité dans les solitudes de l'Afrique et de l'Asie a sans doute des droits à notre admiration; mais nous voyons une chose encore plus admirable et plus belle : c'est quelque Bossuet inconnu expliquant la parole des prophètes sur les débris de Tyr et de Babylone.

Dieu permettoit que les moissons fussent abondantes dans un sol si riche; une pareille poussière ne pouvoit être stérile. « Nous sortîmes de Serpho, dit le père Xavier, plus consolés que je ne puis vous l'exprimer ici, le peuple nous comblant de bénédictions, et remerciant Dieu mille fois de nous avoir inspiré le dessein de venir les chercher au milieu de leurs rochers [1]. »

Les montagnes du Liban, comme les sables de la Thébaïde, étoient témoins du dévouement des missionnaires. Ils ont une grâce infinie à rehausser les plus petites circonstances. S'ils décrivent les cèdres du Liban, ils vous parlent de quatre autels de pierre qui se voient au pied de ces arbres, et où les moines maronites célèbrent une messe solennelle le jour de la Transfiguration; on croit entendre les accents religieux qui se mêlent au murmure de ces bois chantés par Salomon et Jérémie, et au fracas des torrents qui tombent des montagnes.

Parlent-ils de la vallée où coule le fleuve *saint*, ils disent : « Ces rochers renferment de profondes grottes qui étoient autrefois autant de cellules d'un grand nombre de solitaires qui avoient choisi ces retraites pour être les seuls témoins sur terre de la rigueur de leur pénitence. Ce sont les larmes de ces saints pénitents qui ont donné au fleuve dont nous venons de parler le nom de fleuve *saint*. Sa source est dans les montagnes du Liban. La vue de ces grottes et de ce fleuve, dans cet affreux désert, inspire de la componction, de l'amour pour la pénitence, et de la compassion pour ces âmes sen-

---

[1] *Lettres édif.*, tom. 1, pag. 15.

suelles et mondaines qui préfèrent quelques jours de joie et de plaisir à une éternité bienheureuse [1]. »

Cela nous semble parfait, et comme style et comme sentiment.

Ces missionnaires avoient un instinct merveilleux pour suivre l'infortune à la trace, et la forcer, pour ainsi dire, jusque dans son dernier gîte. Les bagnes et les galères pestiférés n'avoient pu échapper à leur charité ; écoutons parler le père Tarillon dans sa lettre à M. de Pontchartrain :

« Les services que nous rendons à ces pauvres gens (les esclaves chrétiens au bagne de Constantinople) consistent à les entretenir dans la crainte de Dieu et dans la foi, à leur procurer des soulagements de la charité des fidèles, à les assister dans leurs maladies, et enfin à leur aider à bien mourir. Si tout cela demande beaucoup de sujétion et de peine, je puis assurer que Dieu y attache en récompense de grandes consolations. . . . .
. . . .

« Dans les temps de peste, comme il faut être à portée de secourir ceux qui en sont frappés, et que nous n'avons ici que quatre ou cinq missionnaires, notre usage est qu'il n'y a qu'un seul Père qui entre au bagne, et qui y demeure tout le temps que la maladie dure. Celui qui en obtient la permission du supérieur s'y dispose pendant quelques jours de retraite, et prend congé de ses frères, comme s'il devoit bientôt mourir. Quelquefois il y con-

---

[1] *Lettres édif.*, tom. 1, pag. 285.

somme son sacrifice, et quelquefois il échappe au danger [1]. »

Le père Jacques Cachod écrit au père Tarillon :

« Maintenant je me suis mis au-dessus de toutes les craintes que donnent les maladies contagieuses ; et, s'il plaît à Dieu, je ne mourrai pas de ce mal, après les hasards que je viens de courir. Je sors du bagne, où j'ai donné les derniers sacrements à quatre-vingt-six personnes... Durant le jour, je n'étois, ce me semble, étonné de rien ; il n'y avoit que la nuit, pendant le peu de sommeil qu'on me laissoit prendre, que je me sentois l'esprit tout rempli d'idées effrayantes. Le plus grand péril que j'aie couru, et que je courrai peut-être de ma vie, a été à fond de cale d'une sultane de quatre-vingt-deux canons. Les esclaves, de concert avec les gardiens, m'y avoient fait entrer sur le soir pour les confesser toute la nuit, et leur dire la messe de grand matin. Nous fûmes enfermés à doubles cadenas, comme c'est la coutume. De cinquante-deux esclaves que je confessai, douze étoient malades, et trois moururent avant que je fusse sorti. Jugez quel air je pouvois respirer dans ce lieu renfermé, et sans la moindre ouverture ! Dieu qui, par sa bonté, m'a sauvé de ce pas-là, me sauvera de bien d'autres [2]. »

Un homme qui s'enferme volontairement dans un bagne en temps de peste, qui avoue ingénument ses terreurs, et qui pourtant les surmonte par charité, qui s'introduit ensuite à prix d'argent,

---

[1] *Lettres édif.*, tom. I, pag. 19 et 21. [2] *Ibid.*, pag. 23.

comme pour goûter des plaisirs illicites, à fond de cale d'un vaisseau de guerre, afin d'assister des esclaves pestiférés, avouons-le, un tel homme ne suit pas une impulsion naturelle : il y a quelque chose ici de plus que l'*humanité ;* les missionnaires en conviennent, et ils ne prennent point sur eux le mérite de ces œuvres sublimes : « C'est Dieu qui nous donne cette force, répètent-ils souvent, nous n'y avons aucune part. »

Un jeune missionnaire, non encore aguerri contre les dangers comme ces vieux chefs tout chargés de fatigues et de palmes évangéliques, est étonné d'avoir échappé au premier péril ; il craint qu'il n'y ait de sa faute : il en paroît humilié. Après avoir fait à son supérieur le récit d'une peste, où souvent il avoit été obligé de *coller son oreille sur la bouche des malades, pour entendre leurs paroles mourantes,* il ajoute : « Je n'ai pas mérité, mon révérend père, que Dieu ait bien voulu recevoir le sacrifice de ma vie, que je lui avois offert. Je vous demande donc vos prières pour obtenir de Dieu qu'il oublie mes péchés et me fasse la grâce de mourir pour lui. »

C'est ainsi que le père Bouchet écrit des Indes : « Notre mission est plus florissante que jamais ; nous avons eu *quatre grandes persécutions* cette année. »

C'est ce même père Bouchet qui a envoyé en Europe les tables des Bramès, dont M. Bailly s'est servi dans son *Histoire de l'Astronomie.* La société angloise de Calcutta n'a jusqu'à présent fait paroître aucun monument des sciences indiennes, que nos missionnaires n'eussent découvert ou indiqué; et cependant les savants Anglois, souverains de plusieurs grands royaumes, favorisés par tous les secours de l'art et de la puissance, devroient avoir bien d'autres moyens de succès qu'un pauvre Jésuite, seul, errant et persécuté. « Pour peu que nous parussions librement en public, écrit le père Royer, il seroit aisé de nous reconnoître à l'air et à la couleur du visage. Ainsi, pour ne point susciter de persécution plus grande à la religion, il faut se résoudre à demeurer caché le plus qu'on peut. Je passe les jours entiers, ou enfermé dans un bateau, d'où je ne sors que la nuit pour visiter les villages qui sont proches des rivières, ou retiré dans quelque maison éloignée[1]. »

Le bateau de ce religieux étoit tout son observatoire; mais on est bien riche et bien habile quand on a la charité.

CHAPITRE III.

MISSIONS DE LA CHINE.

Deux religieux de l'ordre de saint François, l'un Polonois, et l'autre François de nation, furent les premiers Européens qui pénétrèrent à la Chine, vers le milieu du douzième siècle. Marc Paole, Vénitien, et Nicolas et Matthieu Paole, de la même

[1] *Lettres édif.*, tom. I, pag. 8.

famille, y firent ensuite deux voyages. Les Portugais ayant découvert la route des Indes, s'établirent à Macao, et le père Ricci, de la compagnie de Jésus, résolut de s'ouvrir cet empire du *Cathai* dont on racontoit tant de merveilles. Il s'appliqua d'abord à l'étude de la langue chinoise, l'une des plus difficiles du monde. Son ardeur surmonta tous les obstacles; et, après bien des dangers et plusieurs refus, il obtint des magistrats chinois, en 1682, la permission de s'établir à Chouachen.

Ricci, élève de Cluvius, et lui-même très habile en mathématiques, se fit, à l'aide de cette science, des protecteurs parmi les mandarins. Il quitta l'habit des bonzes, et prit celui des lettrés. Il donnoit des leçons de géométrie, où il mêloit avec art les leçons plus précieuses de la morale chrétienne. Il passa successivement à Chouachen, Nemchem, Pékin, Nankin, tantôt maltraité, tantôt reçu avec joie; opposant aux revers une patience invincible, et ne perdant jamais l'espérance de faire fructifier la parole de Jésus-Christ. Enfin, l'empereur lui-même, charmé des vertus et des connoissances du missionnaire, lui permit de résider dans la capitale, et lui accorda, ainsi qu'aux compagnons de ses travaux, plusieurs priviléges. Les Jésuites mirent une grande discrétion dans leur conduite, et montrèrent une connoissance profonde du cœur humain. Ils respectèrent les usages des Chinois, et s'y conformèrent en tout ce qui ne blessoit pas les lois évangéliques. Ils furent traversés de tous côtés. « Bientôt la jalousie, dit Voltaire, corrompit les fruits de leur sagesse, et cet esprit d'inquiétude et de contention, attaché en Europe aux connoissances et aux talents, renversa les plus grands desseins [1]. »

Ricci suffisoit à tout. Il répondoit aux accusations de ses ennemis en Europe, il veilloit aux églises naissantes de la Chine. Il donnoit des leçons de mathématiques, il écrivoit en chinois des livres de controverse contre les lettrés qui l'attaquoient, il cultivoit l'amitié de l'empereur, et se ménageoit à la cour, où sa politesse le faisoit aimer des grands. Tant de fatigues abrégèrent ses jours. Il termina à Pékin une vie de cinquante-sept années, dont la moitié avoit été consumée dans les travaux de l'apostolat.

Après la mort du père Ricci, sa mission fut interrompue par les révolutions qui arrivèrent à la Chine. Mais lorsque l'empereur Tartare Cun-chi monta sur le trône, il nomma le père Adam Schall président du tribunal des mathématiques. Cun-chi mourut, et pendant la minorité de son fils Cang-hi, la religion chrétienne fut exposée à de nouvelles persécutions.

A la majorité de l'empereur, le calendrier se trouvant dans une grande confusion, il fallut rappeler les missionnaires. Le jeune prince s'attacha au père Verbiest, successeur du père Schall. Il fit examiner le christianisme par le tribunal des états de l'empire, et minuta de sa propre main le mémoire des

---

[1] *Essai sur les mœurs*, chap. cxcv.

Jésuites. Les juges, après un mûr examen, déclarèrent que la religion chrétienne étoit bonne, qu'elle ne contenoit rien de contraire à la pureté des mœurs et à la prospérité des empires.

Il étoit digne des disciples de Confucius de prononcer une pareille sentence en faveur de la loi de Jésus-Christ. Peu de temps après ce décret, le père Verbiest appela de Paris ces savants Jésuites qui ont porté l'honneur du nom françois jusqu'au centre de l'Asie.

Le Jésuite qui partoit pour la Chine s'armoit du télescope et du compas. Il paroissoit à la cour de Pékin avec l'urbanité de la cour de Louis XIV, et environné du cortége des sciences et des arts. Déroulant des cartes, tournant des globes, traçant des sphères, il apprenoit aux mandarins étonnés et le véritable cours des astres, et le véritable nom de celui qui les dirige dans leurs orbites. Il ne dissipoit les erreurs de la physique que pour attaquer celles de la morale; il replaçoit dans le cœur, comme dans son véritable siége, la simplicité qu'il bannissoit de l'esprit: inspirant à la fois, par ses mœurs et son savoir, une profonde vénération pour son Dieu, et une haute estime pour sa patrie.

Il étoit beau pour la France de voir ces simples religieux régler à la Chine les fastes d'un grand empire. On se proposoit des questions de Pékin à Paris; la chronologie, l'astronomie, l'histoire naturelle, fournissoient des sujets de discussions curieuses et savantes. Les livres chinois étoient traduits en françois, les françois en chinois. Le père

Parennin, dans sa lettre adressée à Fontenelle, écrivoit à l'Académie des Sciences :

« Messieurs,

« Vous serez peut-être surpris que je vous envoie de si loin un traité d'anatomie, un cours de médecine, et des questions de physique écrites en une langue qui sans doute vous est inconnue ; mais votre surprise cessera quand vous verrez que ce sont vos propres ouvrages que je vous envoie habillés à la tartare [1]. »

Il faut lire d'un bout à l'autre cette lettre, où respirent ce ton de politesse et ce style des honnêtes gens, presque oubliés de nos jours. « Le Jésuite nommé Parennin, dit Voltaire, homme célèbre par ses connoissances et par la sagesse de son caractère, parloit très bien le chinois et le tartare... C'est lui qui est principalement connu parmi nous par les réponses sages et instructives sur les sciences de la Chine, aux difficultés savantes d'un de nos meilleurs philosophes [2]. »

En 1711, l'empereur de la Chine donna aux Jésuites trois inscriptions, qu'il avoit composées lui-même, pour une église qu'ils faisoient élever à Pékin. Celle du frontispice portoit :

« Au principe de toutes choses. »

Sur l'une des deux colonnes du péristyle on lisoit :

« Il est infiniment bon et infiniment juste, il

---

[1] *Lettres édif.*, tom. XIX, pag. 257.
[2] *Siècle de Louis XIV*, chap. XXXIX.

éclaire, il soutient, il règle tout avec une suprême autorité et avec une souveraine justice. »

La dernière colonne étoit couverte de ces mots :

« Il n'a point eu de commencement, il n'aura point de fin : il a produit toutes choses dès le commencement; c'est lui qui les gouverne et qui en est le véritable Seigneur. »

Quiconque s'intéresse à la gloire de son pays ne peut s'empêcher d'être vivement ému en voyant de pauvres missionnaires françois donner de pareilles idées de Dieu au chef de plusieurs millions d'hommes : quel noble usage de la religion!

Le peuple, les mandarins, les lettrés, embrassoient en foule la nouvelle doctrine : les cérémonies du culte avoient surtout un succès prodigieux. « Avant la communion, dit le père Prémare, cité par le père Fouquet, je prononçai tout haut les actes qu'on fait faire en approchant de ce divin sacrement. Quoique la langue chinoise ne soit pas féconde en affections du cœur, cela eut beaucoup de succès... Je remarquai, sur les visages de ces bons chrétiens, une dévotion que je n'avois pas encore vue [1]. »

« Loukang, ajoute le même missionnaire, m'avoit donné du goût pour les missions de la campagne. Je sortis de la bourgade, et je trouvai tous ces pauvres gens qui travailloient de côté et d'autre; j'en abordai un d'entre eux, qui me parut avoir la physionomie heureuse, et je lui parlai de Dieu. Il

[1] *Lettres édif.*, tom. XVII, pag. 149.

me parut content de ce que je disois, et m'invita par honneur à aller dans la salle des ancêtres. C'est la plus belle maison de la bourgade ; elle est commune à tous les habitants, parce que, s'étant fait depuis long-temps une coutume de ne point s'allier nors de leur pays, ils sont tous parents aujourd'hui et ont les mêmes aïeux. Ce fut donc là que plusieurs, quittant leur travail, accoururent pour entendre la sainte doctrine [1]. »

N'est-ce pas là une scène de l'Odyssée ou plutôt de la Bible?

Un empire dont les mœurs inaltérables usoient depuis deux mille ans le temps, les révolutions et les conquêtes, cet empire change à la voix d'un moine chrétien, parti seul du fond de l'Europe. Les préjugés les plus enracinés, les usages les plus antiques, une croyance religieuse consacrée par les siècles, tout cela tombe et s'évanouit au seul nom du Dieu de l'Évangile. Au moment même où nous écrivons, au moment où le christianisme est persécuté en Europe, il se propage à la Chine. Ce feu qu'on avoit cru éteint s'est ranimé, comme il arrive toujours après les persécutions. Lorsqu'on massacroit le clergé en France, et qu'on le dépouilloit de ses biens et de ses honneurs, les ordinations secrètes étoient sans nombre; les évêques proscrits furent souvent obligés de refuser la prêtrise à des jeunes gens qui vouloient voler au martyre. Cela prouve, pour la millième fois, combien ceux qui ont cru

---

[1] *Lettres édif.*, t. XVII, p. 152 et suiv. V. la note Y, à la fin du vol.

anéantir le christianisme, en allumant les bûchers, ont méconnu son esprit. Au contraire des choses humaines, dont la nature est de périr dans les tourments, la véritable religion s'accroît dans l'adversité : Dieu l'a marquée du même sceau que la vertu.

CHAPITRE IV.

MISSIONS DU PARAGUAY.

CONVERSION DES SAUVAGES [1].

Tandis que le christianisme brilloit au milieu des adorateurs de Fo-hi, que d'autres missionnaires l'annonçoient aux nobles Japonois, ou le portoient à la cour des sultans, on le vit se glisser, pour ainsi dire, jusque dans les nids des forêts du Paraguay, afin d'apprivoiser ces nations indiennes qui vivoient comme des oiseaux sur les branches des arbres. C'est pourtant un culte bien étrange que celui-là qui réunit, quand il lui plaît, les forces politiques aux forces morales, et qui crée, par surabondance de moyens, des gouvernements aussi sages que ceux de Minos et de Lycurgue. L'Europe ne

---

[1] Voyez, pour les deux chapitres suivants, les huitième et neuvième volumes des *Lettres édifiantes*; l'*Histoire du Paraguay*, par CHARLEVOIX, in-4º, édit. 1744 ; LOZANO, *Historia de la Compania de Jesus, en la provincia del Paraguay*, in-fol., 2 vol., Madrid, 1753 ; MURATORI, *Il Cristianesimo felice*; et MONTESQUIEU, *Esprit des Lois*.

possédoit encore que des constitutions barbares, formées par le temps et le hasard, et la religion chrétienne faisoit revivre au Nouveau-Monde les miracles des législations antiques. Les hordes errantes des Sauvages du Paraguay se fixoient, et une république évangélique sortoit, à la parole de Dieu, du plus profond des déserts.

Et quels étoient les grands génies qui reproduisoient ces merveilles? De simples Jésuites, souvent traversés dans leurs desseins par l'avarice de leurs compatriotes.

C'étoit une coutume généralement adoptée dans l'Amérique espagnole, de réduire les Indiens en *commande,* et de les sacrifier aux travaux des mines. En vain le clergé séculier et régulier avoit réclamé contre cet usage, aussi impolitique que barbare. Les tribunaux du Mexique et du Pérou, la cour de Madrid, retentissoient des plaintes des missionnaires [1]. « Nous ne prétendons pas, disoient-ils aux colons, nous opposer au profit que vous pouvez faire avec les Indiens par des voies légitimes; mais vous savez que l'intention du roi n'a jamais été que vous les regardiez comme des esclaves, et que la loi de Dieu vous le défend... Nous ne croyons pas qu'il soit permis d'attenter à leur liberté, à laquelle ils ont un droit naturel que rien n'autorise à leur contester [2]. »

Il restoit encore au pied des Cordilières, vers le côté qui regarde l'Atlantique, entre l'*Orénoque*

---

[1] ROBERTSON, *Histoire de l'Amérique.*
[2] CHARLEVOIX, *Histoire du Paraguay,* tom. II, pag. 26 et 27.

et *Rio de la Plata*, un pays rempli de Sauvages, où les Espagnols n'avoient point porté la dévastation. Ce fut dans ces forêts que les missionnaires entreprirent de former une république chrétienne, et de donner, du moins à un petit nombre d'Indiens, le bonheur qu'ils n'avoient pu procurer à tous.

Ils commencèrent par obtenir de la cour d'Espagne la liberté des Sauvages qu'ils parviendroient à réunir. A cette nouvelle, les colons se soulevèrent : ce ne fut qu'à force d'esprit et d'adresse que les Jésuites surprirent, pour ainsi dire, la permission de verser leur sang dans les déserts du Nouveau-Monde. Enfin, ayant triomphé de la cupidité et de la malice humaine, méditant un des plus nobles desseins qu'ait jamais conçus un cœur d'homme, ils s'embarquèrent pour *Rio de la Plata*.

C'est dans ce fleuve que vient se perdre l'autre fleuve qui a donné son nom au pays et aux missions dont nous retraçons l'histoire. *Paraguay*, dans la langue des Sauvages, signifie *le fleuve couronné*, parce qu'il prend sa source dans le lac *Xarayès*, qui lui sert comme de couronne. Avant d'aller grossir *Rio de la Plata*, il reçoit les eaux du *Parama* et de l'*Uruguay*. Des forêts qui renferment dans leur sein d'autres forêts tombées de vieillesse, des marais et des plaines entièrement inondées dans la saison des pluies, des montagnes qui élèvent des déserts sur des déserts, forment une partie des régions que le *Paraguay* arrose. Le gibier de toute espèce y abonde, ainsi que les tigres et les ours. Les bois sont remplis d'abeilles, qui font une cire fort blanche et un miel très parfumé. On y voit des oiseaux d'un plumage éclatant, et qui ressemblent à de grandes fleurs rouges et bleues, sur la verdure des arbres. Un missionnaire françois qui s'étoit égaré dans ces solitudes en fait la peinture suivante :

« Je continuai ma route sans savoir à quel terme elle devoit aboutir, et sans qu'il y eût personne qui pût me l'enseigner. Je trouvois quelquefois, au milieu de ces bois, des endroits enchantés. Tout ce que l'étude et l'industrie des hommes ont pu imaginer pour rendre un lieu agréable n'approche point de ce que la simple nature y avoit rassemblé de beautés.

« Ces lieux charmants me rappelèrent les idées que j'avois eues autrefois en lisant les Vies des anciens solitaires de la Thébaïde. Il me vint en pensée de passer le reste de mes jours dans ces forêts, où la Providence m'avoit conduit, pour y vaquer uniquement à l'affaire de mon salut, loin de tout commerce avec les hommes; mais, comme je n'étois pas le maître de ma destinée, et que les ordres du Seigneur m'étoient certainement marqués par ceux de mes supérieurs, je rejetai cette pensée comme une illusion [1]. »

Les Indiens que l'on rencontroit dans ces retraites ne leur ressembloient que par le côté affreux. Race indolente, stupide et féroce, elle montroit dans toute sa laideur l'homme primitif dégradé par

---

[1] *Lettres édif.*, tom. VIII, pag. 381.

sa chute. Rien ne prouve davantage la dégénération de la nature humaine que la petitesse du Sauvage dans la grandeur du désert.

Arrivés à *Buenos-Ayres*, les missionnaires remontèrent *Rio de la Plata*, et, entrant dans les eaux du *Paraguay*, se dispersèrent dans les bois. Les anciennes relations nous les représentent un bréviaire sous le bras gauche, une grande croix à la main droite, et sans autre provision que leur confiance en Dieu. Elles nous les peignent se faisant jour à travers les forêts, marchant dans les terres marécageuses, où ils avoient de l'eau jusqu'à la ceinture, gravissant des roches escarpées, et furetant dans les antres et les précipices, au risque d'y trouver des serpents et des bêtes féroces, au lieu des hommes qu'ils y cherchoient.

Plusieurs d'entre eux y moururent de faim et de fatigue; d'autres furent massacrés et dévorés par les Sauvages. Le père *Lizardi* fut trouvé percé de flèches sur un rocher; son corps étoit à demi déchiré par les oiseaux de proie, et son bréviaire étoit ouvert auprès de lui à l'office des morts. Quand un missionnaire rencontroit ainsi les restes d'un de ses compagnons, il s'empressoit de leur rendre les honneurs funèbres; et, plein d'une grande joie, il chantoit un *Te Deum* solitaire sur le tombeau du martyr.

De pareilles scènes, renouvelées à chaque instant, étonnoient les hordes barbares. Quelquefois elles s'arrêtoient autour du prêtre inconnu qui leur parloit de Dieu, et elles regardoient le ciel, que l'apôtre leur montroit; quelquefois elles le fuyoient comme un enchanteur, et se sentoient saisies d'une frayeur étrange : le religieux les suivoit en leur tendant les mains au nom de Jésus-Christ. S'il ne pouvoit les arrêter, il plantoit sa croix dans un lieu découvert, et s'alloit cacher dans les bois. Les Sauvages s'approchoient peu à peu pour examiner l'étendard de paix élevé dans la solitude : un aimant secret sembloit les attirer à ce signe de leur salut. Alors le missionnaire, sortant tout à coup de son embuscade, et profitant de la surprise des Barbares, les invitoit à quitter une vie misérable, pour jouir des douceurs de la société.

Quand les Jésuites se furent attaché quelques Indiens, ils eurent recours à un autre moyen pour gagner des âmes. Ils avoient remarqué que les Sauvages de ces bords étoient fort sensibles à la musique : on dit même que les eaux du *Paraguay* rendent la voix plus belle. Les missionnaires s'embarquèrent donc sur des pirogues avec les nouveaux catéchumènes; ils remontèrent les fleuves en chantant des cantiques. Les néophytes répétoient les airs, comme des oiseaux privés chantent pour attirer dans les rets de l'oiseleur les oiseaux sauvages. Les Indiens ne manquèrent point de se venir prendre au doux piége. Ils descendoient de leurs montagnes, et accouroient au bord des fleuves pour mieux écouter ces accents : plusieurs d'entre eux se jetoient dans les ondes, et suivoient à la nage la nacelle enchantée. L'arc et la flèche échappoient à la main du Sauvage : l'avant-goût des vertus sociales, et les premières douceurs de l'humanité entroient dans son âme confuse; il voyoit sa femme et son enfant pleurer d'une joie inconnue; bientôt, subjugué par un attrait irrésistible, il tomboit au pied de la croix, et mêloit des torrents de larmes aux eaux régénératrices qui couloient sur sa tête.

Ainsi la religion chrétienne réalisoit dans les forêts de l'Amérique ce que la fable raconte des Amphion et des Orphée : réflexion si naturelle, qu'elle s'est présentée même aux missionnaires [1] : tant il est certain qu'on ne dit ici que la vérité, en ayant l'air de raconter une fiction!

CHAPITRE V.

SUITE DES MISSIONS DU PARAGUAY.

RÉPUBLIQUE CHRÉTIENNE. BONHEUR DES INDIENS.

Les premiers Sauvages qui se rassemblèrent à la voix des Jésuites furent les *Guaranis*, peuples répandus sur les bords du *Paranapané*, du *Pirapé* et de l'*Uruguay*. Ils composèrent une bourgade sous la direction des pères *Maceta* et *Cataldino*, dont il est juste de conserver les noms parmi ceux des bienfaiteurs des hommes. Cette bourgade fut appelée *Lorette*; et, dans la suite, à mesure que les églises indiennes s'élevèrent, elles furent com-

---

[1] CHARLEVOIX.

prises sous le nom général de *Réductions.* On en compta jusqu'à trente en peu d'années, et elles formèrent entre elles cette *république chrétienne* qui sembloit un reste de l'antiquité découverte au Nouveau-Monde. Elles ont confirmé sous nos yeux cette vérité connue de Rome et de la Grèce, que c'est avec la religion, et non avec des principes abstraits de philosophie, qu'on civilise les hommes, et qu'on fonde les empires.

Chaque bourgade étoit gouvernée par deux missionnaires, qui dirigeoient les affaires spirituelles et temporelles des petites républiques. Aucun étranger ne pouvoit y demeurer plus de trois jours; et, pour éviter toute intimité qui eût pu corrompre les mœurs des nouveaux chrétiens, il étoit défendu d'apprendre à parler la langue espagnole; mais les néophytes savoient la lire et l'écrire correctement.

Dans chaque *Réduction* il y avoit deux écoles : l'une pour les premiers éléments des lettres, l'autre pour la danse et la musique. Ce dernier art, qui servoit aussi de fondement aux lois des anciennes républiques, étoit particulièrement cultivé par les *Guaranis.* Ils savoient faire eux-mêmes des orgues, des harpes, des flûtes, des guitares, et nos instruments guerriers.

Dès qu'un enfant avoit atteint l'âge de sept ans, les deux religieux étudioient son caractère. S'il paroissoit propre aux emplois mécaniques, on le fixoit dans un des ateliers de la *Réduction,* et dans celui-là même où son inclination le portoit. Il devenoit orfévre, doreur, horloger, serrurier, charpentier, menuisier, tisserand, fondeur. Ces ateliers avoient eu pour premiers instituteurs les Jésuites eux-mêmes. Ces Pères avoient appris exprès les arts utiles pour les enseigner à leurs Indiens, sans être obligés de recourir à des étrangers.

Les jeunes gens qui préféroient l'agriculture étoient enrôlés dans la tribu des laboureurs, et ceux qui retenoient quelque humeur vagabonde de leur première vie erroient avec les troupeaux.

Les femmes travailloient, séparées des hommes, dans l'intérieur de leurs ménages. Au commencement de chaque semaine, on leur distribuoit une certaine quantité de laine et de coton, qu'elles devoient rendre le samedi au soir, toute prête à être mise en œuvre; elles s'employoient aussi à des soins champêtres, qui occupoient leurs loisirs sans surpasser leurs forces.

Il n'y avoit point de marchés publics dans les bourgades : à certains jours fixes, on donnoit à chaque famille les choses nécessaires à la vie. Un des deux missionnaires veilloit à ce que les parts fussent proportionnées au nombre d'individus qui se trouvoient dans chaque cabane.

Les travaux commençoient et cessoient au son de la cloche. Elle se faisoit entendre au premier rayon de l'aurore. Aussitôt les enfants s'assembloient à l'église, où leur concert matinal duroit, comme celui des petits oiseaux, jusqu'au lever du soleil. Les hommes et les femmes assistoient ensuite à la messe, d'où ils se rendoient à leurs travaux. Au baisser du jour, la cloche rappeloit les nouveaux citoyens à l'autel, et l'on chantoit la prière du soir à deux parties et en grande musique.

La terre étoit divisée en plusieurs lots, et chaque famille cultivoit un de ces lots pour ses besoins. Il y avoit, en outre, un champ public appelé *la Possession de Dieu* [1]. Les fruits de ces terres communales étoient destinés à suppléer aux mauvaises récoltes, et à entretenir les veuves, les orphelins et les infirmes. Ils servoient encore de fonds pour la guerre. S'il restoit quelque chose du trésor public au bout de l'année, on appliquoit ce superflu aux dépenses du culte et à la décharge du tribut de l'écu d'or que chaque famille payoit au roi d'Espagne [2].

Un *cacique* ou chef de guerre, un *corregidor* pour l'administration de la justice, des *regidores* et des *alcaldes* pour la police et la direction des travaux publics, formoient le corps militaire, civil et politique des *Réductions*. Ces magistrats étoient nommés par l'assemblée générale des citoyens; mais il paroît qu'on ne pouvoit choisir qu'entre les sujets proposés par les missionnaires : c'étoit une loi empruntée du sénat et du peuple romain. Il y avoit, en outre, un chef nommé *fiscal*, espèce de censeur public élu par les vieillards. Il tenoit un registre des hommes en âge de porter les armes.

---

[1] Montesquieu s'est trompé quand il a cru qu'il y avoit communauté de biens au Paraguay; on voit ici ce qui l'a jeté dans l'erreur.

[2] Charlevoix, *Hist. du Parag*. Montesquieu a évalué ce tribut à un cinquième des biens.

Un *teniente* veilloit sur les enfants; il les conduisoit à l'église et les accompagnoit aux écoles, en tenant une longue baguette à la main : il rendoit compte aux missionnaires des observations qu'il avoit faites sur les mœurs, le caractère, les qualités et les défauts de ses élèves.

Enfin, la bourgade étoit divisée en plusieurs quartiers, et chaque quartier avoit un surveillant. Comme les Indiens sont naturellement indolents et sans prévoyance, un chef d'agriculture étoit chargé de visiter les charrues, et d'obliger les chefs de famille à ensemencer leurs terres.

En cas d'infraction aux lois, la première faute étoit punie par une réprimande secrète des missionnaires; la seconde, par une pénitence publique à la porte de l'église, comme chez les premiers fidèles; la troisième par la peine du fouet. Mais pendant un siècle et demi qu'a duré cette république, on trouve à peine un exemple d'un Indien qui ait mérité ce dernier châtiment. « Toutes leurs fautes sont des fautes d'enfants, dit le père Charlevoix; ils le sont toute leur vie en bien des choses, et ils en ont, d'ailleurs, toutes les bonnes qualités. »

Les paresseux étoient condamnés à cultiver une plus grande portion du champ commun; ainsi une sage économie avoit fait tourner les défauts mêmes de ces hommes innocents au profit de la prospérité publique.

On avoit soin de marier les jeunes gens de bonne heure, pour éviter le libertinage. Les femmes qui n'avoient pas d'enfants se retiroient, pendant l'absence de leurs maris, à une maison particulière, appelée *Maison de refuge*. Les deux sexes étoient à peu près séparés, comme dans les républiques grecques ; ils avoient des bancs distincts à l'église, et des portes différentes par où ils sortoient sans se confondre.

Tout étoit réglé, jusqu'à l'habillement, qui convenoit à la modestie sans nuire aux grâces. Les femmes portoient une tunique blanche, rattachée par une ceinture ; leurs bras et leurs jambes étoient nus : elles laissoient flotter leur chevelure, qui leur servoit de voile.

Les hommes étoient vêtus comme les anciens Castillans. Lorsqu'ils alloient au travail, ils couvroient ce noble habit d'un sarrau de toile blanche. Ceux qui s'étoient distingués par des traits de courage ou de vertu portoient un sarrau couleur de pourpre.

Les Espagnols, et surtout les Portugais du Brésil, faisoient des courses sur les terres de la *République chrétienne*, et enlevoient souvent des malheureux, qu'ils réduisoient en servitude. Résolus de mettre fin à ce brigandage, les Jésuites, à force d'habileté, obtinrent de la cour de Madrid la permission d'armer leurs néophytes. Ils se procurèrent des matières premières, établirent des fonderies de canons, des manufactures de poudre, et dressèrent à la guerre ceux qu'on ne vouloit pas laisser en paix. Une milice régulière s'assembla tous les lundis, pour manœuvrer et passer la revue devant un cacique. Il y avoit des prix pour les archers, les porte-lances, les frondeurs, les artilleurs, les mousquetaires. Quand les Portugais revinrent, au lieu de quelques laboureurs timides et dispersés, ils trouvèrent des bataillons qui les taillèrent en pièces, et les chassèrent jusqu'au pied de leurs forts. On remarqua que la nouvelle troupe ne reculoit jamais, et qu'elle se rallioit, sans confusion, sous le feu de l'ennemi. Elle avoit même une telle ardeur, qu'elle s'emportoit dans ses exercices militaires, et l'on étoit souvent obligé de les interrompre de peur de quelque malheur.

On voyoit ainsi au *Paraguay* un état qui n'avoit ni les dangers d'une constitution toute guerrière, comme celle des Lacédémoniens, ni les inconvénients d'une société toute pacifique, comme la fraternité des Quakers. Le problème politique étoit résolu : l'agriculture qui fonde, et les armes qui conservent, se trouvoient réunies. Les *Guaranis* étoient cultivateurs sans avoir d'esclaves, et guerriers sans être féroces; immenses et sublimes avantages qu'ils devoient à la religion chrétienne, et dont n'avoient pu jouir, sous le polythéisme, ni les Grecs ni les Romains.

Ce sage milieu étoit partout observé : la *République chrétienne* n'étoit point absolument agricole, ni tout-à-fait tournée à la guerre, ni privée entièrement des lettres et du commerce; elle avoit un peu de tout; mais surtout des fêtes en abondance. Elle n'étoit ni morose comme Sparte, ni frivole comme Athènes; le citoyen n'étoit ni accablé par le travail, ni enchanté par le plaisir. Enfin, les missionnaires, en bornant la foule aux premières nécessités de la vie, avoient su distinguer dans le troupeau les enfants que la nature avoit marqués pour de plus hautes destinées. Ils avoient, ainsi que le conseille Platon, mis à part ceux qui annonçoient du génie, afin de les initier dans les sciences et les lettres. Ces enfants choisis s'appeloient *la Congrégation :* ils étoient élevés dans une espèce de séminaire, et soumis à la rigidité du silence, de la retraite et des études des disciples de Pythagore. Il régnoit entre eux une si grande émulation, que la seule menace d'être renvoyé aux écoles communes jetoit un élève dans le désespoir. C'étoit de cette troupe excellente que devoient sortir un jour les prêtres, les magistrats et les héros de la patrie.

Les bourgades des *Réductions* occupoient un assez grand terrain, généralement au bord d'un fleuve et sur un beau site. Les maisons étoient uniformes, à un seul étage, et bâties en pierres; les rues étoient larges et tirées au cordeau. Au centre de la bourgade se trouvoit la place publique, formée par l'église, la maison des Pères, l'arsenal, le grenier commun, la maison de refuge, et l'hospice pour les étrangers. Les églises étoient fort belles et fort ornées; des tableaux, séparés par des festons de verdure naturelle, couvroient les murs. Les jours de fête on répandoit des eaux de senteur dans la nef, et le sanctuaire étoit jonché de fleurs de lianes effeuillées.

Le cimetière, placé derrière le temple, formoit

un carré long environné de murs à hauteur d'appui; une allée de palmiers et de cyprès régnoit tout autour, et il étoit coupé dans sa longueur par d'autres allées de citronniers et d'orangers : celle du milieu conduisoit à une chapelle où l'on célébroit tous les lundis une messe pour les morts.

Des avenues des plus beaux et des plus grands arbres partoient de l'extrémité des rues du hameau et alloient aboutir à d'autres chapelles bâties dans la campagne, et que l'on voyoit en perspective. Ces monuments religieux servoient de termes aux processions les jours de grandes solennités.

Le dimanche, après la messe, on faisoit les fiançailles et les mariages, et le soir on baptisoit les catéchumènes et les enfants.

Ces baptêmes se faisoient, comme dans la primitive Église, par les trois immersions, les chants et le vêtement de lin.

Les principales fêtes de la religion s'annonçoient par une pompe extraordinaire. La veille, on allumoit des feux de joie; les rues étoient illuminées, et les enfants dansoient sur la place publique. Le lendemain, à la pointe du jour, la milice paroissoit en armes. Le cacique de guerre, qui la précédoit, étoit monté sur un cheval superbe, et marchoit sous un dais que deux cavaliers portoient à ses côtés. A midi, après l'office divin, on faisoit un festin aux étrangers, s'il s'en trouvoit quelques-uns dans la république, et l'on avoit permission de boire un peu de vin. Le soir, il y avoit des courses de bagues, où les deux Pères assistoient pour distribuer les prix aux vainqueurs. A l'entrée de la nuit ils donnoient le signal de la retraite, et les familles, heureuses et paisibles, alloient goûter les douceurs du sommeil.

Au centre de ces forêts sauvages, au milieu de ce petit peuple antique, la fête du Saint-Sacrement présentoit surtout un spectacle extraordinaire. Les Jésuites y avoient introduit les danses, à la manière des Grecs, parce qu'il n'y avoit rien à craindre pour les mœurs chez des chrétiens d'une si grande innocence. Nous ne changerons rien à la description que le père Charlevoix en a faite :

« J'ai dit qu'on ne voyoit rien de précieux à cette fête ; toutes les beautés de la simple nature sont ménagées avec une variété qui la représente dans son lustre ; elle y est même, si j'ose ainsi parler, toute vivante ; car sur les fleurs et les branches des arbres qui composent les arcs de triomphe sous lesquels le Saint-Sacrement passe, on voit voltiger des oiseaux de toutes les couleurs, qui sont attachés par les pates à des fils si longs, qu'ils paroissent avoir toute leur liberté, et être venus d'eux-mêmes pour mêler leur gazouillement au chant des musiciens et de tout le peuple, et bénir à leur manière celui dont la Providence ne leur manque jamais. . . . .
. . . .

« D'espace en espace, on voit des tigres et des lions bien enchaînés, afin qu'ils ne troublent point la fête, et de très beaux poissons qui se jouent dans de grands bassins remplis d'eau : en un mot, toutes les espèces de créatures vivantes y assistent, comme par députation, pour y rendre hommage à l'Homme-Dieu dans son auguste sacrement.

On fait entrer aussi dans cette décoration toutes les choses dont on se régale dans les grandes réjouissances, les prémices de toutes les récoltes pour les offrir au Seigneur, et le grain qu'on doit semer, afin qu'il donne sa bénédiction. Le chant des oiseaux, le rugissement des lions, le frémissement des tigres, tout s'y fait entendre sans confusion, et forme un concert unique. . . . .
. . . .

«Dès que le Saint-Sacrement est rentré dans l'église, on présente aux missionnaires toutes les choses comestibles qui ont été exposées sur son passage. Ils en font porter aux malades tout ce qu'il y a de meilleur; le reste est partagé à tous les habitants de la bourgade. Le soir on tire un feu d'artifice, ce qui se pratique dans toutes les grandes solennités, et au jour des réjouissances publiques.»

Avec un gouvernement si paternel et si analogue au génie simple et pompeux du Sauvage, il ne faut pas s'étonner que les nouveaux chrétiens fussent les plus purs et les plus heureux des hommes. Le changement de leurs mœurs étoit un miracle opéré à la vue du Nouveau-Monde. Cet esprit de cruauté et de vengeance, cet abandon aux vices les plus grossiers, qui caractérisent les hordes indiennes, s'étoient transformés en un esprit de douceur, de patience et de chasteté. On jugera de leurs vertus par l'expression naïve de l'évêque de *Buenos-Ayres*.

« Sire, écrivoit-il à Philippe V, dans ces peuplades nombreuses, composées d'Indiens, naturellement portés à toutes sortes de vices, il règne une si grande innocence que je ne crois pas qu'il s'y commette un seul péché mortel. »

Chez ces Sauvages chrétiens on ne voyoit ni procès ni querelles ; le *tien* et le *mien* n'y étoient pas même connus : car, ainsi que l'observe Charlevoix, c'est n'avoir rien à soi que d'être toujours disposé à partager le peu qu'on a avec ceux qui sont dans le besoin. Abondamment pourvus des choses nécessaires à la vie ; gouvernés par les mêmes hommes qui les avoient tirés de la barbarie, et qu'ils regardoient, à juste titre, comme des espèces de divinités ; jouissant, dans leurs familles et dans leur patrie, des plus doux sentiments de la nature ; connoissant les avantages de la vie civile sans avoir quitté le désert, et les charmes de la société sans avoir perdu ceux de la solitude, ces Indiens se pouvoient vanter de jouir d'un bonheur qui n'avoit point eu d'exemple sur la terre. L'hospitalité, l'amitié, la justice et les tendres vertus découloient naturellement de leurs cœurs à la parole de la religion, comme des oliviers laissent tomber leurs fruits mûrs au souffle des brises. Muratori a peint d'un seul mot cette république chrétienne, en intitulant la description qu'il en a faite : *Il Cristianesimo felice.*

Il nous semble qu'on n'a qu'un désir en lisant cette histoire, c'est celui de passer les mers et d'aller, loin des troubles et des révolutions, chercher une vie obscure dans les cabanes de ces Sauvages, et un paisible tombeau sous les palmiers de leurs cimetières. Mais ni les déserts ne sont assez profonds, ni les mers assez vastes pour dérober l'homme aux douleurs qui le poursuivent. Toutes les fois qu'on fait le tableau de la félicité d'un peuple, il faut toujours en venir à la catastrophe ; au milieu des peintures les plus riantes, le cœur de l'écrivain est serré par cette réflexion qui se présente sans cesse : *Tout cela n'existe plus.* Les missions du *Paraguay* sont détruites ; les Sauvages, rassemblés avec tant de fatigues, sont errants de nouveau dans les bois, ou plongés vivants dans les entrailles de la terre. On a applaudi à la destruction d'un des plus beaux ouvrages qui fût sorti de la main des hommes. C'étoit une création du christianisme, une moisson engraissée du sang des apôtres ; elle ne méritoit que haine et mépris ! Cependant, alors même que nous triomphions en voyant des Indiens retomber au Nouveau-Monde dans la servitude, tout retentissoit en Europe du bruit de notre philanthropie et de notre amour de liberté. Ces honteuses variations de la nature humaine, selon qu'elle est agitée de passions contraires, flétrissent l'âme, et rendroient méchant si on y arrêtoit trop long-temps les yeux. Disons donc plutôt que nous sommes foibles, et que les voies de Dieu sont profondes, et qu'il se plait à exercer ses serviteurs. Tandis que nous gémissons ici, les simples chrétiens du *Paraguay*, maintenant ensevelis dans les mines du Potose, adorent sans doute la main qui les a frappés ;

et par des souffrances patiemment supportées, ils acquièrent une place dans cette république des saints qui est à l'abri des persécutions des hommes.

CHAPITRE VI.

MISSIONS DE LA GUIANE.

Si ces missions étonnent par leurs grandeurs, il en est d'autres qui, pour être ignorées, n'en sont pas moins touchantes. C'est souvent dans la cabane obscure et sur la tombe du pauvre que le Roi des rois aime à déployer les richesses de sa grâce et de ses miracles. En remontant vers le nord, depuis le Paraguay jusqu'au fond du Canada, on rencontroit une foule de petites missions, où le néophyte ne s'étoit pas civilisé pour s'attacher à l'apôtre, mais où l'apôtre s'étoit fait Sauvage pour suivre le néophyte. Les religieux françois étoient à la tête de ces églises errantes, dont les périls et la mobilité sembloient être faits pour notre courage et notre génie.

Le père Creuilli, jésuite, fonda les missions de Cayenne. Ce qu'il fit pour le soulagement des Nègres et des Sauvages paroît au-dessus de l'humanité. Les pères Lombard et Ramette, marchant sur les traces de ce saint homme, s'enfoncèrent dans les marais de la Guiane. Ils se rendirent aimables aux Indiens *Galibis*, à force de se dévouer à leurs douleurs, et parvinrent à obtenir d'eux quelques enfants qu'ils élevèrent dans la religion chrétienne. De retour dans leurs forêts, ces jeunes enfants civilisés prêchèrent l'Évangile à leurs vieux parents sauvages, qui se laissèrent aisément toucher par l'éloquence de ces nouveaux missionnaires. Les catéchumènes se rassemblèrent dans un lieu appelé *Kourou*, où le père Lombard avoit bâti une case avec deux Nègres. La bourgade augmentant tous les jours, on résolut d'avoir une église. Mais comment payer l'architecte, charpentier de Cayenne, qui demandoit quinze cents francs pour les frais de l'entreprise? Le missionnaire et ses néophytes, riches en vertus, étoient d'ailleurs les plus pauvres des hommes. La foi et la charité sont ingénieuses : les Galibis s'engagèrent à creuser sept pirogues, que le charpentier accepta sur le pied de deux cents livres chacune. Pour compléter le reste de la somme, les femmes filèrent autant de coton qu'il en falloit pour faire huit hamacs. Vingt autres Sauvages se firent esclaves volontaires d'un colon pendant que ses deux Nègres, qu'il consentoit à prêter, furent occupés à scier les planches du toit de l'édifice. Ainsi tout fut arrangé, et Dieu eut un temple au désert.

Celui qui de toute éternité a préparé les voies des choses vient de découvrir sur ces bords un de ces desseins qui échappent dans leur principe à la sagacité des hommes, et dont on ne pénètre la profondeur qu'à l'instant même où ils s'accomplissent. Quand le père Lombard jetoit, il y a plus d'un siècle, les fondements de sa mission chez les Galibis, il ne savoit pas qu'il ne faisoit que disposer des Sauvages à recevoir des martyrs de la foi, et qu'il préparoit les déserts d'une nouvelle Thébaïde à la religion persécutée. Quel sujet de réflexion ! Billaud de Varennes et Pichegru, le tyran et la victime, dans la même case à Synnamary, l'extrémité de la misère n'ayant pas même uni les cœurs; des haines immortelles vivant parmi les compagnons des mêmes fers, et les cris de quelques infortunés prêts à se déchirer se mêlant aux rugissements des tigres dans les forêts du Nouveau-Monde !

Voyez au milieu de ce trouble des passions le calme et la sérénité évangéliques des confesseurs de Jésus-Christ jetés chez les néophytes de la Guiane, et trouvant parmi des Barbares chrétiens la pitié que leur refusoient des François; de pauvres religieuses hospitalières, qui sembloient ne s'être exilées dans un climat destructeur que pour attendre un Collot-d'Herbois sur son lit de mort et lui prodiguer les soins de la charité chrétienne; ces saintes femmes, confondant l'innocent et le coupable dans leur amour de l'humanité, versant des pleurs sur tous, priant Dieu de secourir et les persécuteurs de son nom, et les martyrs de son culte : quelle leçon ! quel tableau ! que les hommes sont malheureux ! et que la religion est belle !

CHAPITRE VII.

MISSIONS DES ANTILLES.

L'établissement de nos colonies aux Antilles ou Ant-Iles, ainsi nommées parce qu'on les rencontre les premières à l'entrée du golfe Mexicain, ne remonte qu'à l'an 1627, époque à laquelle M. d'Enambuc bâtit un fort et laissa quelques familles sur l'île Saint-Christophe.

C'étoit alors l'usage de donner des missionnaires pour curés aux établissements lointains, afin que la religion partageât en quelque sorte cet esprit d'intrépidité et d'aventure qui distinguoit les premiers chercheurs de fortune au Nouveau-Monde. Les *Frères Prêcheurs* de la congrégation de Saint-Louis, les *Pères Carmes*, les *Capucins* et les *Jésuites* se consacrèrent à l'instruction des Caraïbes et des Nègres et à tous les travaux qu'exigeoient nos colonies naissantes de Saint-Christophe, de la Guadeloupe, de la Martinique et de Saint-Domingue.

On ne connoît encore aujourd'hui rien de plus satisfaisant et de plus complet sur les Antilles que l'histoire du père Dutertre, missionnaire de la congrégation de Saint-Louis.

« Les Caraïbes, dit-il, sont grands rêveurs; ils portent sur leur visage une physionomie triste et mélancolique; ils passent des demi-journées entières assis sur la pointe d'un roc ou sur la rive, les yeux fixés en terre ou sur la mer, sans dire un seul mot................

.... Ils sont d'un naturel bénin, doux, affable et compatissant, bien souvent même jusqu'aux larmes, aux maux de nos François, n'étant cruels qu'à leurs ennemis jurés.

« Les mères aiment tendrement leurs enfants, et sont toujours en alarme pour détourner tout ce qui peut leur arriver de funeste; elles les tiennent presque toujours pendus à leurs mamelles, même la nuit, et c'est une merveille que, couchant dans des lits suspendus qui sont fort incommodes, elles n'en étouffent jamais aucun... Dans tous les voyages qu'elles font, soit sur mer, soit sur terre, elles les portent avec elles, sous leurs bras, dans un petit lit de coton qu'elles ont en écharpe, lié par-dessus l'épaule, afin d'avoir toujours devant les yeux l'objet de leurs soucis [1]. »

On croit lire un morceau de Plutarque traduit par Amyot.

Naturellement enclin à voir les objets sous un rapport simple et tendre, le père Dutertre ne peut manquer d'être fort touchant quand il parle des Nègres. Cependant il ne les représente point, à la manière des philanthropes, comme les plus vertueux des hommes; mais il y a une sensibilité, une bonhomie, une raison admirable dans la peinture qu'il fait de leurs sentiments.

« L'on a vu, dit-il, à la Guadeloupe une jeune

---

[1] *Hist. des Ant.*, tom. II, pag. 375.

Négresse si persuadée de la misère de sa condition, que son maître ne put jamais la faire consentir à se marier au Nègre qu'il lui présentoit. . . . .
. . . . Elle attendit que le Père (*à l'autel*) lui demandât si elle vouloit un tel pour son mari ; car pour lors elle répondit avec une fermeté qui nous étonna : Non, mon père, je ne veux ni de celui-là, ni même d'aucun autre ; je me contente d'être misérable en ma personne, sans mettre des enfants au monde qui seroient peut-être plus malheureux que moi, et dont les peines me seroient beaucoup plus sensibles que les miennes propres. Elle est aussi toujours constamment demeurée dans son état de fille, et on l'appeloit ordinairement *la Pucelle des Iles.* »

Le bon Père continue à peindre les mœurs des Nègres, à décrire leurs petits ménages, à faire aimer leur tendresse pour leurs enfants : il entremêle son récit des sentences de Sénèque, qui parle de la simplicité des cabanes où vivoient les peuples de l'âge d'or; puis il cite Platon, ou plutôt Homère, qui dit que les dieux ôtent à l'esclavage une moitié de sa vertu : *Dimidium mentis Jupiter illis aufert;* il compare le Caraïbe sauvage dans la liberté au Nègre sauvage dans la servitude, et il montre combien le christianisme aide au dernier à supporter ses maux.

La mode du siècle a été d'accuser les prêtres d'aimer l'esclavage, et de favoriser l'oppression parmi les hommes; il est pourtant certain que personne n'a élevé la voix avec autant de courage et de force en faveur des esclaves, des petits et des pauvres, que les écrivains ecclésiastiques. Ils ont constamment soutenu que la liberté est un droit imprescriptible du chrétien. Le colon protestant, convaincu de cette vérité, pour arranger sa cupidité et sa conscience, ne baptisoit ses Nègres qu'à l'article de la mort, souvent même, dans la crainte qu'ils ne revinssent de leur maladie, et qu'ils ne réclamassent ensuite, comme *chrétiens*, leur liberté, il les laissoit mourir dans l'idolâtrie [1] : la religion se montre ici aussi belle que l'avarice paroît hideuse.

Le ton sensible et religieux dont les missionnaires parloient des Nègres de nos colonies étoit le seul qui s'accordât avec la raison et l'humanité. Il rendoit les maîtres plus pitoyables, et les esclaves plus vertueux; il servoit la cause du genre humain sans nuire à la patrie, et sans bouleverser l'ordre et les propriétés. Avec de grands mots on a tout perdu : on a éteint jusqu'à la pitié ; car qui oseroit encore plaider la cause des noirs après les crimes qu'ils ont commis ? tant nous avons fait de mal ! tant nous avons perdu les plus belles causes et les plus belles choses !

Quant à l'histoire naturelle, le père Dutertre vous montre quelquefois tout un animal d'un seul trait; il appelle l'oiseau-mouche *une fleur céleste*, c'est le vers du père Commire sur le papillon :

Florem putares nare per liquidum æthera.

[1] *Hist. des Ant.*, tom. II, pag. 503.

« Les plumes du flambant ou du flamant, dit-il ailleurs, sont de couleur incarnate ; et quand il vole à l'opposite du soleil, il paroît tout flamboyant comme un brandon de feu [1]. »

Buffon n'a pas mieux peint le vol d'un oiseau que l'historien des Antilles : « Cet oiseau (*la frégate*) a beaucoup de peine à se lever de dessus les branches ; mais quand il a une fois pris son vol, on lui voit fendre l'air d'un vol paisible, tenant ses ailes étendues sans presque les remuer ni se fatiguer aucunement. Si quelquefois la pesanteur de la pluie ou l'impétuosité des vents l'importune, pour lors il brave les nues, se guinde dans la moyenne région de l'air, et se dérobe à la vue des hommes [2]. »

Il représente la femelle du colibri faisant son nid :

« . . . . Elle carde, s'il faut ainsi dire, tout le coton que lui apporte le mâle, et le remue quasi poil à poil avec son bec et ses petits pieds ; puis elle forme son nid, qui n'est pas plus grand que la moitié de la coque d'un œuf de pigeon. A mesure qu'elle élève le petit édifice, elle fait mille petits tours, polissant avec sa gorge la bordure du nid, et le dedans avec sa queue.

« . . . . Je n'ai jamais pu remarquer en quoi consiste la becquée que la mère leur apporte, sinon qu'elle leur donne sa langue à sucer, que je

---

[1] *Hist. des Ant.*, tom. II, pag. 268.
[2] *Ibid.*, pag. 269.

crois être tout emmiellée du suc qu'elle tire des fleurs. »

Si la perfection dans l'art de peindre consiste à donner une idée précise des objets, en les offrant toutefois sous un jour agréable, le missionnaire des Antilles a atteint cette perfection.

CHAPITRE VIII.

MISSIONS DE LA NOUVELLE-FRANCE.

Nous ne nous arrêterons point aux missions de la Californie, parce qu'elles n'offrent aucun caractère particulier, ni à celles de la Louisiane, qui se confondent avec ces terribles missions du Canada, où l'intrépidité des apôtres de Jésus-Christ a paru dans toute sa gloire.

Lorsque les François, sous la conduite de Champelain, remontèrent le fleuve Saint-Laurent, ils trouvèrent les forêts du Canada habitées par des Sauvages bien différents de ceux qu'on avoit découverts jusqu'alors au Nouveau-Monde. C'étoient des hommes robustes, courageux, fiers de leur indépendance, capables de raisonnement et de calcul, n'étant étonnés ni des mœurs des Européens, ni de leurs armes [1], et qui, loin de nous admirer comme

[1] Dans le premier combat de Champelain contre les Iroquois, ceux-ci soutinrent le feu des François sans donner d'abord le moindre signe de frayeur ou d'étonnement.

les innocents Caraïbes, n'avoient pour nos usages que du dégoût et du mépris.

Trois nations se partageoient l'empire du désert : l'Algonquine, la plus ancienne et la première de toutes, mais qui, s'étant attiré la haine par sa puissance, étoit prête à succomber sous les armes des deux autres; la Huronne qui fut notre alliée, et l'Iroquoise, notre ennemie.

Ces peuples n'étoient pas vagabonds; ils avoient des établissements fixes, des gouvernements réguliers. Nous avons eu nous-même occasion d'observer chez les Indiens du Nouveau-Monde toutes les formes de constitutions des peuples civilisés : ainsi les Natchez, à la Louisiane, offroient le despotisme dans l'état de nature, les Creecks de la Floride la monarchie, et les Iroquois, au Canada, le gouvernement républicain.

Ces derniers et les Hurons représentoient encore les Spartiates et les Athéniens dans la condition sauvage : les Hurons, spirituels, gais, légers, dissimulés toutefois, braves, éloquents, gouvernés par des femmes, abusant de la fortune, et soutenant mal les revers, ayant plus d'honneur que d'amour de la patrie; les Iroquois, séparés en cantons que dirigeoient des vieillards, ambitieux, politiques, taciturnes, sévères, dévorés du désir de dominer, capables des plus grands vices et des plus grandes vertus, sacrifiant tout à la patrie; les plus féroces et les plus intrépides des hommes.

Aussitôt que les François et les Anglois parurent sur ces rivages, par un instinct naturel les Hurons s'attachèrent aux premiers; les Iroquois se donnèrent aux seconds, mais sans les aimer : ils ne s'en servoient que pour se procurer des armes. Quand leurs nouveaux alliés devenoient trop puissants ils les abandonnoient; ils s'unissoient à eux de nouveau quand les François obtenoient la victoire. On vit ainsi un petit troupeau de Sauvages se ménager entre deux grandes nations civilisées, chercher à détruire l'une par l'autre, toucher souvent au moment d'accomplir ce dessein, et d'être à la fois le maître et le libérateur de cette partie du Nouveau-Monde.

Tels furent les peuples que nos missionnaires entreprirent de nous concilier par la religion. Si la France vit son empire s'étendre en Amérique par-delà les rives du Meschacebé, si elle conserva si long-temps le Canada contre les Iroquois et les Anglois unis, elle dut presque tous ses succès aux jésuites. Ce furent eux qui sauvèrent la colonie au berceau, en plaçant pour boulevart devant elle un village de Hurons et d'Iroquois chrétiens, en prévenant des coalitions générales d'Indiens, en négociant des traités de paix, en allant seuls s'exposer à la fureur des Iroquois pour traverser les desseins des Anglois. Les gouverneurs de la Nouvelle-Angleterre ne cessent dans leurs dépêches de peindre nos missionnaires comme leurs plus dangereux ennemis : « Ils déconcertent, disent-ils, les projets de la puissance britannique; ils découvrent ses secrets, et lui enlèvent le cœur et les armes des Sauvages. »

La mauvaise administration du Canada, les fausses démarches des commandants, une politique étroite ou oppressive, mettoient souvent plus d'entraves aux bonnes intentions des jésuites que l'opposition de l'ennemi. Présentoient-ils les plans les mieux concertés pour la prospérité de la colonie, on les louoit de leur zèle, et l'on suivoit d'autres avis. Mais aussitôt que les affaires devenoient difficiles on recouroit à ces mêmes hommes qu'on avoit si dédaigneusement repoussés. On ne balançoit point à les employer dans des négociations dangereuses, sans être arrêté par la considération du péril auquel on les exposoit : l'histoire de la Nouvelle-France en offre un exemple remarquable.

La guerre étoit allumée entre les François et les Iroquois : ceux-ci avoient l'avantage ; ils s'étoient avancés jusque sous les murs de Québec, massacrant et dévorant les habitants des campagnes. Le père Lamberville étoit en ce moment même missionnaire chez les Iroquois. Quoique sans cesse exposé à être brûlé vif par les vainqueurs, il n'avoit pas voulu se retirer, dans l'espoir de les ramener à des mesures pacifiques et de sauver les restes de la colonie : les vieillards l'aimoient et l'avoient protégé contre les guerriers.

Sur ces entrefaites il reçoit une lettre du gouverneur du Canada, qui le supplie d'engager les Sauvages à envoyer des ambassadeurs au fort Catarocouy pour traiter de la paix. Le missionnaire court chez les anciens, et fait tant par ses remontrances et ses prières, qu'il les décide à accepter la trêve et à députer leurs principaux chefs. Ces chefs, en arrivant au rendez-vous, sont arrêtés, mis aux fers, et envoyés en France aux galères.

Le père Lamberville avoit ignoré le dessein secret du commandant, et il avoit agi de si bonne foi qu'il étoit demeuré au milieu des Sauvages. Quand il apprit ce qui étoit arrivé il se crut perdu. Les anciens le firent appeler ; il les trouva assemblés au conseil, le visage sévère et l'air menaçant. Un d'entre eux lui raconta avec indignation la trahison du gouverneur, puis il ajouta :

« On ne sauroit disconvenir que toutes sortes de raisons ne nous autorisent à te traiter en ennemi, mais nous ne pouvons nous y résoudre. Nous te connoissons trop pour n'être pas persuadés que ton cœur n'a point de part à la trahison que tu nous as faite, et nous ne sommes pas assez injustes pour te punir d'un crime dont nous te croyons innocent, et que tu détestes sans doute autant que nous... Il n'est pourtant pas à propos que tu restes ici : tout le monde ne t'y rendroit peut-être pas la même justice ; et quand une fois notre jeunesse aura chanté la guerre, elle ne verra plus en toi qu'un perfide qui a livré nos chefs à un dur et rude esclavage, et elle n'écoutera plus que sa fureur, à laquelle nous ne serions plus les maîtres de te soustraire [1]. »

Après ce discours on contraignit le missionnaire de partir, et on lui donna des guides qui le con-

---

[1] Charlevoix, *Hist. de la Nouv.-France*, in-4°, t. I, liv. XI, p. 511.

duisirent par des routes détournées au-delà de la frontière. Louis XIV fit relâcher les Indiens aussitôt qu'il eut appris la manière dont on les avoit arrêtés. Le chef qui avoit harangué le père Lamberville se convertit peu de temps après, et se retira à Québec. Sa conduite en cette occasion fut le premier fruit des vertus du christianisme qui commençoit à germer dans son cœur.

Mais aussi quels hommes que les Brébeuf, les Lallemant, les Jogues, qui réchauffèrent de leur sang les sillons glacés de la Nouvelle-France ! J'ai rencontré moi-même un de ces apôtres au milieu des solitudes américaines. Un matin que je cheminois lentement dans les forêts, j'aperçus venant à moi un grand vieillard à barbe blanche, vêtu d'une longue robe, lisant attentivement dans un livre, et marchant appuyé sur un bâton ; il étoit tout illuminé par un rayon de l'aurore qui tomboit sur lui à travers le feuillage des arbres : on eût cru voir Thermosiris sortant du bois sacré des Muses, dans les déserts de la Haute-Égypte. C'étoit un missionnaire de la Louisiane ; il revenoit de la Nouvelle-Orléans, et retournoit aux Illinois, où il dirigeoit un petit troupeau de François et de Sauvages chrétiens. Il m'accompagna pendant plusieurs jours : quelque diligent que je fusse au matin, je trouvois toujours le vieux voyageur levé avant moi, et disant son bréviaire en se promenant dans la forêt. Ce saint homme avoit beaucoup souffert ; il racontoit bien les peines de sa vie ; il en parloit sans aigreur, et surtout sans plaisir, mais avec sérénité : je n'ai point vu un sourire plus paisible que le sien. Il citoit agréablement et souvent des vers de Virgile, et même d'Homère, qu'il appliquoit aux belles scènes qui se succédoient sous nos yeux, ou aux pensées qui nous occupoient. Il me parut avoir des connoissances en tous genres, qu'il laissoit à peine apercevoir sous sa simplicité évangélique; comme ses prédécesseurs les apôtres, sachant tout, il avoit l'air de tout ignorer. Nous eûmes un jour une conversation sur la révolution françoise, et nous trouvâmes quelque charme à causer des troubles des hommes dans les lieux les plus tranquilles. Nous étions assis dans une vallée, au bord d'un fleuve dont nous ne savions pas le nom, et qui, depuis nombre de siècles, rafraîchissoit de ses eaux cette rive inconnue : j'en fis faire la remarque au vieillard qui s'attendrit; les larmes lui vinrent aux yeux à cette image d'une vie ignorée, sacrifiée dans les déserts à d'obscurs bienfaits.

Le père Charlevoix nous décrit ainsi un des missionnaires du Canada :

« Le père Daniel étoit trop près de Québec pour n'y pas faire un tour avant de reprendre le chemin de sa mission. . . . .
. . . .
Il arriva au port dans un canot, l'aviron à la main, accompagné de trois ou quatre Sauvages, les pieds nus, épuisé de force, une chemise pourie et une soutane toute déchirée sur son corps décharné; mais avec un visage content et charmé de la vie qu'il menoit, et inspirant, par son air et par ses

discours, l'envie d'aller partager avec lui des croix auxquelles le Seigneur attachoit tant d'onction[1]. »

Voilà de ces joies et de ces larmes telles que Jésus-Christ les a véritablement promises à ses élus.

Écoutons encore l'historien de la Nouvelle-France :

« Rien n'étoit plus apostolique que la vie qu'ils menoient (les missionnaires chez les Hurons). Tous leurs moments étoient comptés par quelque action héroïque, par des conversions ou par des souffrances, qu'ils regardoient comme de vrais dédommagements, lorsque leurs travaux n'avoient pas produit tout le fruit dont ils s'étoient flattés. Depuis quatre heures du matin qu'ils se levoient, lorsqu'ils n'étoient pas en course, jusqu'à huit, ils demeuroient ordinairement renfermés : c'étoit le temps de la prière, et le seul qu'ils eussent de libre pour leurs exercices de piété. A huit heures chacun alloit où son devoir l'appeloit : les uns visitoient les malades; les autres suivoient, dans les campagnes, ceux qui travailloient à cultiver la terre; d'autres se transportoient dans les bourgades voisines qui étoient destituées de pasteurs. Ces causes produisoient plusieurs bons effets; car, en premier lieu, il ne mouroit point ou il mouroit bien peu d'enfants sans baptême; des adultes même qui avoient refusé de se faire inscrire tandis qu'ils étoient en santé, se rendoient dès qu'ils étoient malades; ils ne pouvoient tenir contre l'industrieuse et constante charité de leurs médecins[2]. »

---

[1] CHARLEVOIX, *Hist. de la Nouv.-France*, in-4°, t. I, liv. v, p. 200.
[2] *Ibid.*, pag. 217.

Si l'on trouvoit de pareilles descriptions dans le *Télémaque*, on se récrieroit sur le goût simple et touchant de ces choses; on loueroit avec transport la fiction du poëte, et l'on est insensible à la vérité présentée avec les mêmes attraits.

Ce n'étoit là que les moindres travaux de ces hommes évangéliques : tantôt ils suivoient les Sauvages dans des chasses qui duroient plusieurs années, et pendant lesquelles ils se trouvoient obligés de manger jusqu'à leur vêtement. Tantôt ils étoient exposés aux caprices de ces Indiens, qui, comme des enfants, ne savent jamais résister à un mouvement de leur imagination ou de leurs désirs. Mais les missionnaires s'estimoient récompensés de leurs peines s'ils avoient, durant leurs longues souffrances, acquis une âme à Dieu, ouvert le ciel à un enfant, soulagé un malade, essuyé les pleurs d'un infortuné. Nous avons déjà vu que la patrie n'avoit point de citoyens plus fidèles ; l'honneur d'être François leur valut souvent la persécution et la mort : les Sauvages les reconnoissoient pour être *de la chair blanche de Québec*, à l'intrépidité avec laquelle ils supportoient les plus affreux supplices.

Le ciel, touché de leurs vertus, accorda à plusieurs d'entre eux cette palme qu'ils avoient tant désirée, et qui les a fait monter au rang des premiers apôtres. La bourgade huronne, où le père Daniel[1] étoit missionnaire, fut surprise par les Iroquois au matin du 4 juillet 1648; les jeunes

[1] Le même dont Charlevoix nous a fait le portrait.

guerriers étoient absents. Le jésuite dans ce moment même disoit la messe à ses néophytes. Il n'eut que le temps d'achever la consécration et de courir à l'endroit d'où partoient les cris. Une scène lamentable s'offrit à ses yeux : femmes, enfants, vieillards, gisoient pêle-mêle expirants. Tout ce qui vivoit encore tombe à ses pieds et lui demande le baptême. Le Père trempe un voile dans l'eau, et, le secouant sur la foule à genoux, procure la vie des cieux à ceux qu'il ne pouvoit arracher à la mort temporelle. Il se ressouvint alors d'avoir laissé dans les cabanes quelques malades qui n'avoient point encore reçu le sceau du christianisme; il y vole, les met au nombre des rachetés; retourne à la chapelle, cache les vases sacrés, donne une absolution générale aux Hurons qui s'étoient réfugiés à l'autel, les presse de fuir, et, pour leur en laisser le temps, marche à la rencontre des ennemis. A la vue de ce prêtre, qui s'avançoit seul contre une armée, les Barbares étonnés s'arrêtent, et reculent quelques pas; n'osant approcher du saint, ils le percent de loin avec leurs flèches. « Il en étoit tout hérissé, dit Charlevoix, qu'il parloit encore avec une action surprenante, tantôt à Dieu, à qui il offroit son sang pour le troupeau, tantôt à ses meurtriers, qu'il menaçoit de la colère du ciel, en les assurant néanmoins qu'ils trouveroient toujours le Seigneur disposé à les recevoir en grâce s'ils avoient recours à sa clémence[1]. » Il meurt, et sauve une

---

[1] *Hist. de la Nouv.-France*, tom. 1, liv. vii, pag. 286.

partie de ses néophytes, en arrêtant ainsi les Iroquois autour de lui.

Le père Garnier montra le même héroïsme dans une autre bourgade : il étoit tout jeune encore, et s'étoit arraché nouvellement aux pleurs de sa famille, pour sauver des âmes dans les forêts du Canada. Atteint de deux balles sur le champ de carnage, il est renversé sans connoissance : un Iroquois le croyant mort le dépouille. Quelque temps après le Père revient de son évanouissement ; il soulève la tête, et voit à quelque distance un Huron qui rendoit le dernier soupir. L'apôtre fait un effort pour aller absoudre le catéchumène ; il se traîne, il retombe : un Barbare l'aperçoit, accourt, et lui fend les entrailles de deux coups de hache : « Il expire, dit encore Charlevoix, dans l'exercice et pour ainsi dire dans le sein même de la charité [1]. » Enfin le père Brébeuf, oncle du poëte du même nom, fut brûlé avec ces tourments horribles que les Iroquois faisoient subir à leurs prisonniers.

« Ce Père, que vingt années de travaux les plus capables de faire mourir tous les sentiments naturels, un caractère d'esprit d'une fermeté à l'épreuve de tout, une vertu nourrie dans la vue toujours prochaine d'une mort cruelle, et portée jusqu'à en faire l'objet de ses vœux les plus ardents, prévenu d'ailleurs par plus d'un avertissement céleste que ses vœux seroient exaucés, se rioit également des menaces et des tortures ; mais la vue de ses chers

---

[1] *Hist. de la Nouv.-France*, tom. I, liv. VII, pag. 298.

néophytes cruellement traités à ses yeux répandoit une grande amertume sur la joie qu'il ressentoit de voir ses espérances accomplies.........

« Les Iroquois connurent bien d'abord qu'ils avoient affaire à un homme à qui ils n'auroient pas le plaisir de voir échapper la moindre foiblesse, et comme s'ils eussent appréhendé qu'il ne communiquât aux autres son intrépidité, ils le séparèrent, après quelque temps, de la troupe des prisonniers, le firent monter seul sur un échafaud, et s'acharnèrent de telle sorte sur lui, qu'ils paroissoient hors d'eux-mêmes de rage et de désespoir.

« Tout cela n'empêchoit point le serviteur de Dieu de parler d'une voix forte, tantôt aux Hurons qui ne le voyoient plus, mais qui pouvoient encore l'entendre, tantôt à ses bourreaux qu'il exhortoit à craindre la colère du Ciel s'ils continuoient à persécuter les adorateurs du vrai Dieu. Cette liberté étonna les Barbares ; ils voulurent lui imposer silence, et, n'en pouvant venir à bout, ils lui coupèrent la lèvre inférieure et l'extrémité du nez, lui appliquèrent par tout le corps des torches allumées, lui brûlèrent les gencives, etc. [1]. »

On tourmentoit auprès du père Brébeuf un autre missionnaire nommé le père Lallemant, et qui ne faisoit que d'entrer dans la carrière évangélique. La douleur lui arrachoit quelquefois des cris involontaires ; il demandoit de la force au vieil apôtre, qui, ne pouvant plus parler, lui faisoit de douces

---

[1] CHARLEVOIX, tom. I, liv VII, pag. 292.

inclinations de tête, et sourioit avec ses lèvres mutilées pour encourager le jeune martyr : les fumées des deux bûchers montoient ensemble vers le ciel, et affligeoient et réjouissoient les anges. On fit un collier de haches ardentes au père Brébeuf ; on lui coupa des lambeaux de chair que l'on dévora à ses yeux, en lui disant que la chair des François étoit excellente [1] ; puis, continuant ces railleries : « Tu nous assurois tout à l'heure, crioient les Barbares, que plus on souffre sur la terre, plus on est heureux dans le ciel ; c'est par amitié pour toi que nous nous étudions à augmenter tes souffrances [2]. »

Lorsqu'on portoit dans Paris des cœurs de prêtres au bout des piques, on chantoit : *Ah ! il n'est point de fête quand le cœur n'en est pas.*

Enfin, après avoir souffert plusieurs autres tourments que nous n'oserions transcrire, le père Brébeuf rendit l'esprit, et son âme s'envola au séjour de celui qui guérit toutes les plaies de ses serviteurs.

C'étoit en 1649 que ces choses se passoient en Canada, c'est-à-dire au moment de la plus grande prospérité de la France, et pendant les fêtes de Louis XIV : tout triomphoit alors, le missionnaire et le soldat.

Ceux pour qui un prêtre est un objet de haine et de risée, se réjouiront de ces tourments des confesseurs de la foi. Les sages, avec un esprit de prudence et de modération, diront qu'après tout

---

[1] *Hist. de la Nouv.-France*, pag. 293 et 294.
[2] *Ibid.*, pag. 294.

les missionnaires étoient les victimes de leur fanatisme ; ils demanderont, avec une pitié superbe, *ce que les moines alloient faire dans les déserts de l'Amérique.* A la vérité, nous convenons qu'ils n'alloient pas, sur un plan de savants, tenter de grandes découvertes philosophiques ; ils obéissoient seulement à ce Maître qui leur avoit dit : « Allez et enseignez, *Docete omnes gentes* ; » et sur la foi de ce commandement, avec une simplicité extrême, ils quittoient les délices de la patrie pour aller, au prix de leur sang. révéler à un Barbare qu'ils n'avoient jamais vu... — Quoi ? Rien, selon le monde, presque rien : *L'existence de Dieu et l'immortalité de l'âme ;* Docete omnes gentes !

CHAPITRE IX.

FIN DES MISSIONS.

Ainsi nous avons indiqué les voies que suivoient les différentes missions : voies de simplicité, voies de science, voies de législation, voies d'héroïsme. Il nous semble que c'étoit un juste sujet d'orgueil pour l'Europe, et surtout pour la France, qui fournissoit le plus grand nombre de missionnaires, de voir tous les ans sortir de son sein des hommes qui alloient faire éclater les miracles des arts, des lois, de l'humanité et du courage, dans les quatre parties de la terre. De là provenoit la haute idée que les étrangers se formoient de notre nation et du Dieu qu'on y adoroit. Les peuples les plus éloignés vouloient entrer en liaison avec nous; l'ambassadeur du Sauvage de l'Occident rencontroit à notre cour l'ambassadeur des nations de l'Aurore. Nous ne nous piquons pas du don de prophétie; mais on se peut tenir assuré, et l'expérience le prouvera, que jamais des savants dépêchés aux pays lointains, avec les instruments et les plans d'une académie, ne feront ce qu'un pauvre moine, parti à pied de son couvent, exécutoit seul avec son chapelet et son bréviaire.

LIVRE CINQUIÈME.

ORDRE MILITAIRE DE CHEVALERIE.

CHAPITRE PREMIER.

CHEVALIERS DE MALTE.

Il n'y a pas un beau souvenir, pas une belle institution dans les siècles modernes que le christianisme ne réclame. Les seuls temps poétiques de notre histoire, les temps chevaleresques, lui appartiennent encore; la vraie religion a le singulier mérite d'avoir créé parmi nous l'âge de la féerie et des enchantements.

M. de Sainte-Palaye semble vouloir séparer la chevalerie militaire de la chevalerie religieuse, et tout invite au contraire à les confondre. Il ne croit pas qu'on puisse faire remonter l'institution de la première au-delà du onzième siècle [1]; or, c'est précisément l'époque des croisades qui donna naissance aux hospitaliers, aux templiers et à l'ordre teutonique [2]. La loi formelle par laquelle la cheva-

---

[1] *Mém. sur l'anc. chev.*, tom. I, IIe part., pag. 66.

[2] Hén., *Hist. de France*, tom. I, pag. 167; Fleury, *Hist. ecclés.*, tom. XIV, pag. 387; tom. XV, pag. 604; Hélyot, *Hist. des ordres relig.*, tom. III, pag. 74, 143.

lerie militaire s'engageoit à défendre la foi, la ressemblance de ses cérémonies avec celles des sacrements de l'Église, ses jeûnes, ses ablutions, ses confessions, ses prières, ses engagements monastiques[1], montrent suffisamment que tous les chevaliers avoient la même origine religieuse. Enfin, le vœu de célibat, qui paroît établir une différence essentielle entre des héros chastes et des guerriers qui ne parlent que d'amour, n'est pas une chose qui doive arrêter : car ce vœu n'étoit pas général dans les ordres militaires chrétiens : les chevaliers de Saint-Jacques-de-l'Épée, en Espagne, pouvoient se marier[2], et dans l'ordre de Malte on n'est obligé de renoncer au lien conjugal qu'en passant aux dignités de l'ordre, ou en entrant en jouissance de ses bénéfices.

D'après l'abbé Giustiniani, ou sur le témoignage plus certain, mais moins agréable, du frère Hélyot, on trouve trente ordres religieux militaires : neuf sous la règle de saint Basile, quatorze sous celle de saint Augustin, et sept attachés à l'institut de saint Benoît. Nous ne parlerons que des principaux, à savoir : les hospitaliers ou chevaliers de Malte en Orient, les Teutoniques à l'Occident et au Nord, et les chevaliers de Calatrava (en y comprenant ceux d'Alcantara et de Saint-Jacques-de-l'Épée) au Midi de l'Europe.

Si les historiens sont exacts, on peut compter

---

[1] Sainte-Palaye, *loc. cit.*, et la note 11.
[2] Fleury, *Hist. ecclés.*, t. xv, liv. lxxii, p. 406, édit. 1719, in-4°.

encore plus de vingt-huit autres ordres militaires, qui n'étant point soumis à des règles particulières, ne sont considérés que comme d'illustres confréries religieuses : tels sont ces chevaliers du Lion, du Croissant, du Dragon, de l'Aigle-Blanche, du Lys, du Fer-d'Or ; et ces chevalières de la Hache, dont les noms rappellent les Roland, les Roger, les Renaud, les Clorinde, les Bradamante, et les prodiges de la Table ronde.

Quelques marchands d'Amalfi, dans le royaume de Naples, obtiennent de Romensor, calife d'Égypte, la permission de bâtir une église latine à Jérusalem ; ils y ajoutent un hôpital pour y recevoir les étrangers et les pèlerins : Gérard de Provence les gouverne. Les croisades commencent. Godefroy de Bouillon arrive, il donne quelques terres aux nouveaux *hospitaliers*. Boyant-Roger succède à Gérard, Raymond-Dupuy à Roger. Dupuy prend le titre de grand-maître, divise les hospitaliers en *chevaliers*, pour assurer les chemins aux pèlerins et pour combattre les infidèles ; en *chapelains*, consacrés au service des autels, et en *frères servants*, qui devoient aussi prendre les armes.

L'Italie, l'Espagne, la France, l'Angleterre, l'Allemagne et la Grèce, qui, tour à tour ou toutes ensemble, viennent aborder aux rivages de la Syrie, sont soutenues par les braves hospitaliers. Mais la fortune change sans changer la valeur : Saladin reprend Jérusalem. Acre ou Ptolémaïde est bientôt le seul port qui reste aux Croisés en Palestine. On y voit réunis le roi de Jérusalem et de Chypre, le roi de Naples et de Sicile, le roi d'Arménie, le prince d'Antioche, le comte de Jaffa, le patriarche de Jérusalem, les chevaliers du Saint-Sépulcre, le légat du pape, le comte de Tripoli, le prince de Galilée, les templiers, les hospitaliers, les chevaliers teutoniques, ceux de Saint-Lazare, les Vénitiens, les Génois, les Pisans, les Florentins, le prince de Tarente et le duc d'Athènes. Tous ces princes, tous ces peuples, tous ces ordres ont leur quartier séparé, où ils vivent indépendants les uns des autres : « En sorte, dit l'abbé Fleury, qu'il y avoit cinquante-huit tribunaux qui jugeoient à mort [1]. »

Le trouble ne tarda pas à se mettre parmi tant d'hommes de mœurs et d'intérêts divers. On en vient aux mains dans la ville. Charles d'Anjou et Hugues III, roi de Chypre, prétendant tous deux au royaume de Jérusalem, augmentent encore la confusion. Le soudan Mélec-Messor profite de ces querelles intestines, et s'avance avec une puissante armée, dans le dessein d'arracher aux Croisés leur dernier refuge. Il est empoisonné par un de ses émirs en sortant d'Égypte ; mais avant d'expirer il fait jurer à son fils de ne point donner de sépulture aux cendres paternelles qu'il n'ait fait tomber Ptolémaïde.

Mélec-Séraph exécute la dernière volonté de son père : Acre est assiégée et emportée d'assaut le 18 de mai 1291. Des religieuses donnèrent alors

---

[1] *Hist. ecclés.*

un exemple effrayant de la chasteté chrétienne : elles se mutilèrent le visage, et furent trouvées dans cet état par les infidèles, qui en eurent horreur et les massacrèrent.

Après la réduction de Ptolémaïde les hospitaliers se retirèrent dans l'île de Chypre, où ils demeurèrent dix-huit ans. Rhodes, révoltée contre Andronic, empereur d'Orient, appelle les Sarrasins dans ses murs. Villaret, grand-maître des hospitaliers, obtient d'Andronic l'investiture de l'île, en cas qu'il puisse la soustraire au joug des Mahométans. Ses chevaliers se couvrent de peaux de brebis, et, se traînant sur les mains au milieu d'un troupeau, ils se glissent dans la ville pendant un épais brouillard, se saisissent d'une des portes, égorgent la garde, et introduisent dans les murs le reste de l'armée chrétienne.

Quatre fois les Turcs essaient de reprendre l'île de Rhodes sur les chevaliers, et quatre fois ils sont repoussés. Au troisième effort, le siège de la ville dura cinq ans, et au quatrième, Mahomet battit les murs avec seize canons d'un calibre tel qu'on n'en avoit point encore vu en Europe.

Ces mêmes chevaliers, à peine échappés à la puissance ottomane, en devinrent les protecteurs. Un prince Zizime, fils de ce Mahomet II qui naguère foudroyoit les remparts de Rhodes, implore le secours des chevaliers contre Bajazet son frère, qui l'avoit dépouillé de son héritage. Bajazet, qui craignoit une guerre civile, se hâte de faire la paix avec l'Ordre, et consent à lui payer une certaine somme tous les ans, pour la pension de Zizime. On vit alors, par un de ces jeux si communs de la fortune, un puissant empereur des Turcs tributaire de quelques hospitaliers chrétiens.

Enfin, sous le grand-maître Villiers-de-l'Ile-Adam, Soliman s'empare de Rhodes après avoir perdu cent mille hommes devant ses murs. Les chevaliers se retirent à Malte, que leur abandonne Charles-Quint. Ils y sont attaqués de nouveau par les Turcs ; mais leur courage les délivre, et ils restent paisibles possesseurs de l'île, sous le nom de laquelle ils sont encore connus aujourd'hui [1].

CHAPITRE II.

ORDRE TEUTONIQUE.

A l'autre extrémité de l'Europe la chevalerie religieuse jetoit les fondements de ces États qui sont devenus de puissants royaumes.

L'ordre teutonique avoit pris naissance pendant le premier siége d'Acre par les chrétiens, vers l'an 1190. Dans la suite, le duc de Massovie et de Pologne l'appela à la défense de ses États contre les incursions des Prussiens. Ceux-ci étoient des peuples barbares qui sortoient de temps en temps de

---

[1] VERT., *Hist. des chev. de Malte;* FLEURY, *Hist. eccl.;* GIUSTINIANI, *Ist. cron. dell' or. degli Ord. milit.;* HÉLYOT, *Hist. des Ord. relig.*, t. III.

leurs forêts pour ravager les contrées voisines. Ils avoient réduit la province de Culm en une affreuse solitude, et n'avoient laissé debout sur la Vistule que le seul château de Plotzko. Les chevaliers teutoniques, pénétrant peu à peu dans les bois de la Prusse, y bâtirent des forteresses. Les Warmiens, les Barthes, les Natangues, subirent tour à tour le joug, et la navigation des mers du Nord fut assurée.

Les chevaliers de Porte-glaive, qui de leur côté avoient travaillé à la conquête des pays septentrionaux, en se réunissant aux chevaliers teutoniques, leur donnèrent une puissance vraiment royale. Les progrès de l'ordre furent cependant retardés par la division qui régna long-temps entre les chevaliers et les évêques de Livonie ; mais enfin, tout le nord de l'Europe s'étant soumis, Albert, marquis de Brandebourg, embrassa la doctrine de Luther, chassa les chevaliers de leurs gouvernements, et se rendit seul maître de la Prusse, qui prit alors le nom de Prusse ducale. Ce nouveau duché fut érigé en royaume en 1701, sous l'aïeul du grand Frédéric.

Les restes de l'ordre teutonique subsistent encore en Allemagne, et c'est le prince Charles qui en est grand-maître aujourd'hui [1].

---

[1] Shoonbeck, *Ord. milit.*; Giustiniani, *Ist. cronol. dell' or. degli Ord. milit.*; Hélyot, *Hist des Ord. relig.*, t. III; Fleury, *Hist. ecclés.*

CHAPITRE III.

**CHEVALIERS DE CALATRAVE ET DE SAINT-JACQUES-DE-L'ÉPÉE,
EN ESPAGNE.**

La chevalerie faisoit au centre de l'Europe les mêmes progrès qu'aux deux extrémités de cette partie du monde.

Vers l'an 1147, Alphonse-le-Batailleur, roi de Castille, enlève aux Maures la place de Calatrave en Andalousie. Huit ans après les Maures se préparent à la reprendre sur don Sanche, successeur d'Alphonse. Don Sanche, effrayé de ce dessein, fait publier qu'il donne la place à quiconque voudra la défendre. Personne n'ose se présenter, hors un bénédictin de l'ordre de Cîteaux, dom Didace Vilasquès, et Raymond son abbé. Ils se jettent dans Calatrave avec les paysans et les familles qui dépendoient de leur monastère de Fitero : ils font prendre les armes aux frères convers, et fortifient la ville menacée. Les Maures étant informés de ces préparatifs renoncent à leur entreprise : la place demeure à l'abbé Raymond, et les frères convers se changent en chevaliers du nom de *Calatrava*.

Ces nouveaux chevaliers firent dans la suite plusieurs conquêtes sur les Maures de Valence et de Jaën : Favera, Maella, Macalon, Valdetormo, la Fresueda, Valderobbes, Calenda, Aqua-Viva, Ozpipa, tombèrent tour à tour entre leurs mains.

Mais l'ordre reçut un échec irréparable à la bataille d'Alarcos, que les Maures d'Afrique gagnèrent en 1195 sur le roi de Castille. Les chevaliers de Calatrave y périrent presque tous, avec ceux d'Alcantara et de Saint-Jacques-de-l'Epée.

Nous n'entrerons dans aucun détail touchant ces derniers, qui eurent aussi pour but de combattre les Maures, et de protéger les voyageurs contre les incursions des infidèles[1].

Il suffit de jeter les yeux sur l'histoire à l'époque de l'institution de la chevalerie religieuse, pour reconnoître les importants services qu'elle a rendus à la société. L'ordre de Malte, en Orient, a protégé le commerce et la navigation renaissante, et a été, pendant plus d'un siècle, le seul boulevart qui empêchât les Turcs de se précipiter sur l'Italie; dans le Nord, l'ordre Teutonique, en subjuguant les peuples errants sur les bords de la Baltique, a éteint le foyer de ces terribles éruptions qui ont tant de fois désolé l'Europe : il a donné le temps à la civilisation de faire des progrès, et de perfectionner ces nouvelles armes qui nous mettent pour jamais à l'abri des Alaric et des Attila.

Ceci ne paroîtra point une vaine conjecture, si l'on observe que les courses des Normands n'ont cessé que vers le dixième siècle, et que les chevaliers teutoniques, à leur arrivée dans le Nord, trouvèrent une population réparée et d'innombrables Barbares, qui s'étoient déjà débordés au-

---

[1] Shoonbeck, Giustiniani, Hélyot, Fleury et Mariana.

tour d'eux. Les Turcs descendant de l'Orient, les Livoniens, les Prussiens, les Poméraniens, arrivant de l'Occident et du Septentrion, auroient renouvelé dans l'Europe, à peine reposée, les scènes des Huns et des Goths.

Les chevaliers teutoniques rendirent même un double service à l'humanité ; car, en domptant des Sauvages, ils les contraignirent de s'attacher à la culture, et d'embrasser la vie sociale. Chrisbourg, Bartenstein, Wissembourg, Wesel, Brumberg, Thorn, la plupart des villes de la Prusse, de la Courlande et de la Sémigalie, furent fondées par cet ordre militaire religieux; et tandis qu'il peut se vanter d'avoir assuré l'existence des peuples de la France et de l'Angleterre, il peut aussi se glorifier d'avoir civilisé le nord de la Germanie.

Un autre ennemi étoit encore peut-être plus dangereux que les Turcs et les Prussiens, parce qu'il se trouvoit au centre même de l'Europe : les Maures ont été plusieurs fois sur le point d'asservir la chrétienté. Et quoique ce peuple paroisse avoir eu dans ses mœurs plus d'élégance que les autres Barbares, il avoit toutefois dans sa religion, qui admettoit la polygamie et l'esclavage, dans son tempérament despotique et jaloux, il avoit, disons-nous, un obstacle invincible aux lumières et au bonheur de l'humanité.

Les ordres militaires de l'Espagne, en combattant ces infidèles, ont donc, ainsi que l'ordre Teutonique et celui de Saint-Jean-de-Jérusalem, prévenu de très grands malheurs. Les chevaliers chrétiens remplacèrent en Europe les troupes soldées, et furent une espèce de milice régulière, qui se transportoit où le danger étoit le plus pressant. Les rois et les barons, obligés de licencier leurs vassaux au bout de quelques mois de service, avoient été souvent surpris par les Barbares : ce que l'expérience et le génie des temps n'avoient pu faire, la religion l'exécuta; elle associa des hommes qui jurèrent, au nom de Dieu, de verser leur sang pour la patrie : les chemins devinrent libres, les provinces furent purgées des brigands qui les infestoient, et les ennemis du dehors trouvèrent une digue à leurs ravages.

On a blâmé les chevaliers d'avoir été chercher les infidèles jusque dans leurs foyers. Mais on n'observe pas que ce n'étoit, après tout, que de justes représailles contre des peuples qui avoient attaqué les premiers les peuples chrétiens : les Maures, que Charles-Martel extermina, justifient les croisades. Les disciples du Coran sont-ils demeurés tranquilles dans les déserts de l'Arabie, et n'ont-ils pas porté leur loi et leurs ravages jusqu'aux murailles de Delhi et jusqu'aux remparts de Vienne ? Il falloit peut-être attendre que le repaire de ces bêtes féroces se fût rempli de nouveau, et parce qu'on a marché contre elles sous la bannière de la religion, l'entreprise n'étoit ni juste ni nécessaire ! Tout étoit bon, Theutatès, Odin, Allah, pourvu qu'on n'eût pas Jésus-Christ[1] !

---

[1] Voyez la note Z, à la fin du volume.

CHAPITRE IV.

VIE ET MŒURS DES CHEVALIERS.

Les sujets qui parlent le plus à l'imagination ne sont pas les plus faciles à peindre, soit qu'ils aient dans leur ensemble un certain vague plus charmant que les descriptions qu'on en peut faire, soit que l'esprit du lecteur aille toujours au-delà de vos tableaux. Le seul mot de *chevalerie*, le seul nom d'un illustre *chevalier*, est proprement une merveille, que les détails les plus intéressants ne peuvent surpasser; tout est là-dedans, depuis les fables de l'Arioste jusqu'aux exploits des véritables paladins, depuis le palais d'Alcine et d'Armide jusqu'aux tourelles de Cœuvre et d'Anet.

Il n'est guère possible de parler, même historiquement, de la chevalerie, sans avoir recours aux troubadours qui l'ont chantée, comme on s'appuie de l'autorité d'Homère en ce qui concerne les anciens héros : c'est ce que les critiques les plus sévères ont reconnu. Mais alors on a l'air de ne s'occuper que de fictions. Nous sommes accoutumés à une vérité si stérile, que tout ce qui n'a pas la même sécheresse nous paroît mensonge : comme ces peuples nés dans les glaces du pôle, nous préférons nos tristes déserts à ces champs où

> La terra molle e lieta e dilettosa
> Simili a se gli abitator produce [1].

[1] Tass., cant. 1, ott. 62.

L'éducation du chevalier commençoit à l'âge de sept ans [1]. Du Guesclin, encore enfant, s'amusoit, dans les avenues du château de son père, à représenter des siéges et des combats avec de petits paysans de son âge. On le voyoit courir dans les bois, lutter contre les vents, sauter de larges fossés, escalader les ormes et les chênes, et déjà montrer dans les landes de la Bretagne le héros qui devoit sauver la France [2].

Bientôt on passoit à l'office de page ou de *damoiseau* dans le château de quelque baron. C'étoit là qu'on prenoit les premières leçons sur la foi gardée à Dieu et aux dames [3]. Souvent le jeune page y commençoit, pour la fille du seigneur, une de ces durables tendresses que des miracles de vaillance devoient immortaliser. De vastes architectures gothiques, de vieilles forêts, de grands étangs solitaires, nourrissoient, par leur aspect romanesque, ces passions que rien ne pouvoit détruire, et qui devenoient des espèces de sort et d'enchantement.

Excité par l'amour au courage, le page poursuivoit les mâles exercices qui lui ouvroient la route de l'honneur. Sur un coursier indompté il lançoit, dans l'épaisseur des bois, les bêtes sauvages, ou, rappelant le faucon du haut des cieux, il forçoit le tyran des airs à venir, timide et soumis, se poser sur sa main assurée. Tantôt, comme Achille enfant, il faisoit voler des chevaux sur la plaine, s'élançant de

---

[1] Sainte-Palaye, tom. 1, 1re part.
[2] *Vie de Du Guesclin.*
[3] Sainte-Palaye, tom. 1, pag. 7.

l'un à l'autre, d'un saut franchissant leur croupe, ou s'asseyant sur leur dos; tantôt il montoit tout armé jusqu'au haut d'une tremblante échelle, et se croyoit déjà sur la brèche, criant : *Montjoie et Saint-Denis*[1]! Dans la cour de son baron, il recevoit les instructions et les exemples propres à former sa vie. Là se rendoient sans cesse des chevaliers connus ou inconnus, qui s'étoient voués à des aventures périlleuses, qui revenoient seuls des royaumes du Cathay, des confins de l'Asie, et de tous ces lieux incroyables où ils redressoient les torts, et combattoient les infidèles.

« On veoit, dit Froissard parlant de la maison du duc de Foix, on veoit en la salle, en la chambre, en la cour, chevaliers et escuyers d'honneur aller et marcher, et les oyoit-on parler d'armes et d'amour : tout honneur étoit là dedans trouvé, toute nouvelle, de quelque pays ne de quelque royaume que ce fust, là dedans on y apprenoit; car de tout pays, pour la vaillance du seigneur, elles y venoient. »

Au sortir de page on devenoit écuyer, et la religion présidoit toujours à ces changements. De puissants parrains ou de belles marraines promettoient à l'autel, pour le héros futur, religion, fidélité et amour. Le service de l'écuyer consistoit, en paix, à trancher à table, à servir lui-même les viandes, comme les guerriers d'Homère, à donner à laver aux convives. Les plus grands seigneurs ne rougissoient point de remplir ces offices. « A une table de-

[1] Sainte-Palaye, tom. i, part. ii.

vant le roi, dit le sire de Joinville, mangeoit le roi de Navarre, qui moult étoit paré et aourné de drap d'or, en cotte et mantel, la ceinture, le fermail et chapel d'or fin, devant lequel je tranchois. »

L'écuyer suivoit le chevalier à la guerre, portoit sa lance, et son heaume élevé sur le pommeau de la selle, et conduisoit ses chevaux en les tenant par la droite. « Quand il entra dans la forest, il rencontra quatre escuyers qui menoient quatre blancs dextriers en dextre. » Son devoir, dans les duels et batailles, étoit de fournir des armes à son chevalier, de le relever quand il étoit abattu, de lui donner un cheval frais, de parer les coups qu'on lui portoit, mais sans pouvoir combattre lui-même.

Enfin lorsqu'il ne manquoit plus rien aux qualités du *poursuivant d'armes*, il étoit admis aux honneurs de la chevalerie. Les lices d'un tournoi, un champ de bataille, le fossé d'un château, la brèche d'une tour, étoient souvent le théâtre honorable où se conféroit l'ordre des vaillants et des preux. Dans le tumulte d'une mêlée, de braves écuyers tomboient aux genoux du roi ou du général, qui les créoit chevaliers en leur frappant sur l'épaule trois coups de plat de son épée. Lorsque Bayard eut conféré la chevalerie à François Ier : « Tu es bien heureuse, dit-il en s'adressant à son épée, d'avoir aujourd'hui, à un si beau et si puissant roi, donné l'ordre de la chevalerie ; certes, ma bonne épée, vous serez comme reliques gardée, et sur toute autre honorée. » Et puis, ajoute l'historien,

« fit deux saults ; et après remit au fourreau son espée. »

A peine le nouveau chevalier jouissoit-il de toutes ses armes, qu'il brûloit de se distinguer par quelques faits éclatants. Il alloit par *monts* et par *vaux*, cherchant périls et aventures ; il traversoit d'antiques forêts, de vastes bruyères, de profondes solitudes. Vers le soir il s'approchoit d'un château dont il apercevoit les tours solitaires ; il espéroit achever dans ce lieu quelque terrible fait d'armes. Déjà il baissoit sa visière, et se recommandoit à la dame de ses pensées, lorsque le son d'un cor se faisoit entendre. Sur les faîtes du château s'élevoit un *heaume,* enseigne éclatante de la demeure d'un chevalier hospitalier. Les ponts-levis s'abaissoient, et l'aventureux voyageur entroit dans ce manoir écarté. S'il vouloit rester inconnu, il couvroit son écu d'une *housse,* ou d'un *voile vert,* ou d'une *guimpe plus fine que fleur-de-lys.* Les dames et les damoiselles s'empressoient de le désarmer, de lui donner de riches habits, de lui servir des vins précieux dans des vases de cristal. Quelquefois il trouvoit son hôte dans la joie : « Le seigneur Amanieu des Escas, au sortir de table, étant l'hiver auprès d'un bon feu, dans la salle bien jonchée ou tapissée de nattes, ayant autour de lui ses écuyers, s'entretenoit avec eux d'armes et d'amour, car tout dans sa maison, jusqu'aux derniers *varlets,* se mêloit d'aimer[1]. »

[1] Sainte-Palaye.

Ces fêtes de châteaux avoient toujours quelque chose d'énigmatique; c'étoit le festin de *la licorne*, le *vœu du paon*, ou *du faisan*. On y voyoit des convives non moins mystérieux, les chevaliers du Cygne, de l'Écu-Blanc, de la Lance-d'Or, du Silence; guerriers qui n'étoient connus que par les devises de leurs boucliers, et par les pénitences auxquelles ils s'étoient soumis[1].

Des troubadours, ornés de plumes de paon, entroient dans la salle vers la fin de la fête, et chantoient des *lays* d'amour :

>Armes, amours, déduit, joie et plaisance,
>Espoir, désir, souvenir, hardement,
>Jeunesse, aussi manière et contenance,
>Humble regard, trait amoureusement,
>Gents corps, jolis, parez très richement;
>Avisez bien cette saison nouvelle ;
>Le jour de may, cette grand'feste et belle,
>Qui par le roy se fait à Saint-Denis ;
>A bien jouter gardez votre querelle,
>Et vous serez honorez et chéris.

Le principe du métier des armes chevaleresques étoit

>« Grand bruit au champ, et grand' joie au logis. »
>« *Bruits es chans, et joie à l'ostel.* »

Mais le chevalier arrivé au château n'y trouvoit pas toujours des fêtes; c'étoit quelquefois l'habitation d'une piteuse dame qui gémissoit dans les fers d'un jaloux : *Le biau sire, noble, courtois et preux,*

---

[1] *Hist. du maréchal de Boucicault.*

à qui l'on avoit refusé l'entrée du manoir, passoit la nuit au pied d'une tour d'où il entendoit les soupirs de quelque Gabrielle qui appeloit en vain le valeureux Couci. Le chevalier, aussi tendre que brave, juroit, par sa *durandal* et son *aquilain*, sa fidèle épée et son coursier rapide, de défier en combat singulier le félon qui tourmentoit la beauté contre toute loi d'honneur et de chevalerie.

S'il étoit reçu dans ces sombres forteresses, c'étoit alors qu'il avoit besoin de tout son grand cœur. Des varlets silencieux, aux regards farouches, l'introduisoient, par de longues galeries, à peine éclairées, dans la chambre solitaire qu'on lui destinoit. C'étoit quelque donjon qui gardoit le souvenir d'une fameuse histoire ; on l'appeloit la chambre du *roi Richard*, ou de la *dame des Sept Tours*. Le plafond en étoit marqueté de vieilles armoiries peintes, et les murs couverts de tapisseries à grands personnages, qui sembloient suivre des yeux le chevalier, et qui servoient à cacher des portes secrètes. Vers minuit, on entendoit un bruit léger, les tapisseries s'agitoient, la lampe du paladin s'éteignoit, un cercueil s'élevoit auprès de sa couche.

La lance et la masse d'armes étant inutiles contre les morts, le chevalier avoit recours à des vœux de pèlerinage. Délivré par la faveur divine, il ne manquoit point d'aller consulter l'ermite du rocher qui lui disoit : « Si tu avois autant de possessions comme en avoit le roi Alexandre, et de sens comme le sage Salomon, et de chevalerie comme le preux

Hector de Troie ; seul orgueil, s'il régnoit en toi, détruiroit tout[1]. »

Le bon chevalier comprenoit par ces paroles que les visions qu'il avoit eues n'étoient que la punition de ses fautes, et il travailloit à se rendre *sans peur et sans reproche.*

Ainsi chevauchant, il mettoit à fin par cent coups de lance toutes ces aventures chantées par nos poëtes, et recordées dans nos chroniques. Il délivroit des princesses retenues dans des grottes, punissoit des mécréants, secouroit les orphelins et les veuves, et se défendoit à la fois de la perfidie des nains et de la force des géants. Conservateur des mœurs comme protecteur des foibles, quand il passoit devant le château d'une dame de mauvaise renommée, il faisoit aux portes une note d'infamie[2]. Si, au contraire, la dame de céans avoit bonne grâce et vertu, il lui crioit : « Ma bonne amie, ou ma bonne dame, ou damoiselle, je prie à Dieu que en ce bien et en cet honneur, il vous veuille maintenir au nombre des bonnes, car bien devez être louée et honorée. »

L'honneur de ces chevaliers alloit quelquefois jusqu'à cet excès de vertu qu'on admire et qu'on déteste dans les premiers Romains. Quand la reine Marguerite, femme de saint Louis, apprit à Damiette, où elle étoit près d'accoucher, la défaite de l'armée chrétienne et la prise du roi son époux, « elle fit

---

[1] Sainte-Palaye.
[2] Du Cange, *Gloss.*

wuidier hors toute sa chambre, dit Joinville, fors le chevalier (un chevalier âgé de quatre-vingts ans), et s'agenouilla devant li, et li requist un don : et le chevalier li otria par son serment : elle li dit : *Je vous demande, fist-elle, par la foy que vous m'avez baillée, que se les Sarrazins prennent ceste ville, que vous me copez la tête avant qu'ils me preignent.* Et le chevalier respondit : *Soiés certeinne que je le ferai volontiers, car je l'avoie jà bien enpensé que vous occiroie avant qu'ils vous eussent prins*[1]. »

Les entreprises solitaires servoient au chevalier comme d'échelons pour arriver au plus haut degré de gloire. Averti par les ménestriers des tournois qui se préparoient au gentil pays de France, il se rendoit aussitôt au rendez-vous des braves. Déjà les lices sont préparées; déjà les dames, placées sur des échafauds élevés en forme de tours, cherchent des yeux les guerriers parés de leurs couleurs. Des troubadours vont chantant :

> Servants d'amour, regardez doulcement
> Aux eschafaux anges de paradis,
> Lors jousterez fort et joyeusement,
> Et vous serez honorez et chéris.

Tout à coup un cri s'élève : « *Honneur aux fils des preux!* » Les fanfares sonnent, les barrières s'abaissent. Cent chevaliers s'élancent des deux extrémités de la lice, et se rencontrent au milieu. Les

---

[1] JOINVILLE, édit. de Capperonnier, pag. 84.

lances volent en éclats; front contre front, les chevaux se heurtent et tombent. Heureux le héros qui, ménageant ses coups, et ne frappant, en loyal chevalier, que de la ceinture à l'épaule, a renversé sans le blesser son adversaire ! Tous les cœurs sont à lui, toutes les dames veulent lui envoyer de nouvelles faveurs pour orner ses armes. Cependant des hérauts crient au chevalier : *Souviens-toi de qui tu es fils, et ne forligne pas!* Joutes, castilles, pas-d'armes, combats à la foule, font tour à tour briller la vaillance, la force et l'adresse des combattants. Mille cris mêlés au fracas des armes montent jusqu'aux cieux. Chaque dame encourage son chevalier et lui jette un bracelet, une boucle de cheveux, une écharpe. Un Sargine, jusqu'alors éloigné du champ de la gloire, mais transformé en héros par l'amour, un brave inconnu, qui a combattu sans armes et sans vêtements, et qu'on distingue à *sa camise sanglante*[1], sont proclamés vainqueurs de la joute; ils reçoivent un baiser de leur dame, et l'on crie : « L'amour des dames, la mort des héraux[2], louenge et priz aux chevaliers. »

C'étoit dans ces fêtes qu'on voyoit briller la vaillance ou la courtoisie de La Trémouille, de Boucicault, de Bayard, de qui les hauts faits ont rendu probables les exploits des Perceforest, des Lancelot et des Gandifer. Il en coûtoit cher aux chevaliers étrangers pour oser s'attaquer aux chevaliers de France. Pendant les guerres du règne de Charles VI

---

[1] Sainte-Palaye, *Histoire de trois chevaliers de la Chanise.*
[2] Héros.

DU CHRISTIANISME. 241

Sampi et Boucicault soutinrent seuls les défis que les vainqueurs leur portoient de toutes parts ; et, joignant la générosité à la valeur, ils rendoient les chevaux et les armes aux téméraires qui les avoient appelés en champ clos.

Le roi vouloit empêcher ses chevaliers de *relever le gant,* et de ressentir ces insultes particulières. Mais ils lui dirent : « Sire, l'honneur de la France est si naturellement cher à ses enfants que, si le diable lui-même sortoit de l'enfer pour un défi de valeur, il se trouveroit des gens pour le combattre. »

« Et en ce temps aussi, dit un historien, étoient chevaliers d'Espagne et de Portugal, dont trois de Portugal, bien renommés de chevalerie, prindrent, par je ne sais quelle folle entreprise, champ de bataille encontre trois chevaliers de France ; mais, en bonne vérité de Dieu, ils ne mirent pas tant de temps à aller de la porte Saint-Martin à la porte Saint-Antoine à cheval, que les Portugallois ne fussent déconfits par les trois François [1]. »

Les seuls champions qui pussent tenir devant les chevaliers de France étoient les chevaliers d'Angleterre. Et ils avoient de plus pour eux la fortune, car nous nous déchirions alors de nos propres mains. La bataille de Poitiers, si funeste à la France, fut encore honorable à la chevalerie. Le prince Noir, qui ne voulut jamais, par respect, s'asseoir à la table du roi Jean, son prisonnier, lui dit : « Il m'est advis que avez grand raison de vous éliesser, com-

[1] *Journal de Paris,* sous Charles VI et VII.

bien que la journée ne soit tournée à votre gré; car vous avez aujourd'huy conquis le haut nom de prouësse, et avez passé aujourd'huy tous les mieu faisants de votre côté : je ne le die mie, cher sire, pour vous louer; car tous ceux de nostre paarie qui ont veu les uns et les autres se sont par pleine conscience à ce accordez, et vous en donnent le prix et chapelet. »

Le chevalier de Ribaumont, dans une action qui se passoit aux portes de Calais, abattit deux fois à ses genoux Édouard III, roi d'Angleterre; mais le monarque, se relevant toujours, força enfin Ribaumont à lui rendre son épée. Les Anglois, étant demeurés vainqueurs, rentrèrent dans la ville avec leurs prisonniers. Édouard, accompagné du prince de Galles, donna un grand repas aux chevaliers françois; et, s'approchant de Ribaumont, il lui dit : « Vous êtes le chevalier au monde que je visse oncques plus vaillamment assaillir ses ennemis. Adonc print le roi son chapelet qu'il portoit sur son chef (qui étoit bon et riche), et le mit sur le chef de monseigneur Eustache, et dit : Monseigneur Eustache, je vous donne ce chapelet pour le mieux combattant de la journée. Je sais que vous êtes gay et amoureux, et que volontiers vous trouvez entre dames et damoiselles : si, dites partout où vous irez que je le vous ai donné. Si, vous quitte votre prison, et vous en pouvez partir demain s'il vous plaist [1]. »

[1] Froissard.

Jeanne d'Arc ranima l'esprit de la chevalerie en France; on prétend que son bras étoit armé de la fameuse *joyeuse* de Charlemagne, qu'elle avoit retrouvée dans l'église de Sainte-Catherine-de-Fierbois, en Touraine.

Si donc nous fûmes quelquefois abandonnés de la fortune, le courage ne nous manqua jamais. Henri IV à la bataille d'Ivry crioit à ses gens qui plioient : « Tournez la tête, si ce n'est pour combattre, du moins pour me voir mourir. » Nos guerriers ont toujours pu dire dans leur défaite ce mot qui fut inspiré par le génie de la nation au dernier chevalier françois à Pavie : « Tout est perdu *fors* l'honneur. »

Tant de vertus et de vaillance méritoient bien d'être honorées. Si le héros recevoit la mort dans les champs de la patrie, la chevalerie en deuil lui faisoit d'illustres funérailles ; s'il succomboit au contraire dans les entreprises lointaines, s'il ne lui restoit aucun frère d'armes, aucun écuyer pour prendre soin de sa sépulture, le ciel lui envoyoit pour l'ensevelir quelqu'un de ces solitaires qui habitoient alors dans les déserts, et qui

. . . . Su 'l Libano spesso, e su 'l Carmelo
In aerea magion fan dimoranza.

C'est ce qui a fourni au Tasse son épisode de Suénon : tous les jours un solitaire de la Thébaïde ou un ermite du Liban recueilloit les cendres de quelque chevalier massacré par les infidèles ; le chantre de Solyme ne fait que prêter à la vérité le langage des muses.

« Soudain de ce beau globe, ou de ce soleil de la nuit, je vis descendre un rayon qui, s'allongeant comme un trait d'or, vint toucher le corps du héros.

. . . .

« Le guerrier n'étoit point prosterné dans la poudre ; mais de même qu'autrefois tous ses désirs tendoient aux régions étoilées, son visage étoit tourné vers le ciel, comme le lieu de son unique espérance. Sa main droite étoit fermée, son bras raccourci ; il serroit le fer, dans l'attitude d'un homme qui va frapper ; son autre main, d'une manière humble et pieuse, reposoit sur sa poitrine, et sembloit demander pardon à Dieu. . . . .

. . . .

« Bientôt un nouveau miracle vint attirer mes regards.

« Dans l'endroit où mon maître gisoit étendu s'élève tout à coup un grand sépulcre, qui, sortant du sein de la terre, embrasse le corps du jeune prince, et se referme sur lui... Une courte inscription rappelle au voyageur le nom et les vertus du héros. Je ne pouvois arracher mes yeux de ce monument, et je contemplois tour à tour et les caractères, et le marbre funèbre.

« Ici, dit le vieillard, le corps de ton général reposera auprès de ses fidèles amis, tandis que leurs âmes généreuses jouiront, en s'aimant dans les cieux, d'une gloire et d'un bonheur éternels [1]. »

[1] *Ger. Lib.*, cant. VIII.

Mais le chevalier qui avoit formé dans sa jeunesse ces liens héroïques qui ne se brisoient pas même avec la vie, n'avoit point à craindre de mourir seul dans les déserts : au défaut des miracles du ciel, ceux de l'amitié le suivoient. Constamment accompagné de son *frère d'armes*, il trouvoit en lui des mains guerrières pour creuser sa tombe, et un bras pour le venger. Ces unions étoient confirmées par les plus redoutables serments : quelquefois les deux amis se faisoient tirer du sang, et le mêloient dans la même coupe; ils portoient pour gage de leur foi mutuelle ou un cœur d'or, ou une chaîne, ou un anneau. L'amour pourtant, si cher aux chevaliers, n'avoit, dans ces occasions, que le second droit sur leurs âmes, et l'on secouroit son ami de préférence à sa maîtresse.

Une chose néanmoins pouvoit dissoudre ces nœuds, c'étoit l'inimitié des patries. Deux frères d'armes de diverses nations cessoient d'être unis dès que leurs pays ne l'étoient plus. Hue de Carvalay, chevalier anglois, avoit été l'ami de Bertrand Du Guesclin : lorsque le prince Noir eut déclaré la guerre au roi Henri de Castille, Hue fut obligé de se séparer de Bertrand; il vint lui faire ses adieux et lui dit :

« Gentil sire, il nous convient départir. Nous avons été ensemble en bonne compagnie, et avons toujours eu du vôtre à nôtre (de l'argent en commun), si pense bien que j'ai plus reçu que vous; et pour ce vous prie que nous en comptions ensemble... — Si, dit Bertrand, ce n'est qu'un sermon, je n'ai point pensé à ce compte... il n'y a que du bien à faire : raison donne que vous suiviez votre maître. Ainsi le doit faire tout preudhomme : bonne amour fust l'amour de nous, et aussi en sera la départie, dont me poise qu'il convient qu'elle soit. Lors le baisa Bertrand et tous ses compagnons aussi : moult fut piteuse la départie [1]. »

Ce désintéressement des chevaliers, cette élévation d'âme, qui mérita à quelques-uns le glorieux surnom de *sans reproche*, couronnera le tableau de leurs vertus chrétiennes. Ce même Du Guesclin, la fleur et l'honneur de la chevalerie, étant prisonnier du prince Noir, égala la magnanimité de Porus entre les mains d'Alexandre. Le prince l'ayant rendu maître de sa rançon, Bertrand la porta à une somme excessive. « Où prendrez-vous tout cet or ? dit le héros anglois étonné. Chez mes amis, repartit le fier connétable : il n'y a pas de *fileresse* en France qui ne filât sa quenouille pour me tirer de vos mains. »

La reine d'Angleterre, touchée des vertus de Du Guesclin, fut la première à donner une grosse somme, pour hâter la liberté du plus redoutable ennemi de sa patrie. « Ah, madame ! s'écria le chevalier Breton en se jetant à ses pieds, j'avois cru jusqu'ici estre le plus laid homme de France, mais je commence à n'avoir pas si mauvaise opinion de moi, puisque les dames me font de tels présents. »

---

[1] *Vie de Bertrand Du Guesclin.*

NOTES
ET ÉCLAIRCISSEMENTS.

Note A, page 6.

LICHTENSTEIN.

Les Encyclopédistes sont une secte de soi-disant philosophes, formée de nos jours ; ils se croient supérieurs à tout ce que l'antiquité a produit en ce genre. A l'effronterie des cyniques, ils joignent la noble impudence de débiter tous les paradoxes qui leur tombent dans l'esprit ; ils se targuent de géométrie, et soutiennent que ceux qui n'ont pas étudié cette science ont l'esprit faux ; que par conséquent ils ont seuls le don de bien raisonner : leurs discours les plus communs sont farcis de termes scientifiques. Ils diront, par exemple, que telles lois sont sagement établies en raison inverse du carré des distances ; que telle puissance, prête à former une alliance avec une autre, se sent attirer à elle par l'effet de l'attraction, et que bientôt les deux nations seront assimilées. Si on leur propose une promenade, c'est le problème d'une courbe à résoudre. S'ils ont une colique néphrétique, ils s'en guérissent par les règles de l'hydrostatique. Si une puce les a mordus, ce sont des infiniment petits du premier ordre qui les incommodent. S'ils font une chute, c'est pour avoir perdu le centre de gravité. Si quelque folliculaire a l'audace de les attaquer, ils le noient dans un déluge d'encre et d'injures ; ce crime de lèse-philosophie est irrémissible.

EUGÈNE.

Mais quel rapport ont ces fous avec notre nom, avec le jugement qu'on porte de nous ?

LICHTENSTEIN.

Beaucoup plus que vous ne croyez, parce qu'ils dénigrent toutes les sciences, hors celle de leurs calculs. Les poésies sont des frivolités dont il faut exclure les fables ; un poëte ne doit rimer avec énergie que les équations algébriques. Pour l'histoire, ils veulent qu'on l'étudie à rebours, à commencer de nos temps pour remonter avant le déluge. Les gouvernements, ils les réforment tous : la France doit devenir un État républicain, dont un géomètre sera le législateur, et que des géomètres gouverneront en soumettant toutes les opérations de la nouvelle république au calcul infinitésimal. Cette république conservera une paix constante, et se soutiendra sans armée......... Ils affectent tous une sainte horreur pour la guerre........ S'ils haïssent les armées et les généraux qui se rendent célèbres, cela ne les empêche pas de se battre à coups de plume, et de se dire souvent des grossièretés dignes des halles ; et, s'ils avoient des troupes, ils les feroient marcher les unes contre les autres...... En leur style, ces beaux propos s'appellent des libertés philosophiques ; il faut penser tout haut, toute vérité est bonne à dire, et comme, selon leur sens, ils sont seuls les dépositaires des vérités, ils croient pouvoir débiter toutes les extravagances qui leur viennent dans l'esprit, sûrs d'être applaudis.

MARLBOROUGH.

Apparemment qu'il n'y a plus en Europe de Petites-Maisons ; s'il en restoit, mon avis seroit d'y loger ces messieurs, pour qu'ils fussent les législateurs des fous leurs semblables.

EUGÈNE.

Mon avis seroit de leur donner à gouverner une province qui méritât d'être châtiée ; ils apprendroient par leur expérience, après qu'ils y auroient tout mis sens dessus dessous, qu'ils sont des ignorants, que la critique est aisée, mais l'art difficile ; et surtout qu'on s'expose à dire force sottises, quand on se mêle de parler de ce qu'on n'entend pas.

LICHTENSTEIN.

Des présomptueux n'avouent jamais qu'ils ont tort. Selon leurs principes, le sage ne se trompe jamais ; il est le seul éclairé, de lui doit émaner la lumière qui dissipe les sombres vapeurs dans lesquelles croupit le vulgaire imbécile et aveugle : aussi Dieu sait comment ils l'éclairent. Tantôt c'est en lui découvrant l'origine des préjugés, tantôt c'est un livre sur l'esprit, tantôt le système de la nature; cela ne finit point. Un tas de polissons, soit par air ou par mode, se comptent parmi leurs disciples; ils affectent de les copier, et s'érigent en sous-précepteurs du genre humain; et, comme il est plus facile de dire des injures que d'alléguer des raisons, le ton de leurs élèves est de se déchaîner indécemment en toute occasion contre les militaires.

EUGÈNE.

Un fat trouve toujours un plus fat qui l'admire; mais les militaires souffrent-ils les injures tranquillement?

LICHTENSTEIN.

Ils laissent aboyer ces roquets, et continuent leur chemin.

MARLBOROUGH.

Mais pourquoi cet acharnement contre la plus noble des professions, contre celle sous l'abri de laquelle les autres peuvent s'exercer en paix?

LICHTENSTEIN.

Comme ils sont tous très ignorants dans l'art de la guerre, ils croient rendre cet art méprisable en le déprimant; mais, comme je vous l'ai dit, ils décrient généralement toutes les sciences, et ils élèvent la seule géométrie sur ces débris, pour anéantir toute gloire étrangère, et la concentrer uniquement sur leurs personnes.

MARLBOROUGH.

Mais nous n'avons méprisé ni la philosophie, ni la géométrie, ni les belles-lettres, et nous nous sommes contentés d'avoir du mérite dans notre genre.

EUGÈNE.

J'ai plus fait. A Vienne j'ai protégé tous les savants, et les ai distingués lors même que personne n'en faisoit aucun cas.

LICHTENSTEIN.

Je le crois bien, c'est que vous étiez de grands hommes, et ces soi-disant philosophes ne sont que des polissons, dont la vanité voudroit jouer un rôle : cela n'empêche pas que les injures si souvent répétées ne fassent du tort à la mémoire des grands hommes. On croit que raisonner hardiment de travers, c'est être philosophe, et qu'avancer des paradoxes, c'est emporter la palme. Combien n'ai-je pas entendu, par de ridicules propos, condamner vos plus belles actions, et vous traiter d'hommes qui avoient usurpé une réputation dans un siècle d'ignorance qui manquoit de vrais appréciateurs du mérite!

MARLBOROUGH.

Notre siècle, un siècle d'ignorance! ah! je n'y tiens plus.

LICHTENSTEIN.

Le siècle présent est celui des philosophes.

(*OEuvres de Frédéric II.*)

NOTE B, page 8.

PORTRAITS DE J.-J. ROUSSEAU ET DE VOLTAIRE,

PAR LA HARPE.

. . . .

Deux surtout dont le nom, les talents, l'éloquence,
Faisant aimer l'erreur ont fondé sa puissance,
Préparèrent de loin des maux inattendus
Dont ils auroient frémi s'ils les avoient prévus.
Oui, je le crois, témoins de leur affreux ouvrage,
Ils auroient des François désavoué la rage.
Vaine et tardive excuse aux fautes de l'orgueil!
Qui prend le gouvernail doit connoitre l'écueil.
La foiblesse réclame un pardon légitime :
Mais de tout grand pouvoir l'abus est un grand crime.
Par les dons de l'esprit placés aux premiers rangs,
Ils ont parlé d'en haut aux peuples ignorants;
Leur voix montoit au ciel pour y porter la guerre;
Leur parole hardie a parcouru la terre.

Tous deux ont entrepris d'ôter au genre humain
Le joug sacré qu'un Dieu n'imposa pas en vain ;
Et des coups que ce Dieu frappe pour les confondre,
Au monde, leur disciple, ils auront à répondre.
Leurs noms, toujours chargés de reproches nouveaux,
Commenceront toujours le récit de nos maux.
Ils ont frayé la route à ce peuple rebelle :
De leurs tristes succès la honte est immortelle.

L'un qui, dès sa jeunesse errant et rebuté,
Nourrit dans les affronts son orgueil révolté,
Sur l'horizon des arts sinistre météore,
Marqua par le scandale une tardive aurore,
Et, pour premier essai d'un talent imposteur,
Calomnia les arts, ses seuls titres d'honneur,
D'un moderne cynique affecta l'arrogance,
Du paradoxe altier orna l'extravagance,
Ennoblit le sophisme, et cria *vérité;*
Mais par quel art honteux s'est-il accrédité?
Courtisan de l'envie, il la sert, la caresse,
Va dans les derniers rangs en flatter la bassesse,
Jusques aux fondements de la société
Il a porté la faux de son *égalité;*
Il sema, fit germer, chez un peuple volage,
Cet esprit novateur, le monstre de notre âge,
Qui couvrira l'Europe et de sang et de deuil.
Rousseau fut parmi nous l'apôtre de l'orgueil :
Il vanta son enfance à Genève nourrie,
Et pour venger un livre, il troubla sa patrie,
Tandis qu'en ses écrits, par un autre travers,
Sur sa ville chétive il régloit l'univers.
J'admire ses talents, j'en déteste l'usage ;
Sa parole est un feu, mais un feu qui ravage,
Dont les sombres lueurs brillent sur des débris.
Tout, jusqu'aux vérités, trompe dans ses écrits ;
Et du faux et du vrai ce mélange adultère
Est d'un sophiste adroit le premier caractère.
Tour à tour apostat de l'une et l'autre loi,
Admirant l'Évangile, et réprouvant la foi,
Chrétien, déiste, armé contre Genève et Rome,
Il épuise à lui seul l'inconstance de l'homme,
Demande une statue, implore une prison ;
Et l'amour-propre enfin, égarant sa raison,

Frappe ses derniers ans du plus triste délire :
Il fuit le monde entier qui contre lui conspire,
Il se confesse au monde, et, toujours plein de soi,
Dit hautement à Dieu : *Nul n'est meilleur que moi.*

L'autre, encor plus fameux, plus éclatant génie,
Fut pour nous soixante ans le dieu de l'harmonie.
Ceint de tous les lauriers, fait pour tous les succès,
Voltaire a de son nom fait un titre aux François.
Il nous a vendu cher ce brillant héritage,
Quand, libre en son exil, rassuré par son âge,
De son esprit fougueux l'essor indépendant
Prit sur l'esprit du siècle un si haut ascendant.
Quand son ambition, toujours plus indocile,
Prétendit détrôner le Dieu de l'Évangile,
Voltaire dans Ferney, son bruyant arsenal,
Secouoit sur l'Europe un magique fanal,
Que pour embraser tout, trente ans on a vu luire.
Par lui l'impiété, puissante pour détruire,
Ébranla, d'un effort aveugle et furieux,
Les trônes de la terre appuyés dans les cieux.
Ce flexible Protée étoit né pour séduire :
Fort de tous les talents, et de plaire et de nuire,
Il sut multiplier son fertile poison ;
Armé du ridicule, éludant la raison,
Prodiguant le mensonge, et le sel et l'injure,
De cent masques divers il revêt l'imposture,
Impose à l'ignorant, insulte à l'homme instruit ;
Il sut jusqu'au vulgaire abaisser son esprit,
Faire du vice un jeu, du scandale une école.
Grâce à lui, le blasphème, et piquant et frivole,
Circuloit embelli des traits de la gaîté ;
Au bon sens il ôta sa vieille autorité,
Repoussa l'examen, fit rougir du scrupule,
Et mit au premier rang le titre d'incrédule.

NOTE C, page 10.

Voici ce que Montesquieu écrivoit en 1752 à l'abbé de Guasco : « Huart veut faire une nouvelle édition des Lettres Persanes ; mais il y a quelques *Juvenilia* que je voudrois auparavant retoucher. »

Sous ce passage on trouve cette note de l'éditeur :

« Il a dit à quelques amis que, s'il avoit eu à donner actuellement ces Lettres, il en auroit omis quelques-unes dans lesquelles le feu de la jeunesse l'avoit transporté; qu'obligé par son père de passer toute la journée sur le Code, il s'en trouvoit le soir si excédé, que pour s'amuser il se mettoit à composer une Lettre Persane, et que cela couloit de sa plume sans étude. »

(*Œuvres de Montesquieu*, tom. VII, page 233.)

NOTE D, page 12.

Voltaire, que j'aime à citer aux incrédules, pensoit ainsi sur le siècle de Louis XIV et sur le nôtre. Voici plusieurs passages de ses lettres (où l'on doit toujours chercher ses sentiments intimes) qui le prouvent assez.

« C'est Racine qui est véritablement grand, et d'autant plus grand, qu'il ne paroît jamais chercher à l'être. C'est l'auteur d'*Athalie* qui est l'homme parfait. » (*Corresp. gén.*, tom. VIII, page 465.)

« J'avois cru que Racine seroit ma consolation, mais il est mon désespoir. C'est le comble de l'insolence de faire une tragédie après ce grand homme. Aussi après lui je ne connois que de mauvaises pièces, et avant lui que quelques bonnes scènes. » (*Ibid.*, tom. VIII, page 467.)

« Je ne peux me plaindre de la bonté avec laquelle vous parlez d'un *Brutus* et d'un *Orphelin*; j'avouerai même qu'il y a quelques beautés dans ces deux ouvrages; mais encore une fois vive Jean (Racine) ! plus on le lit, et plus on lui découvre un talent unique, soutenu par toutes les finesses de l'art : en un mot, s'il y a quelque chose sur la terre qui approche de la perfection, c'est Jean. » (*Ibid.*, tom. VIII, page 501.)

« La mode est aujourd'hui de mépriser Colbert et Louis XIV; cette mode passera, et ces deux hommes resteront à la postérité avec Boileau. » (*Ibid.*, tom. XV, page 108.)

« Je prouverois bien que les choses passables de ce temps-ci sont toutes puisées dans les bons écrits du siècle de Louis XIV. Nos mauvais livres sont moins mauvais que les mauvais que l'on faisoit du temps de Boileau, de Racine et de Molière, parce que dans ces plats ouvrages d'aujourd'hui il y a toujours quelques morceaux tirés visiblement des auteurs du règne du bon goût. Nous ressemblons à des voleurs qui changent et qui ornent ridiculement les habits qu'ils ont dérobés, de peur qu'on ne les reconnoisse. A cette friponnerie s'est jointe la rage de la dissertation et celle du paradoxe; le tout compose une impertinence qui est d'un ennui mortel. » (*Ibid.*, tom. XIII, pag. 219.)

« Accoutumez-vous à la disette des talents en tout genre, à l'esprit devenu commun, et au génie devenu rare, à une inondation de livres sur la guerre pour être battus, sur les finances pour n'avoir pas un sou, sur la population pour manquer de recrues et de cultivateurs, et sur tous les arts pour ne réussir dans aucun. » (*Ibid.*, tom. VI, pag. 391.)

Enfin, Voltaire a dit, dans sa belle Lettre à milord Hervey, tout ce qu'on a répété moins bien et redit mille fois, depuis, sur le siècle de Louis XIV. Voici cette Lettre à milord Hervey, en 1740.

Année 1740.

« ... Mais, surtout, milord, soyez moins fâché contre moi de ce que j'appelle le siècle dernier le siècle de Louis XIV. Je sais bien que Louis XIV n'a pas eu l'honneur d'être le maître ni le bienfaiteur d'un Bayle, d'un Newton, d'un Halley, d'un Addison, d'un Dryden; mais dans le siècle qu'on nomme de Léon X, ce pape avoit-il tout fait? N'y avoit-il pas d'autres princes qui contribuèrent à polir et à éclairer le genre humain? Cependant le nom de Léon X a prévalu, parce qu'il encouragea les arts, plus qu'aucun autre. Hé! quel roi a donc, en cela, rendu plus de services à l'humanité que Louis XIV? quel roi a répandu plus de bienfaits, a marqué plus de goût, s'est signalé par de plus beaux établissements? Il n'a pas fait tout ce qu'il pouvoit faire, sans doute, parce qu'il étoit homme; mais il a fait plus qu'aucun autre, parce qu'il étoit un grand homme : ma plus forte raison pour l'estimer beaucoup, c'est qu'avec des fautes connues, il a plus de réputation qu'aucun de ses contemporains, c'est que, malgré un million d'hommes dont il a privé la France, et qui tous ont été intéressés à le décrier, toute l'Europe l'estime et le met au rang des plus grands et des meilleurs monarques.

« Nommez-moi donc, milord, un souverain qui ait attiré chez lui plus d'étrangers habiles, et qui ait plus encouragé le mérite dans ses sujets. Soixante savants de l'Europe reçurent à la fois des récompenses de lui, étonnés d'en être connus.

« *Quoique le roi ne soit pas votre souverain,* leur écrivoit M. de Colbert, *il veut être votre bienfaiteur ; il m'a commandé de vous envoyer la lettre de change ci-jointe, comme un gage de son estime.* Un Bohémien, un Danois, recevoient de ces lettres datées de Versailles. *Guillemini* bâtit à Florence une maison des bienfaits de Louis XIV ; il mit le nom de ce roi sur le frontispice, et vous ne voulez pas qu'il soit à la tête du siècle dont je parle !

« Ce qu'il a fait dans son royaume doit servir à jamais d'exemple. Il chargea de l'éducation de son fils et de son petit-fils les plus éloquents et les plus savants hommes de l'Europe. Il eut l'attention de placer trois enfants de Pierre Corneille, deux dans les troupes, et l'autre dans l'Église ; il excita le mérite naissant de Racine, par un présent considérable pour un jeune homme inconnu et sans bien ; et quand ce génie se fut perfectionné, ces talents, qui souvent sont l'exclusion de la fortune, firent la sienne. Il eut plus que de la fortune, il eut la faveur et quelquefois la familiarité d'un maître dont un regard étoit un bienfait. Il étoit, en 1688 et 1689, de ces voyages de Marly tant brigués par les courtisans ; il couchoit dans la chambre du roi pendant ses maladies, et lui lisoit ces chefs-d'œuvre d'éloquence et de poésie qui décoroient ce beau règne.

« Cette faveur, accordée avec discernement, est ce qui produit de l'émulation et qui échauffe les grands génies ;

c'est beaucoup de faire des fondations, c'est quelque chose de les soutenir : mais s'en tenir à ces établissements, c'est souvent préparer les mêmes asiles pour l'homme inutile et pour le grand homme ; c'est recevoir dans la même ruche l'abeille et le frelon.

« Louis XIV songeoit à tout ; il protégeoit les académies, et distinguoit ceux qui se signaloient ; il ne prodiguoit point sa faveur à un genre de mérite, à l'exclusion des autres, comme tant de princes qui favorisent, non ce qui est beau, mais ce qui leur plaît ; la physique et l'étude de l'antiquité attirèrent son attention. Elle ne se ralentit pas même dans les guerres qu'il soutenoit contre l'Europe ; car, en bâtissant trois cents citadelles, en faisant marcher quatre cent mille soldats, il faisoit élever l'Observatoire, et tracer une méridienne d'un bout du royaume à l'autre, ouvrage unique dans le monde. Il faisoit imprimer dans son palais les traductions des bons auteurs grecs et latins ; il envoyoit des géomètres et des physiciens au fond de l'Afrique et de l'Amérique, chercher de nouvelles connoissances. Songez, milord, que sans le voyage et les expériences de ceux qu'il envoya à Cayenne en 1672, et sans les mesures de M. Picard, jamais Newton n'eût fait ses découvertes sur l'attraction. Regardez, je vous prie, un Cassini et un Huyghens, qui renoncent tous deux à leur patrie qu'ils honorent, pour venir en France jouir de l'estime et des bienfaits de Louis XIV. Et pensez-vous que les Anglois même ne lui aient pas obligation ? Dites-moi, je vous prie, dans quelle cour Charles II puisa tant de politesse et tant de goût ? Les bons auteurs de Louis XIV n'ont-ils pas été vos modèles ? n'est-ce pas d'eux que votre sage Addison, l'homme de votre nation qui avoit le goût le plus sûr, a tiré souvent ses excellentes critiques ? L'évêque Burnet avoue que ce goût, acquis en France par les courtisans de Charles II, réforma chez vous jusqu'à la chaire, malgré la différence de nos religions : tant la saine raison a partout d'empire ! Dites-moi si les bons livres de ce temps n'ont pas servi à l'éducation de tous les princes de l'empire. Dans quelles cours d'Allemagne n'a-t-on pas vu des théâtres françois ? Quel prince ne tâchoit pas d'imiter Louis XIV ? Quelle nation ne suivoit pas alors les modes de la France ?

« Vous m'apportez, milord, l'exemple de *Pierre-le-Grand*, qui a fait naître les arts dans son pays, et qui est le créateur d'une nation nouvelle ; vous me dites cependant que son siècle ne sera pas appelé dans l'Europe le siècle du czar *Pierre :* vous en concluez que je ne dois pas appeler le siècle passé le siècle de Louis XIV. Il me semble que la différence est bien palpable. Le czar *Pierre* s'est instruit chez les autres peuples ; il a porté leurs arts chez lui, mais Louis XIV a instruit les nations : tout, jusqu'à ses fautes, leur a été utile. Les protestants, qui ont quitté ses États, ont porté chez vous-même une industrie qui faisoit la richesse de la France. Comptez-vous pour rien tant de manufactures de soie et de cristaux ? Ces dernières furent perfectionnées chez vous par nos réfugiés, et nous avons perdu ce que vous avez acquis.

« Enfin, la langue françoise, milord, est devenue presque la langue universelle. A qui en est-on redevable ? étoit-elle aussi étendue du temps de Henri IV ? Non sans doute ; on ne connoissoit que l'italien et l'espagnol. Ce sont nos excellents écrivains qui ont fait ce changement : mais qui a protégé, employé, encouragé ces excellents écrivains ? C'étoit M. de Colbert, me direz-vous ; je l'avoue, et je prétends bien que le ministre doit partager la gloire du maître. Mais qu'eût fait un Colbert sous un autre prince ? sous votre roi Guillaume qui n'aimoit rien, sous le roi d'Espagne Charles II, sous tant d'autres souverains ?

« Croiriez-vous, milord, que Louis XIV a réformé le goût de la cour en plus d'un genre ? Il choisit Lulli pour son musicien, et ôta le privilége à Lambert, parce que Lambert étoit un homme médiocre, et Lulli un homme supérieur. Il savoit distinguer l'esprit du génie ; il donnoit à Quinault les sujets de ses opéras ; il dirigeoit les peintures de Le Brun ; il soutenoit Boileau, Racine et Molière contre leurs ennemis ; il encourageoit les arts utiles comme les beaux-arts, et toujours en connoissance de cause; il prêtoit de l'argent à Van-Robais pour ses manufactures; il avançoit des millions à la compagnie des Indes, qu'il avoit formée; il donnoit des pensions aux savants et aux braves officiers. Non-seulement il s'est fait de grandes choses sous son règne, mais c'est lui qui les faisoit. Souffrez donc, milord, que je tâche d'élever à sa gloire un monument que je consacre encore plus à l'utilité du genre humain.

« Je ne considère pas seulement Louis XIV parce qu'il a fait du bien aux François, mais parce qu'il a fait du bien aux hommes : c'est comme homme et non comme sujet que j'écris ; je veux peindre le dernier siècle, et non pas simplement un prince. Je suis las des histoires où il n'est question que des aventures d'un roi, comme s'il existoit seul, ou que rien n'existât que par rapport à lui ; en un mot, c'est encore plus d'un grand siècle que d'un grand roi que j'écris l'histoire.

« Pélisson eût écrit plus éloquemment que moi ; mais il étoit courtisan, et il étoit payé. Je ne suis ni l'un ni l'autre ; c'est à moi qu'il appartient de dire la vérité. »

(*Corresp. gén.*, tome III, page 53.)

NOTE E, page 15.

M. l'abbé Fleury, dans ses *Mœurs des Chrétiens*, pense que les anciens monastères sont bâtis sur le plan des maisons romaines, telles qu'elles sont décrites dans Vitruve et dans Palladio. « L'église, dit-il, qu'on trouve la première, afin que l'entrée en soit libre aux séculiers, semble tenir lieu de cette première salle que les Romains appeloient *atrium* : de là on passoit dans une cour environnée de galeries couvertes, à qui l'on donnoit le nom de *péristyle*; c'est justement le cloître où l'on entre de l'église, et d'où l'on va ensuite dans les autres pièces, comme le chapitre, qui est l'*exèdre* des anciens; le réfectoire, qui est le *triclinium*, et le jardin, qui est derrière tout le reste, comme il étoit aux maisons antiques.

NOTE F, page 26.

On trouve dans un poëme de M. Alex. Soumet, intitulé l'*Incrédulité*, entre autres imitations du *Génie du Christianisme*, ce fragment sur les ruines des monuments chrétiens :

« Hé! qui n'a parcouru d'un pas mélancolique
Le dôme abandonné, la vieille basilique,
Où devant l'Éternel s'inclinoient ses aïeux?
Ces débris éloquents, ce seuil religieux,
Ce seuil où tant de fois, le front dans la poussière,
Gémit le Repentir, espéra la Prière ;
Ce long rang de tombeaux que la mousse a couvert,
Ces vases mutilés et ce comble entr'ouvert ;
Du Temps et de la Mort tout proclame l'empire :
Frappé de son néant, l'homme observe et soupire.
L'Imagination, à ces murs dévastés,
Rend leur encens, leur culte et leurs solennités,
A travers tout un siècle écoute les cantiques
Que la Religion chantoit sous ces portiques.
Là rougissoit l'Hymen ; ici l'adolescent,
Beau comme son offrande, et comme elle innocent,
Consacroit au Seigneur, modeste tributaire,
Des jeunes fleurs, des fruits, prémices de la terre.
Mais tout a disparu, le Temps a fait un pas :
Où sourioit l'enfance est assis le Trépas ;
L'herbe croît sur l'autel ; l'oiseau des funérailles
De son cri prophétique attriste ces murailles.
Seulement, quelquefois un cénobite en deuil
Y vient de son ami visiter le cercueil ;
C'est lui ; le souvenir vers ces lieux le ramène ;
De tombeaux en tombeaux sa douleur se promène.
Parmi des ossements et des marbres brisés,
Témoins de ses regrets, de ses pleurs arrosés,
Il creuse, sans pâlir, sa retraite dernière.
L'aquilon de minuit se mêle à sa prière,
Et le cloître attentif en redit les accents.

« A ces restes sacrés, à ces murs vieillissants,
Quel pouvoir inconnu malgré moi m'intéresse?
C'est la Religion ; oui, cette enchanteresse
Se plait à nous unir d'un nœud mystérieux
A tous les monuments consacrés par les cieux.

Le tombeau du martyr, le rocher, la retraite,
Où dans un long exil vieillit l'anachorète,
Tout parle à notre cœur; et toi, signe sacré,
Des chrétiens et du monde à l'envi révéré,
Croix modeste, quel est ton ineffable empire?
Tes muettes leçons aux mortels semblent dire :
« Un Dieu périt pour vous, n'oubliez point ses lois. »
Ton aspect imprévu rendit plus d'une fois
La paix au repentir, des pleurs à la souffrance,
Au crime le remords, au malheur l'espérance. »

(Note de l'Éditeur.)

NOTE G, page 29.

Voici encore un fragment poétique emprunté aux harmonies du *Génie du Christianisme*; il est extrait d'un poëme de M. F. de Barqueville, intitulé les *Cloîtres en ruines* :

. . . .
Voici l'humble cellule où, vers l'éternité,
S'élançoit chaque jour l'ardente piété :
Ici son cœur à Dieu confioit ses alarmes;
Cet autel fut souvent arrosé de ses larmes.
Ces murs, encor noircis d'un deuil religieux,
Répétèrent souvent ses cantiques pieux;
Elle-même attachoit aux pilastres antiques
D'un saint ou d'un martyr les modestes reliques,
Dans cet étroit enclos cultivoit quelques fleurs,
Image de son âme et de ses chastes mœurs.
Quels souvenirs surtout rappelle à ma pensée
Cette cloche jadis dans les airs balancée !
Que de fois de l'airain les terribles accents
De l'athée endurci firent frémir les sens,
Alors qu'au sein des nuits leur funèbre harmonie
Annonçoit qu'un mortel alloit quitter la vie !
Écoutez le récit des crédules hameaux :
Un fantôme, à minuit, dans la vieille chapelle,
Par d'affreux tintements a troublé leur repos,
Et chaque nuit amène une terreur nouvelle.
Au point du jour l'oiseau, par son chant matinal,
Du champêtre labeur donnoit-il le signal,
Soudain retentissoit la cloche vigilante :
Dans le temple accouroit la foule impatiente;
Femmes, enfants, venoient au pied du saint autel
Pour la moisson naissante implorer l'Éternel.

NOTE H, page 32.

AUTRE FRAGMENT DES CLOITRES EN RUINES.

. . . .
Mais de plus fiers débris appellent mes pinceaux...
Courons vers ces rochers, noir berceau des orages,
Aux bords de cette mer si féconde en naufrages,
Dont le fils de Fingal a chanté les héros.
Là, d'antiques forêts, un vallon solitaire,
Où le daim vagabond paît l'herbe des tombeaux,
Quelques sapins épars, un torrent dont les eaux
Roulent avec fracas à travers la bruyère;
Le tonnerre grondant sous un ciel nébuleux,
Et des vents et des flots le sauvage murmure;
Aux gothiques débris d'un cloître ténébreux
La fougère mêlant sa funèbre parure,
Tout enchante mes sens, tout en ces sombres lieux
D'une sublime horreur épouvante mes yeux.
L'Imagination, de ses rapides ailes,
Embrasse de ces monts les neiges éternelles,
Et les peuples bientôt de mille souvenirs.
Son regard suit encor ces pieux solitaires
Errant sous les arceaux de leurs noirs monastères,
Dans la brise du soir elle entend leurs soupirs;
En silence elle écoute, immobile, rêveuse,
De l'orgue qui gémit la plainte harmonieuse :
Il lui semble qu'au loin d'invisibles concerts
S'élèvent, emportés dans le vague des airs,
Et de l'autel brisé relevant l'édifice,
A l'Éternel encore elle offre un sacrifice.

(Note de l'Editeur.)

NOTE I, page 50.

Les offices ont emprunté leurs noms de la division du jour chez les Romains.

La première partie du jour s'appeloit *Prima ;* la seconde, *Tertia ;* la troisième, *Sexta ;* la quatrième *Nona,* parce qu'elles commencèrent à la première, la troisième, la sixième et la neuvième heure. La première veille s'appeloit *Vespera,* soir.

NOTE J, page 63.

«Autrefois je disois la messe avec la légèreté qu'on met à la longue aux choses les plus graves, quand on les fait trop souvent. Depuis mes nouveaux principes, je la célèbre avec plus de vénération : je me pénètre de la majesté de l'Être-Suprême, de sa présence, de l'insuffisance de l'esprit humain, qui conçoit si peu ce qui se rapporte à son auteur. En songeant que je lui porte les vœux du peuple sous une forme prescrite, je suis avec soin tous les rites; je récite attentivement, je m'applique à n'omettre jamais ni le moindre mot ni la moindre cérémonie. Quand j'approche du moment de la consécration, je me recueille pour la faire avec toutes les dispositions qu'exigent l'Église et la grandeur du sacrement; je tâche d'anéantir ma raison devant la suprême Intelligence. Je me dis : Qui es-tu pour mesurer la puissance infinie? Je prononce avec respect les mots sacramentaux, et je donne à leur effet toute la foi qui dépend de moi. Quoi qu'il en soit de ce mystère inconcevable, je ne crains pas qu'au jour du jugement je sois puni pour l'avoir jamais profané dans mon cœur.»

(ROUSSEAU, *Émile*, t. III.)

NOTE K, page 67.

«Les absurdes rigoristes en religion ne connoissent pas l'effet des cérémonies extérieures sur le peuple. Ils n'ont jamais vu notre adoration de la croix le Vendredi-Saint, l'enthousiasme de la multitude à la procession de la Fête-Dieu; enthousiasme qui me gagne moi-même quelquefois. Je n'ai vu jamais cette longue file de prêtres en habits sacerdotaux, ces jeunes acolytes vêtus de leurs aubes blanches, ceints de leurs larges ceintures bleues, et jetant des fleurs devant le Saint-Sacrement; cette foule qui les précède et qui les suit dans un silence religieux; tant d'hommes, le front prosterné contre la terre : je n'ai jamais entendu ce chant grave et pathétique, entonné par les prêtres,

et répondu affectueusement par une infinité de voix d'hommes, de femmes, de jeunes filles et d'enfants, sans que mes entrailles ne s'en soient émues, n'en aient tressailli, et que les larmes ne m'en soient venues aux yeux. Il y a là-dedans je ne sais quoi de sombre, de mélancolique. J'ai connu un peintre protestant qui avoit fait un long séjour à Rome, et qui convenoit qu'il n'avoit jamais vu le souverain pontife officier dans Saint-Pierre, au milieu des cardinaux et de toute la prélature romaine, sans devenir catholique..
....

Supprimez tous les symboles sensibles, et le reste se réduira bientôt à un galimatias métaphysique, qui prendra autant de formes et de tournures bizarres qu'il y aura de têtes. »   (DIDEROT, *Essai sur la peinture*.)

NOTE L, page 68.

LA FÊTE-DIEU DANS UN HAMEAU [1],

PAR M. DE LA RENAUDIÈRE.

Quand du brûlant Cancer les fécondes chaleurs
Jaunissent les moissons et colorent les fleurs,
Belle de tous ses dons, la brillante nature
Revêt avec orgueil l'éclat de sa parure ;
Et l'Été sur son trône, au milieu de sa cour,
Apparoît, rayonnant de tous les feux du jour.
Dans les champs fortunés qu'embellit sa présence,
Tout assure un plaisir ou promet l'abondance.
L'homme, rempli d'espoir dans ces jours radieux,
Élève un chant d'amour vers la voûte des cieux ;
Et la religion se parant de guirlandes,
Au roi de l'univers apporte ses offrandes.

[1] L'auteur de ce petit poëme avoit traité ce sujet d'après ses propres idées, ou plutôt d'après celles que lui ont inspirées la vue d'une procession à C... Quelques pensées, en petit nombre, se sont trouvées être celles que M. de Chateaubriand a exprimées. Cette pièce avoit déjà paru dans le *Mercure* du 2 juillet 1808 ; la version que nous donnons ici contient quelques additions qui nous ont été communiquées par l'auteur.   (*Note de l'Éditeur.*)

Éloigné des cités, dans le calme des champs,
Oh! combien me charmoient ces hommages touchants!
Ces lieux semblent porter à la reconnoissance.
Tout d'un ciel bienfaisant y montre la puissance :
Nos vœux y sont plus purs, tout y peint la candeur,
Et la bouche y dit mieux ce qu'a senti le cœur.
Le tableau séduisant de la pompe champêtre
A mon œil enchanté semble encore apparoître;
Je revois la douceur des fêtes des hameaux,
Et cette heureuse image appelle mes pinceaux.

Déjà l'astre du jour, poursuivant sa carrière,
Laissoit tomber sur nous des torrents de lumière,
Et dans un ciel d'azur s'avançoit radieux;
Près du temple, à l'entour des tombes des aïeux,
Qui, dépouillant leur deuil, couvertes de verdure,
Sembloient de l'espérance accueillir la parure,
Le hameau s'assembloit en groupe séparé.
Oh! comme avec délices, en ce jour désiré,
Il revoit tout l'éclat des fêtes solennelles
Que proscrivit l'athée et ses lois criminelles.
Comme alors, éprouvant un plaisir enchanteur,
La foule avec transport accueillit son pasteur!
Il alloit revêtir ses parures sacrées,
Dans un coupable oubli trop long-temps demeurées!
Tel, au trépas ravi, l'heureux convalescent
Jette sur la nature un coup d'œil caressant;
Tel l'antique pasteur, retrouvant sa patrie,
Aux plus doux sentiments ouvre une âme attendrie.
Pendant nos jours de deuil et nos maux passagers,
Dix ans d'exil, coulés sur des bords étrangers,
Payèrent ses vertus et surtout son courage.
Souvent il demandoit, sur un lointain rivage,
L'église où du Très-Haut il chantoit les faveurs,
Où son discours sans art captivoit tous les cœurs,
Le jardin qu'il planta, ses amis de l'enfance,
Son simple presbytère, et sa modeste aisance.
Hé bien, il les revoit ces objets désirés;
Son âme oublie alors tous les maux endurés,
Et malgré leurs rigueurs et son sort moins prospère,
Il fait pétrir encor le pain de la misère.
Bientôt l'airain bruyant, dans les airs entendu,
Annonça du départ le moment attendu;

Le hameau s'avançoit partagé sur deux files.
Fuyez loin de ces lieux, faste brillant des villes :
Là ne se montroient pas ces tissus précieux ;
L'or, l'opale, l'azur n'y frappoient point les yeux ;
Des bouquets sans parfums, enfants de l'imposture,
N'y chargeoient point l'autel du Dieu de la nature ;
Et des puissants du jour l'orgueilleuse grandeur
N'y venoit point du luxe étaler la splendeur.
Combien je préférois la pompe du village !
Modeste, sans apprêts, et même un peu sauvage,
Sa vue attendrissoit le cœur religieux.
D'abord des laboureurs, vieux enfants de ces lieux,
Au front chauve attestant leur utile existence,
Sans ordre s'avançoient et prioient en silence.
Le cortége pieux, non loin, à mes regards
Se montroit précédé des sacrés étendards ;
Le feuillage bientôt le couvrit de son ombre.
Dans un sentier profond, asile frais et sombre,
La foule se pressoit sur les pas de son Dieu,
Et de ses chants sacrés venoit remplir ce lieu.
Devant le Roi des rois, sous ces vertes feuillées,
Les jeunes villageois de roses effeuillées
Sur la terre à l'envi parsemoient les couleurs ;
Et, mêlant son parfum à celui de ces fleurs,
L'encens, qui de Saba fit l'antique opulence,
Comme un nuage au loin qui dans l'air se balance,
S'élevoit lentement et planoit sur les champs.
Aux voix des laboureurs entremêlant leurs chants,
Les oiseaux s'unissoient à ces pompes rustiques ;
Et de son palais d'or embrasant les portiques,
Le soleil, couronné d'une immense splendeur,
Sur ces arbres touffus arrêtoit son ardeur.

J'aimois, j'aimois à voir ce peuple des villages
Sous la feuille des bois, ainsi qu'aux premiers âges,
Célébrant l'Éternel et lui portant ses vœux.
Ils ne demandoient pas, ces hommes vertueux,
L'éclat de nos palais, le luxe de nos villes,
Et nos plaisirs bruyants et nos grandeurs serviles.
« Bénissez, disoient-ils, nos troupeaux et nos blés,
« Que nos enfants un jour, près de nous rassemblés,
« Sur l'hiver de nos ans répandent quelques charmes ;
« Que leur destin jamais ne provoque nos larmes ;

« Et, simples dans nos goûts, heureux d'être chéris,
« Toujours de nos vergers que nos cœurs soient épris. »
De sa pompe sacrée alors la troupe sainte
Du modeste hameau vient réjouir l'enceinte.
Quel spectacle touchant s'offroit à mes regards!
Retenus par les ans, quelques foibles vieillards,
Adorant l'Éternel au seuil de leurs chaumières,
Regrettoient leur printemps et leurs forces premières.
Consolez-vous, vieillards; vos champs fertilisés,
Vos jours laborieux dans les travaux usés,
Votre âme qui, toujours fermée à la vengeance,
Consola le malheur, accueillit l'indigence,
De l'asile des cieux vous promet la douceur.
Mais déjà tout ici vous offre le bonheur;
Vos fils, à votre aspect redoublant d'allégresse,
D'un sourire d'amour charment votre vieillesse :
Ce sourire d'amour a calmé vos douleurs.
Au retour de la fête, au déclin des chaleurs,
Alors que l'horizon, moins brûlant et plus sombre,
Se bordera de pourpre, avant-coureur de l'ombre,
Et que le vent du soir glissera dans les bois,
Ils viendront, réunis devant vos humbles toits,
De l'amour filial épuiser les délices;
Leurs jeux s'embelliront sous vos heureux auspices,
Et du vieux patriarche, en ces jours enchantés,
Vous croirez retrouver les douces voluptés.
Je vous quitte : la fête à la suivre m'engage.
Non loin, couvert de lierre et rembruni par l'âge,
Un chêne vénérable étendoit ses rameaux.
Là, dès le point du jour, les vierges des hameaux
Élevoient sous son ombre un trône de verdure;
La mousse en longs festons en formoit la bordure,
Le lis, aux deux côtés, balançoit sa blancheur,
Et la rose, en bouquet, y montroit sa fraîcheur :
L'Éternel, sur ce trône orné par l'innocence,
Devoit quelques instants reposer sa puissance.
A l'aspect de ces lieux, je sentis dans mon cœur
Couler d'un calme pur la secrète douceur,
Et ma pensée, alors tranquille et solitaire,
Pour un monde meilleur abandonnoit la terre.
Alors, faisant cesser ce calme solennel,
Le hameau lentement environna l'autel.

Avec quel saint respect le pasteur du village,
Seul, et foulant les fleurs qui couvrent son passage,
Porte le Roi des rois et l'élève à nos yeux
Sous l'emblème immortel d'un pain mystérieux !
La foule tout à coup, prosternée en silence,
Du Roi de l'univers adora la présence.
Chacun crut que son Dieu descendoit dans son cœur,
Non ce maître irrité, ce monarque vengeur,
Qui doit au dernier jour, s'armant d'un front sévère,
Au fracas de la foudre apparoître à la terre,
Et, juge sans pardon, au monde épouvanté
De ses arrêts divins proclamer l'équité ;
Mais un Dieu tempérant tout l'éclat dont il brille,
Tel qu'un père adoré se montre à sa famille,
Accueillant l'infortune, et portant dans les cœurs
L'espoir d'un meilleur sort et l'oubli des douleurs.

Vers le séjour antique où se plaît la Prière
Le hameau dirigeoit sa modeste bannière.
Quel groupe harmonieux, marchant confusément,
Non loin du dais sacré se montre en ce moment?
J'aperçois, de respect et d'amour entourées,
Les mères du hameau, de leurs enfants parées.
Tout sourit à leurs yeux dans ce jour de bonheur,
Et leurs yeux laissent voir les plaisirs de leur cœur.
Là, de jeunes beautés, de lin blanc revêtues,
Unissant à l'envi leurs grâces ingénues,
Semblent à l'œil charmé reproduire en ce jour
Ces anges embellis d'innocence et d'amour.
Toutes suivoient le Dieu que fêtoit la nature ;
Leur voix comme leur cœur ignoroit l'imposture :
La Piété fidèle, aux charmes si touchants,
Par leur bouche exhaloit la douceur de ses chants,
Et, portés dans les airs jusqu'aux divins portiques,
Ces chants sembloient s'unir aux célestes cantiques.
Bientôt du temple saint le cortége pieux
En foule vint remplir les murs religieux,
Et bientôt commença l'auguste sacrifice :
Ce mystère d'amour qui rend le ciel propice,
Qui peut même des morts abréger la douleur,
Des pompes de ce jour termina la splendeur.

Note M, page 73.

L'auteur du poëme de *la Pitié*, Jacques Delille, n'a pas dédaigné d'emprunter aussi quelques traits au chapitre sur la fête *des Rogations*.

> Enfin on la revoit, dans la saison nouvelle
> Cette solennité, si joyeuse et si belle,
> Où la Religion, par un culte pieux,
> Seconde des hameaux les soins laborieux;
> Et, dès que mai sourit, les agrestes peuplades
> Reprennent dans les champs leurs longues promenades.
> A peine de nos cours le chantre matinal
> De cette grande fête a donné le signal,
> Femmes, enfants, vieillards, rustique caravane,
> En foule ont déserté le château, la cabane.
> A la porte du temple, avec ordre rangé,
> En deux files déjà le peuple est partagé.
> Enfin paroit du lieu le curé respectable,
> Et du troupeau chéri le pasteur charitable.
> Lui-même il a réglé l'ordre de ce beau jour,
> La route, les repos, le départ, le retour.
> Ils partent: des zéphyrs l'haleine printanière
> Souffle, et vient se jouer dans leur riche bannière;
> Puis vient la croix d'argent; et leur plus cher trésor,
> Leur patron, enfermé dans sa chapelle d'or,
> Jadis martyr, apôtre, ou pontife des Gaules.
> Sous ce poids précieux fléchissent leurs épaules.
> De leurs aubes de lin et de leurs blancs surplis
> Le vent frais du matin fait voltiger les plis,
> La chape aux bosses d'or, la ceinture de soie,
> Dans les champs étonnés en pompe se déploie;
> Et de la piété l'imposant appareil
> Vient s'embellir encore aux rayons du soleil.
> Le chef de la prière, et l'âme de la fête,
> Le pontife sacré, marche et brille à leur tête,
> Murmure son bréviaire, ou, renforçant ses sons,
> Entonne avec éclat des hymnes, des répons.
> Chacun charme à son gré le saint itinéraire :
> Dans ses dévotes mains l'un a pris son rosaire;
> Du chapelet pendant l'autre parcourt les grains;
> Un autre, tour à tour invoquant tous les saints,

Pour obtenir des cieux une faveur plus grande,
Épuise tous les noms de la vieille légende;
L'autre, dans la ferveur de ses pieux accès,
Du prophète royal entonne les versets.
Leurs prières, leurs vœux, leurs hymnes se confondent.
L'Olympe en retentit, les coteaux leur répondent;
Et du creux des rochers, des vallons et des bois,
L'écho sonore écoute, et répète leurs voix;
Leurs chants montent ensemble à la céleste voûte.
Ils marchent : l'aubépine a parfumé leur route :
On côtoie en chantant le fleuve, le ruisseau;
Un nuage de fleurs pleut de chaque arbrisseau;
Et leurs pieds, en glissant sur la terre arrosée,
En liquides rubis dispersent la rosée.
On franchit les forêts, les taillis, les buissons,
Et la verte pelouse, et les jaunes moissons.
Quelquefois, au sommet d'une haute colline,
Qui sur les champs voisins avec orgueil domine,
L'homme du ciel étend ses vénérables mains;
Pour la grappe naissante et pour les jeunes grains
Il invoque le ciel. Comme la fraîche ondée
Baigne, en tombant des cieux, la terre fécondée,
Sur les fruits et les blés nouvellement éclos
Les bénédictions descendent à grands flots.
Les coteaux, les vallons, les champs se réjouissent,
Le feuillage verdit, les fleurs s'épanouissent;
Devant eux, autour d'eux, tout semble prospérer,
L'espoir guide leurs pas : prier c'est espérer.
L'Espérance au front gai plane sur les campagnes,
Sur le creux des vallons, sur le front des montagnes.
Trouvent-ils en chemin, sous un chêne, un ormeau,
Une chapelle agreste, un patron du hameau...
Là s'arrêtent leurs pas; le simulacre antique
Reçoit leurs simples vœux et leur hymne rustique.
La nuit vient : on repart, et jusques au réveil
Des songes fortunés vont bercer leur sommeil;
Un rêve heureux remplit leurs celliers et leurs granges
D'abondantes moissons, de fertiles vendanges;
Et jusques à l'aurore ils pressent, assoupis,
Des oreillers de fleurs et des chevets d'épis.
Ils pensent voir les fruits, les gerbes qu'ils attendent,
Et jouissent déjà des trésors qu'ils demandent.
O riant Chanonat! ô fortuné séjour!
Je croirai voir encor ces beaux lieux, ce beau jour,

Où, fier d'accompagner le saint pèlerinage,
Enfant, je me mêlois aux enfants du village!
Hélas! depuis long-temps je n'ai vu ces tableaux!

(*Note de l'Éditeur.*)

NOTE N, page 88.

Les *Feralia* des anciens Romains différoient de notre *Jour des Morts* en ce qu'elles ne se célébroient qu'à la mémoire des citoyens morts dans l'année. Elles commençoient le 18 du mois de février, et duroient onze jours consécutifs. Pendant tout ce temps, les mariages étoient interdits, les sacrifices suspendus, les statues des dieux voilées, et les temples fermés. Nos services anniversaires, ceux du septième, du neuvième et du quarantième jour, nous viennent des Romains, qui les tenoient eux-mêmes des Grecs. Ceux-ci avoient ἐναγισματα, les obsèques et les offrandes qu'on faisoit pour les âmes aux dieux infernaux; νεκύσια, les funérailles; ταρχήματα, les enterrements; εννατα, la neuvaine; ensuite les Triacades et Triacontades, le trentième jour.

Les Latins avoient *Justa, Exequiæ, Inferiæ, Parentationes, Novendialia, Denicalia, Februa, Feralia.*

Quand le mourant étoit près d'expirer, son ami, ou son plus proche parent, posoit sa bouche sur la sienne pour recueillir son dernier soupir; ensuite le corps étoit livré aux *Pollincteurs*, aux *Libitinaires*, aux *Vespilles*, aux *Désignateurs*, chargés de le laver, de l'embaumer, de le porter au sépulcre ou au bûcher avec les cérémonies accoutumées. Les pontifes et les prêtres marchoient devant le convoi, où l'on portoit les tableaux des ancêtres du mort, des couronnes et des trophées. Deux chœurs, l'un chantant des airs vifs et gais, l'autre des airs lents et tristes, précédoient la pompe. Les anciens philosophes se figuroient que l'âme (qu'ils disoient n'être qu'une harmonie) remontoit au bruit de ces concerts funèbres dans l'Olympe, pour y jouir de la mélodie des cieux, dont elle étoit une émanation (*Vid.* MACROBE sur *le Songe de Scipion*). Le corps étoit déposé au sépulcre, ou dans l'urne funéraire, et l'on pro-

nonçoit sur lui le dernier adieu: *Vale, vale, vale. Nos te
ordine quo natura permiserit sequemur!*

Le lecteur trouvera ici avec plaisir une citation du beau
poëme de M. de Fontanes, sur *le Jour des Morts dans une
campagne :*

> Déjà du haut des cieux le cruel Sagittaire
> Avoit tendu son arc et ravageoit la terre ;
> Les coteaux et les champs, et les prés défleuris,
> N'offroient de toutes parts que de vastes débris :
> Novembre avoit compté sa première journée.
> Seul alors, et témoin du déclin de l'année,
> Heureux de mon repos, je vivois dans les champs.
> Et quel poëte, épris de leurs tableaux touchants,
> Quel sensible mortel des scènes de l'automne
> N'a chéri quelquefois la beauté monotone!
> Oh! comme avec plaisir la rêveuse douleur,
> Le soir, foule à pas lents ces vallons sans couleur,
> Cherche les bois jaunis, et se plaît au murmure
> Du vent qui fait tomber leur dernière verdure!
> Ce bruit sourd a pour moi je ne sais quel attrait.
> Tout à coup si j'entends s'agiter la forêt,
> D'un ami qui n'est plus la voix long-temps chérie
> Me semble murmurer dans la feuille flétrie.
> Aussi c'est dans ce temps que tout marche au cercueil,
> Que la Religion prend un habit de deuil ;
> Elle en est plus auguste ; et sa grandeur divine
> Croît encore à l'aspect de ce monde en ruine.
>
> Aujourd'hui, ramenant un usage pieux,
> Sa voix rouvroit l'asile où dorment nos aïeux.
> Hélas! ce souvenir frappe encor ma pensée.
>
> L'aurore paroissoit, la cloche balancée,
> Mêlant un son lugubre aux sifflements du nord,
> Annonçoit dans les airs la fête de la Mort.
> Vieillards, femmes, enfants, accouroient vers le temple.
> Là préside un mortel dont la voix et l'exemple
> Maintiennent dans la paix ses heureuses tribus,
> Un prêtre, ami des lois, et zélé sans abus,
> Qui, peu jaloux d'un nom, d'une orgueilleuse mitre,
> Aimé de son troupeau, ne veut point d'autre titre,

Et des apôtres saints fidèle imitateur,
A mérité comme eux ce doux nom de pasteur.
Jamais dans ses discours une fausse sagesse
Des fêtes du hameau n'attrista l'allégresse.
Il est pauvre, et nourrit le pauvre consolé ;
Près du lit des vieillards quelquefois appelé,
Il accourt, et sa voix, pour calmer leur souffrance,
Fait descendre auprès d'eux la paisible espérance.
« Mon frère, de la mort ne craignez point les coups,
« Vous remontez vers Dieu, Dieu s'avance vers vous. »
Le mourant se console, et sans terreur expire.
Lorsque de ses travaux l'homme des champs respire,
Qu'il laisse avec le bœuf reposer le sillon,
Ce pontife sans art, rustique Fénelon,
Nous lit du Dieu qu'il sert les touchantes paroles.
Il ne réveille pas ces combats des écoles ;
Ces tristes questions qu'agitèrent en vain
Et Thomas, et Prosper, et Pélage, et Calvin.
Toutefois, en ce jour de grâce et de vengeance,
A ces enfants chéris que charmoit sa présence,
Et loin d'armer contre eux le céleste courroux,
Il rappela l'objet qui les rassembloit tous ;
Il sut par l'espérance adoucir la tristesse.

« Hier, dit-il, nos chants, nos hymnes d'allégresse
« Célébroient à l'envi ces morts victorieux,
« Dont le zèle enflammé sut conquérir les cieux.
« Pour les mânes plaintifs, à la douleur en proie,
« Nous pleurons aujourd'hui ; notre deuil est leur joie :
« La puissante prière a droit de soulager
« Tous ceux qu'éprouve encore un tourment passager.
« Allons donc visiter leur funèbre demeure.
« L'homme, hélas ! s'en approche, y descend à toute heure.

« Consolons-nous pourtant : un céleste rayon
« Percera des tombeaux la sombre région.
« Oui, tous ses habitants, sous leur forme première,
« S'éveilleront surpris de revoir la lumière :
« Et moi puissé-je alors, vers un monde nouveau,
« En triomphe, à mon Dieu, ramener mon troupeau ! »

Il dit, et prépara l'auguste sacrifice.
Tantôt ses bras tendus rendoient le ciel propice ;

Tantôt il adoroit humblement incliné.
O moment solennel! Ce peuple prosterné;
Ce temple dont la mousse a couvert les portiques;
Ses vieux murs, son jour sombre et ses vitraux gothiques;
Cette lampe d'airain qui, dans l'antiquité,
Symbole du soleil et de l'éternité,
Luit devant le Très-Haut, jour et nuit suspendue;
La majesté d'un Dieu parmi nous descendue;
Les pleurs, les vœux, l'encens qui montent vers l'autel.
Et de jeunes beautés qui, sous l'œil maternel,
Adoucissent encor, par leur voix innocente,
De la religion la pompe attendrissante;
Cet orgue qui se tait, ce silence pieux,
L'invisible union de la terre et des cieux;
Tout enflamme, agrandit, émeut l'homme sensible;
Il croit avoir franchi ce monde inaccessible,
Où, sur des harpes d'or, l'immortel Séraphin
Aux pieds de Jéhovah chante l'hymne sans fin.
C'est alors que sans peine un Dieu se fait entendre.
Il se cache au savant, se révèle au cœur tendre;
Il doit moins se prouver qu'il ne doit se sentir.
Mais du temple à grands flots se hâtoit de sortir
La foule qui déjà, par groupe séparée,
Vers le séjour des morts s'avançoit éplorée:
L'étendard de la croix marchoit devant nos pas.
Nos chants majestueux, consacrés au trépas,
Se mêloient à ce bruit précurseur des tempêtes;
Des nuages obscurs s'étendoient sur nos têtes.
De nos fronts attristés, nos funèbres concerts,
Se conformoient au deuil et des champs et des airs.

Cependant du trépas on atteignoit l'asile.
L'if, et le buis lugubre, et le lierre stérile,
Et la ronce, à l'entour, croissent de toutes parts;
On y voit s'élever quelques tilleuls épars;
Le vent court en sifflant sur leur cime flétrie.
Non loin s'égare un fleuve; et mon âme attendrie
Vit dans le double aspect des tombes et des flots
L'éternel mouvement et l'éternel repos.

Avec quel saint transport tout ce peuple champêtre,
Honorant ses aïeux, aimoit à reconnoître
La pierre ou le gazon qui cachoit leurs débris!
Il nomme, il croit revoir tous ceux qu'il a chéris.

Mais, hélas! dans nos murs, de l'ami le plus tendre
Où peut l'œil incertain redemander la cendre?
Les morts en sont bannis, leurs droits sont violés;
Et leurs restes, sans gloire, au hasard sont mêlés.
Ah! déjà contre nous j'entends frémir leurs mânes.
Tremblons! malheur au temps, aux nations profanes,
Chez qui, dans tous les cœurs affoiblis par degré,
Le culte des tombeaux cesse d'être sacré!
Les morts ici du moins n'ont pas reçu d'outrage;
Ils conservent en paix leur antique héritage.
Leurs noms ne chargent point des marbres fastueux;
Un pâtre, un laboureur, un fermier vertueux,
Sous ces pierres sans art tranquillement sommeille.
Elles couvrent peut-être un Turenne, un Corneille,
Qui dans l'ombre a vécu, de lui-même ignoré.
Hé bien! si de la foule autrefois séparé,
Illustre dans les camps, ou sublime au théâtre,
Son nom charmoit encor l'univers idolâtre,
Aujourd'hui son sommeil en seroit-il plus doux?

De ce nom, de ce bruit dont l'homme est si jaloux,
Combien auprès des morts j'oubliois les chimères!
Ils réveilloient en moi des pensées plus austères.
Quel spectacle! D'abord un sourd gémissement
Sur le fatal enclos erra confusément.
Bientôt les vœux, les cris, les sanglots retentissent;
Tous les yeux sont en pleurs, toutes les voix gémissent,
Seulement j'aperçois une jeune beauté
Dont la douleur se tait et veut fuir la clarté.
Ses larmes cependant coulent en dépit d'elle;
Son œil est égaré, son pied tremble et chancelle;
Hélas! elle a perdu l'amant qu'elle adoroit,
Que son cœur pour époux se choisit en secret:
Son cœur promet encor de n'être point parjure.

Une veuve, non loin de ce tronc sans verdure,
Regrettoit un époux: tandis qu'à ses côtés
Un enfant, qui n'a vu qu'à peine trois étés,
Ignorant son malheur, pleuroit aussi comme elle.
Là, d'un fils qui mourut en suçant la mamelle,
Une mère au destin reprochoit le trépas,
Et sur la pierre étroite elle attachoit ses bras.
Ici des laboureurs, au front chargé de rides,
Tremblants, agenouillés, sur des feuilles arides,

Venoient encor prier, s'attendrir dans ces lieux,
Où les redemandoit la voix de leurs aïeux.

Quelques vieillards surtout, d'une voix languissante
Embrassoient tour à tour une tombe récente :
C'étoit celle d'Hombert, d'un mortel respecté,
Qui depuis neuf soleils en ces lieux fut porté.
Il a vécu cent ans, il fut cent ans utile.
Des fermes d'alentour le sol rendu fertile,
Les arbres qu'il planta, les heureux qu'il a faits,
A ses derniers neveux conteront ses bienfaits.
Souvent on les vanta dans nos longues soirées :

Lorsqu'un hiver fameux désoloit nos contrées,
Et que le grand Louis, dans son palais en deuil,
Vaincu, pleuroit trop tard les fautes de l'orgueil,
Hombert, dans l'âge heureux qu'embellit l'espérance,
Déjà d'un premier fils bénissoit la naissance ;
Le rigoureux janvier, ramenant l'aquilon,
Détruit tous les trésors qu'attendoit le sillon :
Sur les champs dévastés la mort seule domine ;
Deux mois, dans nos climats, la hideuse Famine
Courut seule et muette, en dévorant toujours.
Hombert désespéré, sa femme sans secours,
Voyoient le monstre affreux menacer leur asyle ;
Ils pleuroient sur leur fils, leur fils dormoit tranquille.
O courage ! ô vertu ! renfermant ses douleurs,
Hombert, pour la sauver, fuit une épouse en pleurs.
Soldat, il prend un glaive, il s'exile loin d'elle ;
Mais du milieu des camps, sa tendresse fidelle
A sa femme, à son fils, se hâtoit d'envoyer
Ce salaire indigent, noble fruit du guerrier.
On dit que de Villars il mérita l'estime ;
Et même sous les yeux de ce chef magnanime,
Aux bataillons d'Eugène il ravit un drapeau.
La paix revint, alors il revit son hameau,
Et, pour le soc paisible, oublia son armure.

Son exemple, éclairant une aveugle culture,
Apprit à féconder ces domaines ingrats.
Ce rempart tutélaire, élevé par son bras,
Du fleuve débordé contient les eaux rebelles.
Que de fois il calma les naissantes querelles !

Lui seul para ces monts de leurs premiers raisins;
Et même il transplanta, sur les mûriers voisins,
Ce ver laborieux qui s'entoure en silence
Des fragiles réseaux filés pour l'opulence.
Tu méritois sans doute, ô vieillard généreux!
Les honneurs de ce jour, nos regrets et nos vœux :
Aussi le prêtre saint, guidant la pompe auguste,
S'arrêta tout à coup près des cendres du juste.
Là, retentit le chant qui délivre les morts.
C'en est fait! et trois fois dans ses pieux transports,
Le peuple a parcouru l'enceinte sépulcrale :
L'homme sacré trois fois y jeta l'eau lustrale;
Et l'écho de la tombe, aux mânes satisfaits,
Répéta sourdement : *Qu'ils reposent en paix :*
Tout se tut; et soudain, ô fortuné présage!
Le ciel vit s'éloigner les fureurs de l'orage :
Et brillant, au milieu des brouillards entr'ouverts,
Le soleil, jusqu'au soir, consola l'univers.

(*Note de l'Éditeur.*)

Note O, page 104.

« Au-dessus de Brig, la vallée se transforme en un étroit et inabordable précipice dont le Rhône occupe et ravage le fond. La route s'élève sur les montagnes septentrionales, et l'on s'enfonce dans la plus sauvage des solitudes ; les Alpes n'offrent rien de plus lugubre. On marche deux heures sans rencontrer la moindre trace d'habitation, le long d'un sentier dangereux, ombragé par de sombres forêts, et suspendu sur un précipice dont la vue ne sauroit pénétrer l'obscure profondeur. Ce passage est célèbre par des meurtres, et plusieurs têtes exposées sur des piques étoient, lorsque je le traversai, la digne décoration de son affreux paysage. On atteint enfin le village de *Lax*, situé dans le lieu le plus désert et le plus écarté de cette contrée. Le sol sur lequel il est bâti penche rapidement vers le précipice, du fond duquel s'élève le sourd mugissement du Rhône. Sur l'autre bord de cet abîme, on voit un hameau dans une situation pareille ; les deux églises sont opposées l'une à l'autre ; et, du cimetière de l'une, j'entendois successivement le chant des deux paroisses, qui sembloient se répondre. Que ceux qui connoissent la triste et grave harmonie des cantiques allemands les imaginent chantés dans ce lieu, accompagnés par le murmure éloigné du torrent et le frémissement du sapin. »

(*Lettres sur la Suisse*, de *Williams* Coxe, tome II, *Note de* M. Ramond.)

Note P, page 112.

Monuments détruits dans l'abbaye de Saint-Denis, les 6, 7 et 8 août 1793.

Nous donnerons ici au lecteur des notes bien précieuses sur

les exhumations de Saint-Denis : elles ont été prises par un religieux de cette abbaye, témoin oculaire de ces exhumations.

SITUATION DES TOMBEAUX.

Dans le sanctuaire, du côté de l'épître.

Le tombeau du roi Dagobert Ier, mort en 638, et les deux statues de pierre de liais, l'une couchée, l'autre en pied, et celle de la reine Nantilde sa femme, en pied.

On a été obligé de briser la statue couchée de Dagobert, parce qu'elle faisoit partie du massif du tombeau et du mur : on a conservé le reste du tombeau, qui représente la vision d'un ermite, au sujet de ce que l'on dit être arrivé à l'âme de Dagobert après sa mort, parce que ce morceau de sculpture peut servir à l'histoire de l'art et à celle de l'esprit humain.

Dans la croisée du chœur, du côté de l'épître, le long des grilles.

Le tombeau de Clovis II, fils de Dagobert, mort en 662. Ce tombeau étoit en pierre de liais.

Celui de Charles Martel, père de Pépin, mort en 741. Il étoit en pierre. Celui de Pépin, son fils, premier roi de la deuxième race, mort en 768. A côté, celui de Berthe ou Bertrade sa femme, morte en 783.

Du côté de l'évangile, le long des grilles.

Le tombeau de Carloman, fils de Pépin, et frère de Charlemagne, mort en 771; et celui d'Hermentrude, femme de Charles-le-Chauve, à côté, laquelle mourut en 869. Ces deux tombeaux en pierre.

Du côté de l'épître.

Le tombeau de Louis III, fils de Louis-le-Bègue, mort en 882; et celui de Carloman, frère de Louis III, mort en 884. L'un et l'autre en pierre.

Du côté de l'évangile.

Le tombeau d'Eudes-le-Grand, oncle de Hugues Capet, mort en 899, et celui de Hugues Capet, mort en 996.

Celui de Henri Ier, mort en 1060; de Louis VI, dit le Gros, mort en 1137; et celui de Philippe, fils aîné de Louis-le-Gros, couronné du vivant de son père, mort en 1131.

Celui de Constance de Castille, seconde femme de Louis VII, dit le Jeune, morte en 1159.

Tous ces monuments étoient en pierre, et avoient été construits sous le règne de saint Louis, au treizième siècle. Ils contenoient chacun deux petits cercueils de pierre, d'environ trois pieds de long, recouverts d'une pierre en dos d'âne, où étoient renfermées les cendres de ces princes et princesses.

Tous les monuments qui suivoient étoient de marbre, à l'exception de deux qu'on aura soin de remarquer : ils avoient été construits dans le siècle où ont vécu les personnages dont ils contenoient les cendres.

Dans la croisée du chœur, du côté de l'épître.

Le tombeau de Philippe-le-Hardi, mort en 1285, et celui d'Isabelle d'Aragon, sa femme, morte en 1272. Ces deux tombeaux étoient creux, et contenoient chacun un coffre de plomb, d'environ trois pieds de long sur huit pouces de haut. Ils renfermoient les cendres de ces deux époux.

Celui de Philippe IV, dit le Bel, mort en 1314.

Côté de l'évangile.

Louis X, dit le Hutin, mort en 1316, et celui de son fils posthume (Jean, que la plupart des historiens ne comptent pas au nombre des rois de France), mort la même année que son père, et quatre jours après sa naissance, pendant lequel temps il porta le titre de roi.

Aux pieds de Louis-le-Hutin, Jeanne, reine de Navarre, sa fille, morte en 1349.

Dans le sanctuaire, du côté de l'évangile.

Philippe V, dit le Long, mort le 3 janvier 1321, avec le cœur de sa femme, Jeanne de Bourgogne, morte le 21 janvier 1329; Charles IV, dit le Bel, mort en 1328, et Jeanne d'Évreux sa femme, morte en 1370.

Chapelle de Notre-Dame-la-Blanche, du côté de l'épître.

Blanche, fille de Charles-le-Bel, duchesse d'Orléans, morte en 1392, et Marie sa sœur, morte en 1341; plus bas, deux effigies de ces deux princesses, en pierre, adossées aux piliers de l'entrée de la chapelle.

Dans le sanctuaire de cette chapelle, côté de l'évangile.

Philippe de Valois, mort en 1350, et Jeanne de Bourgogne, sa première femme, morte en 1348.

Blanche de Navarre, sa deuxième femme, morte en 1398.

Jeanne, fille de Philippe de Valois et de Blanche, morte en 1373; plus bas, deux effigies en pierre, de Blanche et Jeanne, adossées aux piliers du bas de ladite chapelle.

Chapelle de saint Jean-Baptiste, dite des Charles.

Charles V, surnommé le Sage, mort en 1380, et Jeanne de Bourbon, sa femme, morte en 1378.

Charles VI, mort en 1422, et Isabeau de Bavière, sa femme, morte en 1435.

Charles VII, mort en 1461, et Marie d'Anjou sa femme, morte en 1463.

Revenus dans le sanctuaire, du côté du maître-autel, côté de l'évangile, le roi Jean, mort en Angleterre, prisonnier, en 1364.

Au bas du sanctuaire et des degrés, du côté de l'évangile, le massif du monument de Charles VIII, mort en 1498, dont l'effigie et les quatre anges qui étoient aux quatre coins avoient été retirés en 1792, a été démoli le 8 août 1793.

Dans la chapelle de Notre-Dame-la-Blanche étoient les deux effigies, en marbre blanc, de Henri II, mort en 1559, et de Catherine de Médicis sa femme, morte en 1589; l'un et l'autre revêtus de leurs habits royaux, couchés sur un lit recouvert de lames de cuivre doré, aux chiffres de l'un et de l'autre, et ornés de fleurs de lis. Dans la chapelle des Charles, le tombeau de Bertrand Du Guesclin, mort en 1380.

Nota. Ce tombeau, qui n'avoit pas été compris dans le décret, avoit été détruit par les ouvriers le 7 août; mais on a rapporté son effigie dans la chapelle de Turenne, en attendant qu'il fût transporté à sa destination.

Nota. Les cendres des rois et reines, renfermées dans les cercueils de pierre ou de plomb des tombeaux creux mentionnés ci-dessus, ont été déposées, comme il a été dit ci-devant, dans l'endroit où avoit été érigée la tour des Valois, attenant à la croisée de l'église, du côté du septentrion, servant alors de cimetière. Ce magnifique monument avoit été détruit en 1719.

L'on n'a trouvé que très peu de chose dans les cercueils des tombeaux creux; il y avoit un peu de fil d'or faux dans celui de Pépin. Chaque cercueil contenoit la simple inscription du nom sur une lame de plomb, et la plupart de ces lames étoient fort endommagées par la rouille.

Ces inscriptions, ainsi que les coffres de plomb de Philippe-le-Hardi et d'Isabelle d'Aragon, ont été transportés à l'Hôtel-de-Ville, et ensuite à la fonte. Ce qu'on a trouvé de plus remarquable est le sceau d'argent, de forme ogive, de Constance de Castille, deuxième femme de Louis VII, dit le Jeune, morte en 1160 : il pèse trois onces et demie ; on l'a déposé à la municipalité pour être remis au cabinet des antiques de la Bibliothèque du Roi.

Le nombre des monuments détruits du 6 au 8 août 1793, au soir, qu'on a fini la destruction, monte à cinquante et un : ainsi, en trois jours, on a détruit l'ouvrage de douze siècles.

P. S. Le tombeau du maréchal de Turenne, qui avoit été conservé intact, fut démoli en avril 1796, et transporté aux Petits-Augustins, au faubourg Saint-Germain, à Paris, où l'on rassemble tous les monuments qui méritent d'être conservés pour les arts.

L'église, qui étoit toute couverte en plomb, ne fut découverte, et le plomb porté à Paris, qu'en 1795 ; mais, le 6 septembre 1796, on a apporté de la tuile et de l'ardoise de Paris, pour, dit-on, la recouvrir, afin de conserver ce magnifique monument.

Les superbes grilles de fer, faites en 1702, par un nommé Pierre Denys, très habile serrurier, ont été déposées et transportées à la bibliothèque du collége Mazarin à Paris, en juillet 1796.

Ce même serrurier avoit fait de pareilles grilles pour l'abbaye de Chelles, lorsque Mme d'Orléans en étoit abbesse.

Extraction des corps des rois, reines, princes et princesses, ainsi que des autres grands personnages qui étoient enterrés dans l'église de l'abbaye de Saint-Denis en France, faite en octobre 1793.

Le samedi 12 octobre 1793, on a ouvert le caveau des Bourbons, du côté des chapelles souterraines, et on a commencé par en tirer le cercueil du roi Henri IV, mort le 14 mai 1610, âgé de cinquante-sept ans.

Remarques. Son corps s'est trouvé bien conservé, et les traits du visage parfaitement reconnoissables. Il est resté dans le passage des chapelles basses, enveloppé de son suaire, également bien conservé. Chacun a eu la liberté de le voir jusqu'au lundi matin 14, qu'on l'a porté dans le chœur, au bas des marches du sanctuaire, où il est resté jusqu'à deux heures après midi, qu'on l'a déposé dans le cimetière dit des Valois, ainsi qu'il a été ci-devant dit, dans une grande fosse creusée dans le bas dudit cimetière, à droite, du côté du nord.

Le lundi 14 *octobre* 1793.

Ce jour, après le dîner des ouvriers, vers les trois heures après midi, on continua l'extraction des autres cercueils des Bourbons.

Celui de Louis XIII, mort en 1643, âgé de quarante-deux ans.

Celui de Louis XIV, mort en 1715, âgé de soixante-dix-sept ans.

De Marie de Médicis, deuxième femme de Henri IV, morte en 1642, âgée de soixante-huit ans.

D'Anne d'Autriche, femme de Louis XIII, morte en 1666, âgée de soixante-quatre ans.

De Marie-Thérèse, infante d'Espagne, épouse de Louis XIV, morte en 1683, âgée de quarante-cinq ans.

De Louis, dauphin, fils de Louis XIV, mort en 1711, âgé de près de cinquante ans.

Remarques. Quelques-uns de ces corps étoient bien conservés, surtout celui de Louis XIII, reconnoissable à sa moustache; Louis XIV l'étoit aussi par ses grands traits, mais il étoit noir comme de l'encre. Les autres corps, et surtout celui du grand dauphin, étoient en putréfaction liquide.

Le mardi 15 *octobre* 1793.

Vers les sept heures du matin, on a repris et continué l'extraction des cercueils des Bourbons par celui de Marie

Leczinska, princesse de Pologne, épouse de Louis XV, morte en 1768, âgée de soixante-cinq ans.

Celui de Marie-Anne-Christine-Victoire de Bavière, épouse de Louis, grand dauphin, morte en 1690, âgée de trente ans.

De Louis, duc de Bourgogne, fils de Louis, grand-dauphin, mort en 1712, âgé de trente ans.

De Marie-Adélaïde de Savoie, épouse de Louis, duc de Bourgogne, morte en 1712, âgée de vingt-six ans.

De Louis, duc de Bretagne, premier fils de Louis, duc de Bourgogne, mort en 1705, âgé de neuf mois et dix-neuf jours.

De Louis, duc de Bretagne, second fils du duc de Bourgogne, mort en 1712, âgé de six ans.

De Marie-Thérèse d'Espagne, première femme de Louis, dauphin, fils de Louis XV, morte en 1746, âgée de vingt ans.

De Xavier de France, duc d'Aquitaine, second fils de Louis, dauphin, mort le 22 février 1754, âgé de cinq mois et demi.

De Marie-Zéphirine de France, fille de Louis, dauphin, morte le 27 avril 1748, âgée de vingt et un mois.

De N., duc d'Anjou, fils de Louis XV, mort le 7 avril 1733, âgé de deux ans sept mois trois jours.

On a aussi retiré du caveau les cœurs de Louis, dauphin, fils de Louis XV, mort à Fontainebleau le 20 décembre 1765, et de Marie-Josèphe de Saxe, son épouse, morte le 13 mars 1767.

Nota. Leurs corps avoient été enterrés dans l'église cathédrale de Sens, ainsi qu'ils l'avoient demandé.

Remarques. Le plomb en figure de cœur a été mis de côté, et ce qu'il contenoit a été porté au cimetière, et jeté dans la fosse commune avec tous les cadavres des Bourbons. Les cœurs des Bourbons étoient recouverts d'autres de vermeil ou argent doré, et surmontés chacun d'une couronne aussi d'argent doré. Les cœurs d'argent et leurs couronnes ont été déposés à la municipalité, et le plomb a été remis aux commissaires aux plombs.

Ensuite on alla prendre les autres cercueils à mesure qu'ils se présentoient à droite et à gauche.

Le premier fut celui d'Anne-Henriette de France, fille de Louis XV, morte le 10 février 1752, âgée de vingt-quatre ans cinq mois vingt-sept jours.

De Louise-Marie de France, fille de Louis XV, morte le 27 février 1733, âgée de quatre ans et demi.

De Louise-Élisabeth de France, fille de Louis XV, mariée au duc de Parme, morte à Versailles le 6 décembre 1759, âgée de trente-deux ans trois mois et vingt-deux jours.

De Louis-Joseph-Xavier de France, duc de Bourgogne, fils de Louis, dauphin, frère aîné de Louis XVI, mort le 22 mars 1761, âgé de neuf à dix ans.

De N. d'Orléans, second fils d'Henri IV, mort en 1611, âgé de quatre ans.

De Marie de Bourbon de Montpensier, première femme de Gaston, fils de Henri IV, morte en 1627, âgée de vingt-deux ans.

De Gaston Jean-Baptiste, duc d'Orléans, fils de Henri IV, mort en 1660, âgé de cinquante-deux ans.

De Marie-Louise d'Orléans, duchesse de Montpensier, fille de Gaston et de Marie de Bourbon, morte en 1693, âgée de soixante-six ans.

De Marguerite de Lorraine, seconde femme de Gaston, morte le 3 avril 1672, âgée de cinquante-huit ans.

De Jean Gaston d'Orléans, fils de Gaston Jean-Baptiste et de Marguerite de Lorraine, mort le 10 août 1652, à l'âge de deux ans.

De Marie-Anne d'Orléans, fille de Gaston et de Marguerite de Lorraine, morte le 17 août 1656, à l'âge de quatre ans.

Nota. Rien n'a été remarquable dans l'extraction des cercueils faite dans la journée du mardi 15 octobre 1793 : la plupart de ces corps étoient en putréfaction; il en sortoit une vapeur noire et épaisse d'une odeur infecte, qu'on chassoit à force de vinaigre et de poudre qu'on eut la précaution de brûler; ce qui n'empêcha pas les ouvriers de gagner des dévoiements et des fièvres, qui n'ont pas eu de mauvaises suites.

Le mercredi 16 *octobre* 1793.

Vers les sept heures du matin, on a continué l'extraction des corps et cercueils du caveau des Bourbons. On a commencé par celui de Henriette-Marie de France, fille de Henri IV, et épouse de l'infortuné Charles Ier, roi d'Angleterre, morte en 1669, âgée de soixante ans; et on a continué par celui de Henriette-Anne Stuart, fille dudit Charles Ier, et première femme de Monsieur, frère unique de Louis XIV, morte en 1670, âgée de vingt-six ans.

De Philippe d'Orléans, dit Monsieur, frère unique de Louis XIV, mort en 1701, âgé de soixante et un ans.

D'Élisabeth-Charlotte de Bavière; seconde femme de Monsieur, morte en 1722, âgée de soixante-dix ans.

De Charles, duc de Berri, petit-fils de Louis XIV, mort en 1714, âgé de vingt-huit ans.

De Marie-Louise-Élisabeth d'Orléans, fille du duc régent du royaume, épouse de Charles, duc de Berri, morte en 1719, âgée de vingt-quatre ans.

De Philippe d'Orléans, petit-fils de France, régent du royaume sous la minorité de Louis XV, mort le jeudi 2 décembre 1723, âgé de quarante-neuf ans.

D'Anne-Élisabeth de France, fille aînée de Louis XIV, morte le 30 décembre 1662, laquelle n'a vécu que quarante-deux jours.

De Marie-Anne de France, seconde fille de Louis XIV, morte le 28 décembre 1664, âgée de quarante et un jours.

De Philippe, duc d'Anjou, fils de Louis XIV, mort le 10 juillet 1671, âgé de trois ans.

De Louis, duc d'Anjou, frère du précédent, mort le 4 novembre 1672, lequel n'a vécu que quatre mois et dix-sept jours.

De Marie-Thérèse de France, troisième fille de Louis XIV, morte le 1er mars 1672, âgée de cinq ans.

De Philippe-Charles d'Orléans, fils de Monsieur, mort le 8 décembre 1666, âgé de deux ans six mois.

De N., fille de Monsieur, morte en naissant, en 1665.

D'Alexandre-Louis d'Orléans, duc de Valois, fils de Monsieur, mort le 15 mars 1676, âgé de trois ans.

De Charles de Berri, duc d'Alençon, fils du duc de Berri, mort le 16 avril 1718, âgé de vingt et un jours.

De N. de Berri, fille du duc de Berri, morte en naissant, le 21 juillet 1711.

De Marie-Louise-Élisabeth, fille du duc de Berri, morte en 1714, douze heures après sa naissance.

De Sophie de France, sixième fille de Louis XV, et tante de Louis XVI, morte le 5 mars 1782, âgée de quarante-sept ans sept mois et quatre jours.

De N. de France, dite d'Angoulême, fille du comte d'Artois, frère de Louis XVI, morte le 23 juin 1783, âgée de cinq mois et seize jours.

De MADEMOISELLE, fille du comte d'Artois, frère de Louis XVI, morte le 23 juin 1783, âgée de sept ans trois mois et un jour.

De Sophie-Hélène de France, fille de Louis XVI, morte le 19 juin 1787, âgée de onze mois dix jours.

De Louis-Joseph-Xavier, dauphin, fils de Louis XVI, mort à Meudon le 4 juin 1789, âgé de sept ans sept mois et treize jours.

Suite du mercredi 16 *octobre* 1793.

A onze heures du matin, dans le moment où la reine Marie-Antoinette d'Autriche, femme de Louis XVI, eut la tête tranchée, on enleva le cercueil de Louis XV, mort le 10 mai 1774, âgé de soixante-quatre ans.

Remarques. Il étoit à l'entrée du caveau, sur un banc ou massif de pierre, élevé à la hauteur d'environ deux pieds, au côté droit, en entrant, dans une espèce de niche pratiquée dans l'épaisseur du mur : c'étoit là qu'étoit déposé le corps du dernier roi, en attendant que son successeur vint pour le remplacer, et alors on le portoit à son rang dans le caveau.

On n'a ouvert le cercueil de Louis XV que dans le cimetière, sur le bord de la fosse. Le corps retiré du cercueil de plomb, bien enveloppé de linges et de bandelettes, paroissoit tout entier et bien conservé; mais dégagé de tout ce qui l'enveloppoit, il n'offroit pas la figure d'un cadavre; tout le corps tomba en putréfaction, et il en sortit une odeur si infecte, qu'il ne fut pas possible de rester présent: on brûla de la poudre, on tira plusieurs coups de fusil pour purifier l'air. On le jeta bien vite dans la fosse, sur un lit de chaux vive, et on le couvrit encore de terre et de chaux.

Autre remarque. Les entrailles des princes et princesses étoient aussi dans le caveau, dans des seaux de plomb déposés sous les tréteaux de fer qui portoient leurs cercueils: on les porta au cimetière: on jeta les entrailles dans la fosse commune. Les seaux de plomb furent mis de côté, pour être portés, comme tous les autres, à la fonderie qu'on venoit d'établir dans le cimetière même pour fondre le plomb à mesure qu'on en trouvoit.

Vers les trois heures après midi, on a ouvert, dans la chapelle dite des Charles, le caveau de Charles V, mort en 1380, âgé de quarante-deux ans, et celui de Jeanne de Bourbon son épouse, morte en 1378, âgée de quarante ans.

Charles de France, mort enfant en 1386, âgé de trois mois, étoit inhumé aux pieds du roi Charles V, son aïeul. Ses petits os, tout-à-fait desséchés, étoient dans un cercueil de plomb. Sa tombe, en cuivre, étoit sous le marchepied de l'autel.

Isabelle de France, fille de Charles V, morte quelques jours après sa mère; Jeanne de Bourbon, morte en 1378, âgée de cinq ans; et Jeanne de France sa sœur, morte en 1366, âgée de six mois et quatorze jours, étoient inhumées dans la même chapelle, à côté de leurs père et mère. On ne trouva que leurs os, sans cercueils de plomb, mais quelques planches de bois pouri.

Remarques. On a trouvé dans le cercueil de Charles V une couronne de vermeil bien conservée, une main de justice d'argent, et un sceptre de cinq pieds de long, surmonté de feuilles d'acanthe d'argent, bien doré, dont l'or avoit conservé tout son éclat.

Dans le cercueil de Jeanne de Bourbon son épouse, on a trouvé un reste de couronne, un anneau d'or, les débris de bracelets ou chaînons, un fuseau ou quenouille de bois doré, à demi pouri, des souliers de forme fort pointue, en partie consommés, brodés en or et en argent.

Les corps de Charles V et de Jeanne de Bourbon sa femme, de Charles VI et de sa femme, de Charles VII et de sa femme, retirés de leurs cercueils, ont été portés dans la fosse des Bourbons; après quoi, cette fosse a été couverte de terre, et on en a fait une autre à gauche de celle des Bourbons dans le fond du cimetière, où on a déposé les autres corps trouvés dans l'église.

Le jeudi 17 octobre 1793, du matin, on a fouillé dans le tombeau de Charles VI, mort en 1422, âgé de cinquante-quatre ans, et dans celui d'Isabeau de Bavière sa femme, morte en 1435; on n'a trouvé dans leurs cercueils que des ossements desséchés: leur caveau avoit été enfoncé lors de la démolition du mois d'août dernier. On mit en pièces et en morceaux leurs belles statues de marbre, et on pilla ce qui pouvoit être précieux dans leurs cercueils.

Le tombeau de Charles VII, mort en 1461, âgé de cinquante-huit ans, et celui de Marie d'Anjou sa femme, morte en 1463, avoient aussi été enfoncés et pillés. On n'a trouvé dans leurs cercueils qu'un reste de couronne et de sceptre d'argent doré.

Remarques. Une singularité de l'embaumement du corps de Charles VII, c'est qu'on y avoit parsemé du vif-argent, qui avoit conservé toute sa fluidité. On a observé la même singularité dans quelques autres embaumements de corps du quatorzième et du quinzième siècle.

Le même jour, 17 octobre 1793, l'après-dîner, dans la

chapelle Saint-Hippolyte, on a fait l'extraction de deux cercueils de plomb, de Blanche de Navarre, seconde femme de Philippe de Valois, morte en 1391, et de Jeanne de France leur fille, morte en 1371, âgée de vingt ans. On n'a pas trouvé la tête de cette dernière ; elle a été vraisemblablement dérobée il y a quelques années, lors d'une réparation faite à l'ouverture du caveau.

On a ensuite fait l'ouverture du caveau de Henri II, qui étoit fort petit : on en tira d'abord deux cœurs, un gros, et l'autre moindre : on ne sait de qui ils viennent, étant sans inscriptions ; ensuite quatre cercueils : 1° celui de Marguerite de France, femme de Henri IV, morte le 27 mai 1615, âgée de soixante-deux ans ; 2° celui de François, duc d'Alençon, quatrième fils de Henri II, mort en 1584, âgé de trente ans ; 3° celui de François II, qui n'a régné qu'un an et demi, et qui mourut le 5 décembre 1560, âgé de dix-sept ans ; 4° d'une fille de Charles IX, nommée Élisabeth de France, morte le 2 avril 1578, âgée de six ans.

Avant la nuit on a ouvert le caveau de Charles VIII, mort en 1498, âgé de vingt-huit ans. Son cercueil de plomb étoit posé sur des tréteaux ou barres de fer : on n'a trouvé que des os presque desséchés.

Le vendredi 18 octobre 1793, vers les sept heures du matin, on a continué l'extraction des cercueils du caveau de Henri II, et on en a tiré quatre grands cercueils : celui de Henri II, mort le 10 juillet 1559, âgé de quarante ans et quelques mois ; de Catherine de Médicis sa femme, morte le 5 janvier 1589, âgée de soixante-dix ans ; de Charles IX, mort en 1574, âgé de vingt-quatre ans ; de Henri III, mort le 2 août 1589, âgé de trente-huit ans.

Celui de Louis, duc d'Orléans, second fils de Henri II, mort au berceau.

De Jeanne de France et de Victoire de France, toutes deux filles de Henri II, mortes en bas âge.

Remarques. Ces cercueils étoient posés les uns sur les autres sur trois lignes : au premier rang, à main gauche en entrant, étoient les cercueils de Henri II, de Catherine de

Médicis sa femme, et de Louis d'Orléans leur second fils : le cercueil de Henri II étoit posé sur des barres de fer, et les deux autres sur celui de Henri II.

Au second rang, au milieu du caveau, étoient quatre autres cercueils placés les uns sur les autres, et les deux cœurs ci-dessus mentionnés étoient posés dessus.

Au troisième rang, à main droite, du côté du chœur, se trouvoient quatre cercueils ; celui de Charles IX, porté sur des barres de fer, en portoit un grand (celui de Henri III) et deux petits.

Sous les tréteaux ou barres de fer étoient posés les cercueils de plomb. Il y avoit beaucoup d'ossements ; ce sont probablement des ossements trouvés dans cet endroit lorsqu'en 1719 on a fouillé pour faire le nouveau caveau des Valois, qui étoit avant construit dans l'endroit même où on a déposé les restes des princes et princesses au fur et à mesure qu'on en a découvert.

Le même jour, 18 octobre 1793, on est descendu dans le caveau de Louis XII, mort en 1515, âgé de cinquante-trois ans. Anne de Bretagne son épouse, morte en 1514, âgée de trente-sept ans, étoit dans le même caveau, à côté de lui : on a trouvé sur leurs cercueils deux couronnes de cuivre doré.

Dans le chœur, sous la croisée septentrionale, on a ouvert le tombeau de Jeanne de France, reine de Navarre, fille de Louis X, dit le Hutin, morte en 1349, âgée de trente-huit ans. Elle étoit enterrée aux pieds de son père, sans caveau : une pierre creuse, tapissée de plomb intérieurement, et couverte d'une autre pierre toute plate, renfermoit ses ossements ; on n'a trouvé dans son cercueil qu'une couronne de cuivre doré.

Louis X, dit le Hutin, n'avoit pas non plus de cercueil de plomb, ni de caveau : une pierre creuse, en forme d'auge, tapissée en dedans de lames de plomb, renfermoit ses os desséchés, avec un reste de sceptre et de couronne de cuivre rongé par la rouille ; il étoit mort en 1316, âgé de près de vingt-sept ans.

19.

Le petit roi Jean, son fils posthume, étoit à côté de son père, dans une petite tombe ou auge de pierre, revêtue de plomb, n'ayant vécu que quatre jours.

Près du tombeau de Louis X, étoit enterré, dans un simple cercueil de pierre, Hugues, dit le Grand, comte de Paris, mort en 956, père de Hugues Capet, chef de la race des Capétiens. On n'a trouvé que ses os presque en poussière.

On a été ensuite au milieu du chœur découvrir la fosse de Charles-le-Chauve, mort en 877, âgé de cinquante-quatre ans. On n'a trouvé, bien avant dans la terre, qu'une espèce d'auge en pierre, dans laquelle étoit un petit coffre qui contenoit le reste de ses cendres. Il étoit mort de poison en deçà du Mont-Cenis, sur les confins de la Savoie, dans une chaumière du village de Brios, à son retour de Rome. Son corps fut mis en dépôt au prieuré de Mantui, du diocèse de Dijon, d'où il fut transporté sept ans après à Saint-Denis.

Le samedi 19 octobre 1793, la sépulture de Philippe, comte de Boulogne, fils de Philippe-Auguste, mort en 1223, n'a rien donné de remarquable, sinon la place de la tête du prince, creusée dans son cercueil de pierre.

Nous remarquerons la même chose pour celui de Dagobert.

Le cercueil de pierre en forme d'auge d'Alphonse de Poitiers, frère de saint Louis, mort en 1271, ne contenoit que des cendres : ses cheveux étoient bien conservés ; mais ce qui peut être remarquable, c'est que le dessous de la pierre qui couvroit son cercueil étoit tacheté, coloré et veiné de jaune et de blanc comme du marbre : les exhalaisons fortes du cadavre ont pu produire cet effet.

Le corps de Philippe-Auguste, mort en 1223, étoit entièrement consommé : la pierre taillée en dos d'âne qui couvroit le cercueil de pierre étoit arrondie du côté de la tête.

Le corps de Louis VIII, père de saint Louis, mort le 8 novembre 1226, âgé de quarante ans, s'est trouvé aussi presque consommé. Sur la pierre qui couvroit son cercueil étoit sculptée une croix en demi-relief : on n'y a trouvé qu'un reste de sceptre de bois pouri : son diadème, qui n'étoit qu'une bande d'étoffe tissue en or, avec une grande calotte d'une étoffe satinée, assez bien conservée. Le corps avoit été enveloppé dans un drap ou suaire tissu d'or ; on en trouva encore des morceaux assez bien conservés.

Remarques. Son corps ainsi enseveli avoit été recousu dans un cuir fort épais qui étoit bien conservé.

Il est le seul que nous ayons trouvé enveloppé dans un cuir. Il est vraisemblable qu'on ne l'a fait pour lui que pour que son cadavre n'exhalàt pas au dehors de mauvaise odeur dans le transport qu'on en fit de Montpensier en Auvergne, où il mourut à son retour de la guerre contre les Albigeois.

On fouilla au milieu du chœur, au bas des marches du sanctuaire, sous une tombe de cuivre, pour trouver le corps de Marguerite de Provence, femme de saint Louis, morte en 1295. On creusa bien avant en terre sans rien trouver : enfin on découvrit, à gauche de la place où étoit sa tombe, une auge de pierre remplie de gravats, parmi lesquels étoient une rotule et deux petits os.

Dans la chapelle de Notre-Dame-la-Blanche, on a ouvert le caveau de Marie de France, fille de Charles IV, dit le Bel, morte en 1341, et de Blanche sa sœur, duchesse d'Orléans, morte en 1392. Le caveau étoit rempli de décombres, sans corps et sans cercueils.

En continuant la fouille dans le chœur, on a trouvé, à côté du tombeau de Louis VIII, celui où avoit été déposé saint Louis, mort en 1270. Il étoit plus court et moins large que les autres ; les ossements en avoient été retirés lors de sa canonisation en 1297.

Nota. La raison pour laquelle son cercueil étoit moins large et moins long que les autres, c'est que, suivant les historiens, ses chairs furent portées en Sicile : ainsi on n'a rapporté à Saint-Denis que les os, pour lesquels il a fallu un cercueil moins grand que pour le corps entier.

On a ensuite décarrelé le haut du chœur pour découvrir les autres cercueils cachés sous terre. On a trouvé celui de Philippe-le-Bel, mort en 1314, âgé de quarante-six ans. Ce cercueil étoit de pierre recouvert d'une large dalle. Il n'y avoit pas d'autre cercueil que la pierre creusée en forme d'auge, et plus large à la tête qu'aux pieds, et tapissée en dedans d'une lame de plomb, et une forte et large lame aussi de plomb, scellée sur les barres de fer qui fermoient le tombeau. Le squelette étoit tout entier : on a trouvé un anneau d'or, un sceptre de cuivre doré, de cinq pieds de long, terminé par une touffe de feuillage sur laquelle étoit représenté un oiseau aussi de cuivre doré.

Le soir, à la lumière, on a ouvert le tombeau de pierre du roi Dagobert, mort en 638. Il avoit plus de six pieds de long : la pierre étoit creusée pour recevoir la tête, qui étoit séparée du corps. On a trouvé un coffre de bois d'environ deux pieds de long, garni en dedans de plomb, qui renfermoit les os de ce prince et ceux de Nanthilde sa femme, morte en 642. Les ossements étoient enveloppés dans une étoffe de soie, séparés les uns des autres par une planche intermédiaire qui partageoit le coffre en deux parties. Sur un des côtés de ce coffre étoit une lame de plomb, avec cette inscription :

HIC JACET CORPUS DAGOBERTI.

Sur l'autre côté, une lame de plomb portoit :

HIC JACET CORPUS NANTHILDIS.

On n'a pas trouvé la tête de la reine Nanthilde. Il est probable qu'elle sera restée dans l'endroit de sa première sépulture, lorsque saint Louis les fit retirer pour les placer dans le tombeau qu'il leur fit élever dans le lieu où il se voit aujourd'hui.

Dimanche 20 *octobre* 1793.

On a travaillé à détacher le plomb qui couvroit le dedans du tombeau de pierre de Philippe-le-Bel. On a refouillé auprès de la sépulture de saint Louis, dans l'espérance d'y trouver le corps de Marguerite de Provence sa femme : on n'a rien trouvé qu'une auge de pierre sans couverture, remplie de terre et de gravats.

Dans cet endroit devoit être aussi le corps de Jean Tristan, comte de Nevers, fils de saint Louis, mort en 1270, quelques jours avant son père, près de Carthage en Afrique.

Dans la chapelle dite des Charles, on a retiré le cercueil de plomb de Bertrand Du Guesclin, mort en 1380. Son squelette étoit tout entier, la tête bien conservée, les os bien propres et tout-à-fait desséchés. Auprès de lui étoit le tombeau de Bureau de la Rivière, mort en 1400. Il n'avoit guère que trois pieds de long; on en a retiré le cercueil de plomb.

Après bien des recherches, on a trouvé l'entrée du caveau de François Ier, mort en 1547, âgé de cinquante-trois ans.

Ce caveau étoit grand et bien voûté; il contenoit six corps renfermés dans des cercueils de plomb, posés sur des barres de fer : celui de François Ier; celui de Louise de Savoie sa mère, morte en 1531; de Claudine de France sa femme, morte en 1524, âgée de vingt-cinq ans; de François, dauphin, mort en 1536, âgé de dix-neuf ans; de Charles, son frère, duc d'Orléans, mort en 1544, âgé de vingt-trois ans; et celui de Charlotte, sa sœur, morte en 1524, âgée de huit ans.

Tous ces corps étoient en pouriture et en putréfaction liquide, et exhaloient une odeur insupportable; une eau noire couloit à travers leurs cercueils de plomb dans le transport qu'on en fit au cimetière.

On a repris la fouille dans la croisée méridionale du chœur; on a trouvé une auge ou tombe de pierre remplie de gravats. C'étoit le tombeau de Pierre Beaucaire, chambellan de saint Louis, mort en 1270.

Sur le soir, on a trouvé, près de la grille du côté du midi, le tombeau de Mathieu de Vendôme, abbé de Saint-Denis, et régent du royaume sous saint Louis et sous son fils Philippe-le-Hardi ; il n'avoit point de cercueil, ni de pierre, ni de plomb ; il avoit été mis en terre dans un cercueil de bois, dont on trouva encore des morceaux de planches pouries. Le corps étoit entièrement consommé : on n'a trouvé que le haut de sa crosse de cuivre doré et quelques lambeaux de riche étoffe, ce qui marque qu'il avoit été enseveli avec ses plus riches ornements d'abbé. Il étoit mort en 1286, le 5 septembre, au commencement du règne de Philippe-le-Bel.

Le lundi 21 octobre 1793.

Au milieu de la croisée du chœur, on a levé le marbre qui couvroit le petit caveau où on avoit déposé, au mois d'août 1791, les ossements et cendres de six princes et une princesse de la famille de saint Louis, transférés en cette église de l'abbaye de Royaumont, où ils étoient enterrés ; les cendres et ossements ont été retirés de leurs coffres ou cercueils de plomb, et portés au cimetière dans la seconde fosse commune, où Philippe-Auguste, Louis VIII, François Ier et toute sa famille avoient été portés.

Dans l'après-midi, on a commencé à fouiller dans le sanctuaire, à côté du grand-autel, à gauche, pour trouver les cercueils de Philippe-le-Long, mort en 1332 ; de Charles IV, dit le Bel, mort en 1328 ; de Jeanne d'Évreux, troisième femme de Charles IV, morte en 1370 ; de Philippe de Valois, mort en 1350, âgé de cinquante-sept ans ; de Jeanne de Bourgogne, femme de Philippe de Valois, morte en 1348, et celui du roi Jean, mort en 1364.

Le mardi 22 octobre 1793.

Dans la chapelle des Charles, le long du mur de l'escalier qui conduit au chevet, on a trouvé deux cercueils l'un sur l'autre : celui de dessus, de pierre carrée, renfermoit le corps d'Arnaud Guillem de Barbazan, mort en 1431, premier chambellan de Charles VII ; celui de dessous, couvert de lames de plomb, contenoit le corps de Louis de

Sancerre, connétable sous Charles VI, mort en 1402, âgé de soixante ans; sa tête étoit encore garnie de cheveux longs et partagés en deux cadenettes bien tressées.

On a levé ensuite la pierre perpendiculaire qui couvroit les tombeaux en pierre de l'abbé Suger et de l'abbé Troon; le premier, mort en 1151, et le second en 1221 : on n'y a trouvé que des os presque en poussière.

On a continué la fouille dans le sanctuaire, du côté de l'évangile, et on a découvert, bien avant en terre, une grande pierre plate qui couvroit les tombeaux de Philippe-le-Long et des autres.

On s'en tint là, et, pour finir la journée, on alla dans la chapelle dite de Lépreux, lever la tombe de Sédille de Sainte-Croix, morte en 1380, femme de Jean Pastourelle, conseiller du roi Charles V : on n'a trouvé que des ossements consommés.

Le mercredi 23 octobre 1793.

On a repris, du matin, le travail qu'on avoit laissé la veille, pour la découverte des tombeaux du sanctuaire.

On trouva d'abord celui de Philippe de Valois, qui étoit de pierre, tapissé intérieurement de plomb, fermé par une forte lame de même métal, soudée sur des barres de fer; le tout recouvert d'une longue et large pierre plate : on a trouvé une couronne et un sceptre surmonté d'un oiseau de cuivre doré.

Plus près de l'autel, on a trouvé le tombeau de Jeanne de Bourgogne, première femme de Philippe de Valois; on y a trouvé son anneau d'argent, un reste de quenouille ou fuseau, et des os desséchés.

Le jeudi 24 octobre.

A gauche de Philippe de Valois étoit Charles-le-Bel. Son tombeau étoit construit comme celui de Philippe de Valois; on y a trouvé une couronne d'argent doré, un sceptre de cuivre doré, haut de près de sept pieds, un anneau d'argent, un reste de main de justice, un bâton de bois d'ébène, un oreiller de plomb pour reposer la tête ; le corps étoit desséché.

Le vendredi 25 octobre.

Le tombeau de Jeanne d'Évreux avoit été remué, la tombe étoit brisée en trois morceaux, et la lame de plomb qui fermoit le cercueil étoit détachée ; on ne trouva que des os détachés sans la tête ; on ne fit pas d'information ; il y avoit néanmoins apparence qu'on étoit venu, dans la nuit précédente, dépouiller ce tombeau.

Au milieu, on trouva le tombeau en pierre de Philippe-le-Long ; son squelette étoit bien conservé, avec une couronne d'argent doré enrichie de pierreries, une agrafe de son manteau en losange, avec une autre plus petite, aussi d'argent, partie de sa ceinture d'étoffe satinée, avec une boucle d'argent doré, et un sceptre de cuivre doré. Au pied de son cercueil étoit un petit caveau où étoit le cœur de Jeanne de Bourgogne, femme de Philippe de Valois, renfermé dans une cassette de bois presque pouri : l'inscription étoit sur une lame de cuivre.

On a aussi découvert le tombeau du roi Jean, mort en 1364, en Angleterre, âgé de cinquante-quatre ans : on·y a trouvé une couronne, un sceptre fort haut, mais brisé, une main de justice, le tout d'argent doré. Son squelette étoit entier. Quelques jours après, les ouvriers, avec le commissaire aux plombs, ont été au couvent des Carmélites faire l'extraction du cercueil de madame Louise de France, fille de Louis XV, morte le 23 décembre 1787, âgée de cinquante ans et environ six mois. Ils l'ont apporté dans le cimetière, et le corps a été déposé dans la fosse commune ; il étoit tout entier, mais en pleine putréfaction ; ses habits de Carmélite étoient très bien conservés.

Dans la nuit du 11 au 12 septembre 1793, par ordre du département, en présence du commissaire du district et de la municipalité de Saint-Denis, on a enlevé du trésor tout ce qui y étoit, châsses, reliques, etc. : tout a été mis dans de grandes caisses de bois, ainsi que tous les riches ornements de l'église, et le tout est parti dans des chariots pour la Convention, en grand appareil et grand cortége de la garde des habitants de la ville, le 13, vers les dix heures du matin.

Supplément.

Le 18 janvier 1794, le tombeau de François Ier étant démoli, il fut aisé d'ouvrir celui de Marguerite, comtesse de Flandre, fille de Philippe-le-Long, et femme de Louis, comte de Flandre, morte en 1382, âgée de soixante-six ans; elle étoit dans un caveau assez bien construit; son cercueil de plomb étoit posé sur des barres de fer : on n'y trouva que des os bien conservés, et quelques restes de planches de bois de châtaignier. Mais on n'a pas trouvé la sépulture du cardinal de Retz, dit le Coadjuteur, mort en 1679, âgé de soixante-six ans, non plus que celle de plusieurs autres grands personnages.

NOTE Q, page 115.

CHAPITRE DE JÉSUS-CHRIST, ET DE SA VIE.

« A moins qu'il ne plaise à Dieu de vous envoyer quel-
« qu'un pour vous instruire de sa part, n'espérez pas de
« réussir jamais dans le dessein de réformer les mœurs des
« hommes. »   (PLATON, *Apologie de Socrate.*)

Le même philosophe, après avoir prouvé que la piété est la chose du monde la plus désirable, ajoute : *Mais, qui sera en état de l'enseigner, si Dieu ne lui sert de guide ?* (Dialogue intitulé EPINOMIS.)   (*Note de l'Éditeur.*)

NOTE R, page 119.

Lisez, dans la seconde partie du *Discours sur l'Histoire universelle*, l'admirable morceau sur *Jésus-Christ et sa doctrine*.   (*Note de l'Éditeur.*)

Note S, page 121.

Le docteur Robertson a rendu justice à Voltaire, en disant que cet homme universel n'a pas été un historien aussi fidèle qu'on le pense généralement. Nous croyons, comme lui, que Voltaire n'a pas toujours cité faux; mais il est certain qu'il a beaucoup omis, car nous n'oserions dire beaucoup ignoré. Il a donné, de plus, aux passages originaux, un tour particulier, pour leur faire dire tout autre chose qu'ils ne disent en effet. C'est le moyen d'être tout à la fois exact et merveilleusement infidèle. Dans ses deux admirables histoires de Louis XIV et de Charles XII, Voltaire n'a pas eu besoin d'avoir recours à ce moyen; mais, dans son Histoire générale, qui n'est qu'une longue injure au christianisme, il s'est cru permis d'employer toutes sortes d'armes contre l'ennemi. Tantôt il nie formellement, tantôt il affirme du ton positif; ensuite il mutile et défigure les faits. Il avance sans hésiter qu'*il n'y eut aucune hiérarchie, pendant près de cent ans, parmi les chrétiens.* Il ne donne aucun garant de cette étrange assertion; il se contente de dire: *Il est reconnu, l'on rit aujourd'hui.*

Selon cet auteur, on n'a sur la succession de saint Pierre que la liste *frauduleuse d'un livre apocryphe, intitulé le Pontificat de Damase*[1]. Or, il nous reste un traité de saint Irénée sur les hérésies, où le Père de l'Église gallicane *donne en entier* la succession des papes, depuis les apôtres[2]. Il en compte douze jusqu'à son temps. On place l'année de la naissance de saint Irénée environ cent vingt ans après Jésus-Christ. Il avoit été disciple de Papias et de saint Polycarpe, eux-mêmes disciples de saint Jean l'Évangéliste. Il étoit donc témoin presque oculaire des premiers papes. Il nomme saint Lin après saint Pierre, et nous apprend que c'est de ce même Lin que parle saint Paul dans son

---

[1] *Essai sur les Mœurs des nations*, chap. VIII.
[2] Lib. III, cap. III.

épître à Timothée[1]. Comment Voltaire ou ceux qui l'aidoient dans son travail n'ont-ils pas craint (s'ils n'ont pas ignoré) cette foudroyante autorité? Si l'on en croit l'*Essai sur les mœurs*, on n'auroit jamais entendu parler de Lin : et voilà que ce premier successeur du chef de l'Église est nommé par les apôtres eux-mêmes !

NOTE T, page 121.

Fragment du Sermon de Bossuet sur l'Unité de l'Église, *prononcé à l'ouverture de l'assemblée du clergé de* 1682.

Nous trouverons dans l'Évangile que Jésus-Christ, voulant commencer le mystère de l'unité dans son Église, parmi tous les disciples en choisit douze ; mais que, voulant consommer le mystère de l'unité dans la même Église, parmi les douze il en choisit un.... Qu'on ne dise point, qu'on ne pense point que ce ministère de saint Pierre finisse avec lui : ce qui doit servir de soutien à une Église éternelle ne peut jamais avoir de fin. Pierre vivra dans ses successeurs ; Pierre parlera toujours dans sa chaire : c'est ce que disent les Pères ; c'est ce que confirment six cent trente évêques au concile de Chalcédoine.

... Et qui ne sait ce qu'a chanté le grand saint Prosper, il y a plus de douze cents ans : *Rome, le siége de Pierre, devenue sous ce titre le chef de l'ordre pastoral dans tout l'univers, s'assujettit par la religion ce qu'elle n'a pu subjuguer par les armes ?* Que volontiers nous répétons ce sacré cantique d'un Père de l'Église gallicane ! C'est le cantique de la paix, où, dans la grandeur de Rome, l'unité de toute l'Église est célébrée.

...Jésus-Christ poursuit son dessein, et après avoir dit à Pierre, éternel prédicateur de la foi : *Tu es Pierre, et sur cette pierre je bâtirai mon Église,* il ajoute : *Et je te donnerai les clefs du royaume des cieux.* Toi qui as la prérogative

---

[1] Ep. IX, cap. IV, v. 21.

de la prédication de la *foi*, tu auras aussi les clefs qui désignent l'autorité du gouvernement. *Ce que tu lieras sur la terre sera lié dans le ciel, et ce que tu délieras sur la terre sera délié dans le ciel.* Tout est soumis à ces clefs : tout, mes frères, rois et peuples, pasteurs et troupeaux. Nous le publions avec joie ; car nous aimons l'unité, et nous tenons à gloire notre obéissance. C'est à Pierre qu'il est ordonné premièrement d'*aimer plus que tous les autres* apôtres, et ensuite de *paître* et gouverner tout, *et les agneaux et les brebis,* et les petits et les mères, et les pasteurs mêmes : pasteurs à l'égard des peuples, et brebis à l'égard de Pierre, ils honorent en lui Jésus-Christ... (*Note de l'Éditeur.*)

Note U, page 126.

Il va presque jusqu'à nier les persécutions sous Néron. Il avance qu'aucun des Césars n'inquiéta les chrétiens jusqu'à Domitien. « Il étoit aussi injuste, dit-il, d'imputer cet accident (l'incendie de Rome) au christianisme qu'à l'empereur (Néron) : ni lui, ni les chrétiens, ni les Juifs, n'avoient aucun intérêt à brûler Rome ; mais il falloit apaiser le peuple, qui se soulevoit contre des étrangers également haïs des Romains et des Juifs. On abandonna quelques infortunés à la *vengeance* publique. (Quelle vengeance, s'ils n'étoient pas coupables !) Il semble qu'on n'auroit pas dû compter parmi les persécutions faites à leur foi cette violence passagère. Elle n'avoit rien de commun avec leur religion *qu'on ne connoissoit pas* (nous allons entendre Tacite), et que les Romains confondoient avec le judaïsme, protégé par les lois autant que méprisé [1]. » Voilà peut-être un des passages historiques les plus étranges qui soient jamais échappés à la plume d'un auteur.

Voltaire n'avoit-il jamais lu ni Suétone ni Tacite ? Il nie l'existence ou l'authenticité des inscriptions trouvées en Espagne, où Néron est remercié *d'avoir aboli dans la pro-*

---

[1] *Essai sur les Mœurs*, chap. III.

vince une superstition nouvelle. Quant à l'existence de ces inscriptions, on en voit une à Oxford : *Neroni Claud. Cais. Aug. Max. ob provinc. latronib. et his qui novam generi hum. superstition. inculcab. purgat.* Et pour ce qui regarde l'inscription elle-même, on ne voit pas pourquoi Voltaire doute que cette nouvelle superstition soit la religion chrétienne. Ce sont les propres paroles de Suétone : *Afflicti suppliciis christiani, genus hominum superstitionis novæ ac maleficæ* [1].

Le passage de Tacite va nous apprendre maintenant quelle fut *cette violence* passagère exercée très sciemment, non sur les *juifs*, mais sur les *chrétiens*.

« Pour détruire les bruits, Néron chercha des coupables, et fit souffrir les plus cruelles tortures à des malheureux, abhorrés pour leurs infamies, qu'on appeloit vulgairement *chrétiens*. Le Christ, qui leur donna son nom, avoit été condamné au supplice, sous Tibère, par le procurateur Ponce-Pilate, ce qui réprima pour un moment cette exécrable superstition. Mais bientôt le torrent se déborda de nouveau, non-seulement dans la Judée, où il avoit pris sa source, mais jusque dans Rome même, où viennent enfin se rendre et se grossir tous les égouts de l'univers. On commença par se saisir de ceux qui s'avouèrent chrétiens ; et ensuite, sur leurs dépositions, d'une *multitude immense* qui fut moins convaincue d'avoir incendié Rome que de haïr le genre humain ; et, à leur supplice, on ajoutoit la dérision ; on les enveloppoit de peaux de bêtes, pour les faire dévorer par les chiens ; on les attachoit en croix, ou l'on enduisoit leurs corps de résine, et l'on s'en servoit la nuit pour s'éclairer. Néron avoit cédé ses propres jardins pour ce spectacle, et, dans le même temps, il donnoit des jeux au cirque, se mêlant parmi le peuple en habit de cocher, ou conduisant les chars. Aussi, quoique coupables et dignes des derniers supplices, on se sentoit ému de compassion pour ces victimes, qui sembloient im-

---

[1] Suet., *in Nero.*

molées moins au bien public qu'aux passe-temps d'un barbare[1]. »

Les mouvements de compassion dont Tacite semble saisi à la fin de ce tableau, contrastent bien tristement avec un auteur chrétien qui cherche à affoiblir la pitié pour les victimes. On voit que Tacite désigne nettement les chrétiens ; il ne les confond point avec les Juifs, puisqu'il raconte leur origine, et que, d'ailleurs, en parlant du siége de Jérusalem, il fait, dans un autre endroit, l'histoire des Hébreux et de la religion de Moïse. On devine pourtant ce qui fait avancer à Voltaire que les Romains croyoient persécuter des Juifs en persécutant les fidèles. C'est sans doute cette phrase : *Moins convaincus d'avoir incendié Rome que de haïr le genre humain*, que l'auteur de l'*Essai* a interprétée des Juifs et non des chrétiens. Or, il ne s'est pas aperçu qu'il faisoit l'éloge de ces derniers, tout en les voulant priver de la pitié du lecteur. « C'est une grande gloire pour les chrétiens, dit Bossuet, d'avoir eu pour premier persécuteur le persécuteur du genre humain. » L'article de Voltaire nous fait faire un triste retour sur cet esprit de parti qui divise tous les hommes, et étouffe chez eux les sentiments naturels. Que le ciel nous préserve de ces horribles haines d'opinion, puisqu'elles rendent si injuste !

Note V, page 150.

M. de Cl..., obligé de fuir pendant la terreur avec un de ses frères, entra dans l'armée de Condé ; après y avoir servi honorablement jusqu'à la paix, il se résolut de quitter le monde. Il passa en Espagne, se retira dans un couvent de Trappistes, y prit l'habit de l'ordre, et mourut peu de temps après avoir prononcé ses vœux : il avoit écrit plusieurs lettres à sa famille et à ses amis, pendant

---

[1] Tacite, *Ann.*, lib. xv, 44 ; traduction de M. Dureau-Delamalle, 2ᵉ édit., tom. iii, 291.

son voyage en Espagne et son noviciat chez les Trappistes. Ce sont ces lettres que l'on donne ici. On n'a rien voulu y changer ; on y verra une peinture fidèle de la vie de ces religieux, dont les mœurs ne sont déjà plus pour nous que des traditions historiques. Dans ces feuilles, écrites sans art, il règne souvent une grande élévation de sentiments, et toujours une naïveté d'autant plus précieuse qu'elle appartient au génie françois, et qu'elle se perd de plus en plus parmi nous. Le sujet de ces lettres se lie au souvenir de tous nos malheurs : elles représentent un jeune et brave François chassé de sa famille par la révolution, et s'immolant dans la solitude, victime volontaire offerte à l'Éternel pour racheter les maux et les impiétés de la patrie : ainsi, saint Jérôme, au fond de sa grotte, tâchoit, en versant des torrents de larmes et en élevant ses mains vers le ciel, de retarder la chute de l'empire romain. Cette correspondance offre donc une petite histoire complète, qui a son commencement, son milieu et sa fin. Je ne doute point que si on la publioit comme un simple roman, elle n'eût le plus grand succès. Cependant elle ne renferme aucune aventure : c'est un homme qui s'entretient avec ses amis, et qui leur rend compte de ses pensées. Où donc est le charme de ces lettres ? Dans la religion. Nouvelle preuve qui vient à l'appui des principes que j'ai essayé d'établir dans mon ouvrage.

A MM. de B..., ses compagnons d'émigration, à Barcelonne.

15 mars 1799.

Mon dernier voyage, mes chers amis (c'est celui de Madrid), a été très agréable. J'ai passé à Aranjuez, où étoit la famille royale. J'ai resté cinq jours à Madrid, autant à Saragosse, où j'ai eu l'avantage de visiter Notre-Dame du Pilar. J'ai eu plus de plaisir à parcourir l'Espagne que je n'en avois eu à parcourir les autres pays. On a l'avantage d'y voyager à meilleur marché que nulle part que je connoisse. Je n'ai rien perdu de mes effets, quoique je sois très peu soigneux : on trouve ici beaucoup de braves gens qui savent exercer la charité. On épargne beaucoup en portant avec soi un sac qu'on remplit chaque soir de paille pour se coucher; mais je n'ai plus de goût à parler de tout cela. J'ai dit adieu aux montagnes et aux lieux champêtres. J'ai renoncé à tous mes plans de voyage sur la terre pour commencer celui de l'éternité. Me voici depuis neuf jours à la Trappe de Sainte-Suzanne, où j'ai résolu, avec la grâce de Dieu, de finir mes jours. J'ai moins de mérite qu'un autre à souffrir les peines du corps, vu l'habitude que je m'en étois faite par *épicuréisme*.

On ne mène pas ici une vie de fainéant; on se lève à une heure et demie du matin, on prie Dieu ou on fait des lectures pieuses jusqu'à cinq; puis commence le travail, qui ne cesse que vers les quatre heures et demie du soir, qu'on rompt le jeûne: je parle pour les frères convers, dont je fais nombre; les Pères, qui travaillent aussi beaucoup, quittent les champs aux heures marquées, pour se rendre au chœur, où ils chantent l'office de la Sainte-Vierge, l'office ordinaire et celui des morts. Nous autres frères, nous interrompons aussi notre travail pour faire nos prières par intervalles, ce qui s'exécute sur le lieu. On ne passe guère une demi-heure sans que l'ancien ne frappe des mains pour nous avertir d'élever nos pensées vers le ciel, ce qui adoucit beaucoup toutes les peines; on se ressouvient qu'on travaille pour un maître qui ne nous fera pas attendre notre salaire au temps marqué.

J'ai vu mourir un de nos Pères. Ah! si vous saviez quelle consolation on a dans ce moment de la mort! Quel jour de triomphe! Notre révérend Père abbé demanda à l'agonisant : «*Hé bien, êtes-vous fâché maintenant d'avoir un peu souffert?*» Je vous avoue, à ma honte, que je me suis senti quelquefois envie de mourir, comme ces soldats lâches qui désirent leur congé avant le temps. Sainte Marie Égyptienne fit quarante ans pénitence; elle étoit moins coupable que moi, et il y a mille ans qu'elle se repose dans la gloire.

Priez pour moi, mes chers amis, afin que nous puissions nous retrouver au grand jour.

Faites savoir, je vous prie, au cher Hippolyte et à mes sœurs le parti que j'ai pris. Je leur écrirai dans six semaines, et ils peuvent m'écrire à l'adresse que je vous donnerai.

Nous sommes ici soixante-dix, tant Espagnols que François, et cependant la maison est très pauvre; voilà pourquoi je veux faire venir les 300 livres. D'ailleurs, quoique, avec la grâce de Dieu, j'espère persister dans ma résolution, j'ai un an pour sortir.

Vous pouvez donc écrire au révérend Père abbé de la Trappe de Sainte-Suzanne, par Alcaniz à Maëlla, pour le frère Charles Cl.

(Vous aurez soin de mettre en tête de la lettre *Espana*, et après Maëlla, *en Aragon*.)

Lettre écrite à ses frères et sœurs en France.

Première semaine de Pâques, 1799.

Me voici à Sainte-Suzanne depuis le premier lundi de carême; c'est un couvent de Trappistes où je compte finir mes jours : j'ai déjà éprouvé tout ce qu'il y a de plus austère dans le cours de l'année. On ne se lève jamais plus tard qu'à une heure et demie du matin; au premier coup de cloche on se rend à l'église; les frères convers, dont je fais nombre sous le nom de Fr. J. Climaque, sortent à deux heures et demie pour aller étudier les psaumes ou faire quelque autre lecture spirituelle; à quatre heures on rentre à l'église jusqu'à cinq heures, que commence le travail. On s'occupe dans un atelier jusqu'au jour; alors on prend une pioche large et une étroite, puis on va en ordre travailler, ce qui dure quelquefois jusqu'à trois heures de l'après-midi. On se rapproche ensuite du couvent, où l'on reprend le travail dans l'atelier, en attendant quatre heures et un quart, heure à laquelle sonne le dîner. En se levant de table, on va processionnellement à l'église;

en récitant le *Miserere*; l'on en sort en récitant le *De profundis*, et l'on retourne au travail dans l'atelier. Là on carde, on file, on fait du drap et autres choses, chacun selon son talent. Tout ce dont nous nous servons doit se faire dans la maison, par les mains des frères, autant que cela est possible; chacun doit gagner sa vie à la sueur de son front, faisant profession d'être pauvre et de n'être à charge à personne, donnant au contraire l'hospitalité à gens de tout état qui viennent nous voir; cependant nous n'avons que deux attelages de mules; et environ deux cents brebis et quelques chèvres qui vont paître dans les montagnes arides qui nous environnent. Ce ne peut être que par les soins d'une providence particulière, que soixante-dix personnes vivent avec si peu de chose, sans compter une foule d'étrangers qui viennent de toutes parts, et auxquels on donne du pain blanc et tout ce que nous pouvons leur donner en maigre apprêté à l'huile ou au beurre, dont nous ne faisons pas usage. Notre pain, s'il est de froment, ne doit avoir passé qu'une fois par le crible, et la farine doit être employée comme elle sort du moulin. Comme je suis maladroit pour filer dans l'atelier, je trie les fèves ou lentilles de nos repas. Le riz ne se trie pas de même, et tout se mange sans autre accommodage que cuit à l'eau et au sel.

A cinq heures trois quarts, on va au cloître lire ou prier Dieu jusqu'à six heures. Il se fait une lecture que tout le monde écoute. La lecture finie, les Pères entrent à l'église pour dire complies. Le Père-maître, qui est un ancien moine de Sept-Fonds, distribue le travail aux frères, à mesure qu'ils entrent dans l'église; après complies, on sonne une cloche qui réunit tout le monde pour chanter *Salve Regina*, ce qui dure un quart d'heure. Le chant en est très beau, et cela seul délasse de tous les travaux de la journée; vient ensuite un demi-quart d'heure d'adoration. A sept heures un quart, on dit le *Sub tuum præsidium*; cela fait, tous les individus de la maison vont se prosterner à la file dans le cloître, et là, couchés sur la terre, comme le roi David, ils disent le *Miserere* dans un grand silence : cette dernière cérémonie me paroît sublime; l'homme ne me semble jamais mieux à sa place que lorsqu'il s'humilie devant son auteur. Enfin le révérend Père abbé se lève, et, placé sur la porte de l'église, il donne l'eau bénite à tous sans exception, jusqu'au dernier des novices. Arrivés au dortoir, on se met à genoux au pied de son lit, jusqu'à ce qu'on entende une petite cloche, qui est le signal pour se coucher, ce qui se fait à sept heures et demie.

Il y a ensuite une infinité de petites contradictions qui, venant sans cesse à la rencontre des habitudes, inquiètent dans les premiers jours. On ne doit jamais, par exemple, s'appuyer si l'on est assis, ni s'asseoir, si on est fatigué, pour le seul fait de se reposer : c'est que l'homme est né pour travailler dans ce monde, et qu'il ne doit attendre de repos qu'arrivé au terme de son pèlerinage. On perd ainsi toute propriété sur son corps : si l'on se blesse d'une manière un peu grave, il faut s'aller accuser à genoux, tout comme lorsqu'on brise un vase de terre, et cela sans parler; il suffit de montrer le sang qui coule, ou les fragments de la chose brisée. Puis il y a le chapitre des fautes : on doit s'accuser à haute voix des fautes purement matérielles; en outre, il y a souvent quelque frère qui vous proclame, en dénonçant des fautes que vous avez commises par ignorance ou autrement. Je serois trop long si je disois tout le reste.

A la vérité le temps du carême est ce qu'il y a de plus austère; hors de là je crois qu'on ne dîne jamais plus tard que deux heures : j'ai commencé par ce temps de pénitence; j'ai fait comme les coureurs qui s'exercent d'abord avec des souliers de plomb. Il me semble maintenant que nous menons une vie de Sybarites, et en vérité nous pouvons dire : Hélas! que nous faisons peu de choses en comparaison de ce qu'ont fait les saints! Quand je pense aux entreprises des aventuriers américains, à leur passage de la mer Atlantique à la mer du Sud, à travers l'isthme de Panama, et ce qu'ils ont dû souffrir pour se faire un chemin à travers les arbres et les ronces, qui n'avoient cessé de s'entrelacer depuis l'origine du monde, à ce qu'ils ont éprouvé dans ces vallées désertes sous les feux de l'équateur, passant de là tout à coup sur des glaciers, et tout cela par le seul désir de s'emparer de l'or des Indiens; en considérant tous ces vains efforts pour des biens trompeurs, et sachant d'ailleurs que l'espérance de ceux qui travaillent pour Dieu ne sera pas frustrée, on doit s'écrier : Hélas! que nous faisons ici-bas peu de chose pour le ciel!

Nous sentons tous cette vérité, et il y a sûrement des frères qui embrasseroient toute espèce de pénitence; mais on ne peut pas faire la moindre austérité sans une permission expresse, et elle est rarement accordée, parce qu'étant pauvres, il faut conserver ses forces pour travailler. Si quelquefois appuyé debout contre un mur, je sommeille, il y a bientôt quelque frère charitable qui me tire de ce sommeil; je crois l'entendre me dire : «Tu te reposeras à la maison paternelle, *in domum æternitatis.*» Pendant ce travail, soit au champ, soit à la maison, de temps à autre le plus ancien frappe des mains, et alors dans un grand silence pendant cinq ou six minutes, chacun peut porter ses regards vers le ciel : cela suffit pour adoucir le froid de l'hiver et les chaleurs de l'été Il faut en être témoin pour se faire une idée du contentement, de la jubilation de tout le monde; rien ne prouve mieux le bonheur de cette vie que ce qu'ont fait les Trappistes pour se réunir après leur expulsion de France, et la quantité de couvents de cet ordre qui se sont formés jusque dans le Canada. Ici nous sommes environ soixante-dix, et on refuse tous les jours des gens qui demandent à être reçus. Certes, j'ai eu assez de peine pour y parvenir : mais heureusement je suis venu ici sans avoir écrit, comme on le fait ordinairement, ne connoissant personne, me confiant en la protection de la sainte Vierge, à qui je m'étois adressé avant de partir de Cordoue : je ne me suis pas rebuté du premier refus, parce que je sais bien qu'après tout le révérend Père abbé n'est pas le *vrai* maître; aussi, après quelques jours, il entra dans ma chambre, et après m'avoir embrassé, il me dit : « Désormais regardez-moi comme votre frère ; je me ferois conscience de renvoyer quelqu'un qui se sauve du monde pour venir ici travailler à son salut. »

En effet, par la grâce de Dieu, c'est le seul motif qui m'a pressé de prendre ce parti. J'y étois résolu environ trois mois avant de sortir de France : mais où, et comment parvenir à ce que je désirois ? Je n'en savois rien. Il n'y a que quatre pas de Barcelonne ici, mais les chemins les plus courts ne sont pas toujours ceux de la Providence ; il entroit apparemment dans les desseins de Dieu que j'allasse d'abord à Cordoue, à travers un des plus beaux pays de la nature, les royaumes de Valence, de Murcie, de Grenade : je n'ai jamais rien vu de plus charmant que l'Andalousie. Plus j'avançois, plus je sentois augmenter le désir de voir d'autres contrées, d'autres pays. Ayant rencontré, aux environs de Tarragone, un officier suisse que j'avois connu dans le Valais, il me porta mon sac sur son cheval, et nous fîmes journée ensemble. Je ne sais comment, étant venu à parler de la *Val-Sainte*, et comment ces pauvres Pères avoient été obligés de passer en Russie, l'officier me dit qu'ils avoient formé une colonie en Aragon : aussitôt je me résolus de tourner mes pas vers ce côté, et je commençai ce long chemin, que j'ai fait seul, de nuit et de jour, à travers les montagnes qui se pressent avant d'arriver à Tortone ; on y fait souvent cinq ou six lieues sans rencontrer personne ; et l'on voit çà et là une multitude de croix qui annoncent la triste fin de quelque voyageur.

Les pays que je voyois, soit sauvages ou riants, me donnoient des idées agréables, ou me jetoient dans une de ces mélancolies qui plaisent par les différents sentiments qui viennent s'y associer. Je ne crois pas avoir jamais fait de voyage avec plus de confiance ni avec plus de plaisir ; je n'ai trouvé que des gens honnêtes, bons et charitables. Il n'y a rien de plus gai qu'une auberge espagnole, par la foule de gens qui s'y rencontrent. Je suspendois mon sac à un clou sans le moindre souci : le prix du pain et de la viande étant fixé, les pauvres voyageurs comme moi ne peuvent pas être trompés; d'ailleurs, je n'ai jamais rencontré de peuple moins intéressé; les servantes refusoient opiniâtrément de recevoir ma petite rétribution, et souvent des voituriers ont porté mon sac pendant plusieurs jours sans vouloir rien accepter. Enfin, j'estime extrêmement ce peuple, qui s'estime lui-même, qui ne va pas servir chez les autres nations, et qui a conservé un caractère vraiment original. On parle beaucoup du libertinage qui règne ici : je crois qu'il y en a moins qu'en notre pays. Et puis, que de braves gens! Il n'y auroit pas moins de martyrs ici qu'en France, s'il étoit possible d'y détruire la religion. Je doute qu'on l'entreprenne encore; il faut auparavant que le libertinage de l'esprit passe au cœur. Et les Espagnols sont bien loin de là. Les grands suivent la religion comme les petits; et, quoiqu'ils soient très fiers, à l'église il y a une égalité parfaite : la duchesse s'y assied par terre auprès de sa servante. L'église est ordinairement le plus bel édifice du lieu. Elle est tenue très proprement; le pavé en est couvert de nattes, au moins dans l'Andalousie. Les lampes, qui brûlent jour et nuit, y sont par milliers. Dans une petite chapelle de la Sainte-Vierge, il y a quelquefois jusqu'à dix à onze lampes allumées. Quoiqu'il y ait une quantité immense de ruches d'abeilles qu'on abandonne au milieu des montagnes les plus désertes, on tire de la cire de France, de l'Afrique et de l'Amérique.

Voilà déjà une forte digression. J'ai écrit le détail de mes voyages aux B. et aux Bo. Je ne sais si ces derniers ont reçu mes lettres; je leur avois marqué de vous les faire passer, si c'étoit possible; cela vous auroit peut-être amusés.

J'arrivai un jour, dans une campagne déserte, à une porte superbe, seul reste d'une grande ville, et qui ne peut être qu'un ouvrage des Romains : le grand chemin moderne passe dessous. Je m'arrêtai à considérer cette porte, qui est sûrement là depuis deux mille ans. Il me vint dans la pensée que cette ville avoit été habitée par des gens qui, à la fleur de leur âge, voyoient la mort comme une chose très éloignée, ou n'y pensoient pas du tout; qu'il y avoit sûrement eu dans cette ville des partis et des hommes acharnés les uns contre les autres ; et voilà que, depuis des siècles, leurs cendres s'élèvent confondues dans un même tourbillon. J'ai vu aussi Morviédro, où étoit bâtie Sagonte, et réfléchissant sur la vanité du temps, je n'ai plus songé qu'à l'éternité. Qu'est-ce que cela me fera, dans vingt ou trente ans, qu'on m'ait dépouillé de ma fortune à l'occasion d'une persécution contre les chrétiens ? Saint Paul, ermite, ayant été dénoncé par son beau-frère, se retira dans un désert, abandonnant à son dénonciateur de très grandes richesses : mais, comme dit saint Jérôme, qui n'aimeroit mieux aujourd'hui avoir porté la pauvre tunique de Paul, avec ses mérites, que la pourpre des rois avec leurs peines et leurs tourments ? Toutes ces réflexions réunies me déterminèrent à venir sans délai me réfugier ici, renonçant à tout projet de course ultérieure, espérant, si j'ai le bonheur d'aller au ciel, après avoir fait pénitence, de voir de là toutes les régions de la terre.

Je n'ai pas encore souffert le plus petit mal d'estomac, ni éprouvé d'autres peines qu'un peu de froid le matin en allant au champ. Cependant l'avant-dernier vendredi du carême, je fus commandé pour aller nettoyer l'étable des brebis. Après avoir fait, depuis la pointe du jour jusque vers les deux heures et demie, un travail très rude, je pensois à me rapprocher du couvent, lorsqu'on m'envoya à la montagne chercher de l'herbe. Je ne fus de retour qu'à quatre heures un quart, pour rompre le jeûne; j'eus une hémorragie assez forte le soir, et puis tous les matins à mon ordinaire. Perdant plus qu'une nourriture peu substantielle ne pouvoit réparer, j'allois tous les jours m'affoiblissant, lorsque enfin Pâques est venu : depuis ce temps, on dîne à onze heures et demie, on fait une bonne collation à six : on travaille aussi beaucoup moins, de sorte que je me suis remis sur-le-champ. Le jour de Pâques, nous eûmes pour dîner une bouillie de farine de maïs, du riz au lait, et des noix pour dessert. L'archevêque d'Auch, qui étoit venu donner des ordres à plusieurs de nos Pères, dîna au réfectoire. Le soir nous eûmes du raisiné et des raisins secs. Nous pouvons manger du laitage de nos brebis jusqu'à la Pentecôte. Quant à la quantité de nourriture, il ne m'est jamais arrivé de finir tout ce qu'on me donne. Je crois être celui de la communauté qui mange le plus doucement. Pour tout le reste, je suis très content d'être ici ; la règle est sévère, mais les supérieurs sont la charité même. On accuse notre R. Père d'être trop bon ; je ne trouve pas que ce soit un défaut, ou c'est celui des saints. Il n'a d'autre privilége que de se lever plus tôt et de se coucher plus tard. C'est toujours le hasard qui place son écuelle devant lui : un lit comme les autres, deux planches réunies et un coussin de paille, pas plus de chambre que moi. Il n'a qu'un parloir, où ceux qui ont quelque peine, soit de l'âme ou du corps, vont chercher une consolation, et on la trouve. Une chose que m'avoit dite en arrivant le Père qui reçoit les étrangers, je l'éprouve déjà : sans jamais se parler, on est plein d'amitié les uns pour les autres ; si quelqu'un se relâche, on a du chagrin ; on prie pour lui ; on l'avertit avec la plus grande douceur ; et si on est forcé de le renvoyer, ou qu'il veuille s'en aller lui-même, on lui rend tout ce qu'il a apporté, ne retenant pas une obole pour sa nourriture ou ses habits, et on fait tout ce qu'on peut pour qu'il s'en aille content. Lorsque le père, la mère, ou quelque frère d'un religieux meurt, si la famille a soin d'écrire au révérend Père, toute la communauté prie pour le défunt, mais personne ne sait qui cela regarde en propre. Ainsi, cher frère, lorsque le bon Dieu vous appellera à lui, que cela vous soit une consolation dans ces derniers moments.

Ce qui me détermine à rester ici d'une manière décisive, c'est qu'il ne faut pas de vocation particulière pour y vivre ; ce n'est pas comme dans les autres couvents ; nous sommes, à proprement parler, des laboureurs qui vivent du travail de leurs mains, réunis, comme dans les premiers siècles de l'Église, pour servir Dieu dans un esprit de charité, suivant le précepte de notre Sauveur, qui dit au jeune homme : *Abandonnez tout pour me suivre,* sans lui demander s'il avoit la vocation. Une autre chose qui suffiroit pour me déterminer, c'est que notre maison est sous la protection particulière de la Vierge. Dès que nous entrons à l'église, on récite l'*Ave, Maria,* prosterné contre terre, le front appuyé sur le revers de la main. La sainte Vierge est au maître-autel, peinte entre deux anges, et les yeux élevés vers le ciel; je n'ai jamais rien vu de représenté si noblement : cet autel avoit été couvert tout le carême; quel plaisir nous ressentîmes tous le Samedi-Saint au soir, au *Salve, Regina,* lorsque le voile fut levé, et toute l'église illuminée! Je suis persuadé que l'archevêque d'Auch partagea notre joie : j'avois reçu sa bénédiction.

Certainement, après tout ce que je vous ai dit, je ne désire rien tant que de mourir ici, et cela bientôt, pour ne pas augmenter le nombre de mes fautes. Mais si on me renvoyoit par défaut de santé (mes hémorragies pouvant me faire traîner une vie foible et inutile, là où l'on aime les gens qui travaillent), je prendrois le parti que j'avois toujours eu en vue depuis quatorze ou quinze ans; c'est d'acheter une petite maison et un champ, et de vivre là à la sueur de mon front, tous les hommes y étant condamnés : je me fixerai en Espagne, ne pouvant pas revenir en France sans inquiéter mes amis. D'ailleurs, dans ce pays-ci, on donne du terrain à très bon marché, et mille écus suffiroient, je pense, à mon établissement. Je tirerai toujours un grand profit d'être venu ici apprendre à faire pénitence, et à ne compter pour rien un corps destiné à devenir incessamment poussière, pour sauver mon âme qui est éternelle.

Au reste, ni l'habit, ni la maison ne rend vertueux : les mauvais anges péchèrent dans le sein de Dieu même, et Adam dans le paradis terrestre. Je sens bien que je n'en vaux pas davantage pour être dans cette sainte congrégation : en théorie, je désire souffrir, parce que notre Sauveur nous a montré le chemin des souffrances comme l'unique pour conduire à la gloire ; mais en pratique, lorsque j'ai froid, je cherche le soleil, et si j'ai trop chaud, je me réfugie à l'ombre. Envoyez-moi mon extrait de baptême d'ici au 19 mars. Je compte vous écrire encore une autre fois, dans trois mois : on peut le faire toute l'année du noviciat. Adieu, mes chers frères ; adieu à tous mes amis, particulièrement à Z., à C. et à Flo. ; ceux-là sont de la famille.

P. S. Il y a près de quarante jours que ma lettre est commencée, et je sens de plus en plus combien grande a été la miséricorde du Seigneur envers moi, en me tirant de la voie large pour me conduire ici. Quand, après avoir lu la vie de sainte Marie d'Égypte, je me déterminai à suivre le parti que j'ai pris, ma résolution étoit ferme ; mais je ne savois pas encore à quoi je m'engageois. Aujourd'hui je le sais, et je vois bien qu'une pareille grâce n'a pu m'être acquise qu'au prix du sang de celui qui nous a rachetés tous, et qui ne cherche que le salut du pécheur... J'ai fait une aumône de trois cents livres à la maison de la Trappe, au nom de mes trois sœurs et de mes trois frères : ce me sera une grande consolation, si je persévère, comme je l'espère, d'entendre tant de braves gens prier pour ma famille ; si je m'en vais, ce qu'à Dieu ne plaise, il me reste encore trois cents livres, montre, etc... Adieu, chers frères, chères sœurs. Ne vous souvenez plus de moi que dans vos prières ; car je suis mort pour vous, et je désire ne plus vous revoir qu'au jour de la résurrection. Soyez charitables, faites du bien à ceux même qui ont cherché à vous nuire, car l'aumône est comme un second baptême qui efface les péchés, et un moyen presque infaillible de mériter le ciel. Ainsi, dépouillez-vous en faveur des pauvres : c'est en faveur de Jésus-Christ que vous vous dépouillerez, et il aura pitié de vous. Puissiez-vous être persuadés de ce que je vous dis. Adieu. 2 juin 1799.

Billet inséré dans la même lettre pour sa nièce, âgée de sept ans, qui restoit auprès de sa grand'mère maternelle pendant l'émigration de son père.

Chère T..., embrasse tout le monde à F... de ma part, bien des deux bras, et porte tout ton cœur sur tes lèvres, afin que tu puisses remplir cette commission selon mes désirs. Je t'envoie une image de Notre-Dame de la Trappe ; va la placer à la chapelle ; ne manque pas d'aller dire tous les jours un *Ave, Maria,* devant cette image. Quand tu sauras le *Salve, Regina,* tu le réciteras bien dévotement, et tu gagneras quatre-vingts jours d'indulgence pour chaque fois. Comme j'ai appris que ton oncle *aîné* étoit marié, dans le cas qu'il reste à L..., je t'en envoie deux, pour que tu lui en donnes une, en le priant de la mettre aussi à la chapelle. Je suis persuadé qu'on suivra chez lui le bel exemple que sa mère donne chaque jour à F... Tu lui diras : C'est ainsi, cher oncle, que vous attirerez sur vous et vos enfants les bénédictions du ciel, et après avoir joui de toute prospérité dans ce monde, vous serez comblé d'un bonheur éternel dans l'autre. Après cela, embrasse-le bien tendrement, et ta mission sera finie. Adieu, chère T..., permets-moi de t'embrasser, quoique avec une barbe d'environ deux mois ; elle ne t'atteindra pas. Adieu encore, chère T..., sois bien pieuse, et tu es assurée de ne point périr.

Fragment d'une lettre du mois d'avril 1800, à son frère, compagnon d'émigration.

Je ne suis point au courant de ce qui se passe. Ce ne m'est pas une privation : la pièce est trop longue pour espérer d'en voir la fin ; la mort elle-même baissera bientôt la toile pour nous. Ah, mon frère ! puissions-nous avoir le bonheur d'entrer au ciel ! Que de choses ne verrons-nous pas alors !

Espérons en celui qui a pris sur lui les péchés du monde, et qui par sa mort nous donna la vie... S'il me reste quelque chose, je désire qu'on fasse bâtir une chapelle dédiée à Notre-Dame des sept Douleurs, dans l'arrondissement de la maison paternelle, selon le projet que nous en fîmes sur la route de Munich. Vous vous rappelez le plaisir que nous avions, après avoir traversé des pays protestants, de trouver enfin le signe du salut, le seul espoir du pécheur. Sitôt que la police ne s'y opposera plus, hâtez-vous de faire élever des croix, pour la consolation des voyageurs, avec des siéges pour les gens fatigués, et une inscription comme en Bavière : *Ihr müden ruhen sic aus*, « Vous qui êtes fatigués, reposez-vous. » Qu'il soit fondé douze messes par an, le premier samedi de chaque mois, pour le repos de l'âme de mon père, et puis pour toute la famille. J'étois dans l'usage de faire dire une messe tous les mois pour mon père : en attendant que la chapelle se fasse, je prie M... (son frère prêtre) de remplir mon engagement.

Billet à ses sœurs, joint à une autre lettre écrite à son frère.

Ma lettre auroit dû être partie depuis quelque temps ; je crains qu'elle ne trouve plus mon frère en R... Nous sommes à cueillir des olives par un vent du nord très froid ; ce qui fait un peu souffrir. Je suis devenu très frileux, ce que j'attribue à la laine que j'ai sur la peau. La veille de la Pentecôte, je ne pus réchauffer mes pieds de tout le jour, quoique nous portions tous des chaussons de molleton ; je sens aussi quelquefois froid à la tête, malgré mes deux capuchons. Du reste, mes hémorragies ont beaucoup diminué, et j'ai repris mes forces... Plus on souffre pour Dieu, plus on est heureux par l'opinion de gagner le ciel, et on se réjouit en pensant que la vie de l'homme est comme la fleur des champs. Bientôt nous ne serons plus, chères sœurs, et nos neveux sauront à peine que nous avons existé. Voici un des grands avantages de la vie religieuse ; c'est que tout ce qui annonce la dissolution prochaine et le tombeau cause autant de joie qu'on est attristé dans le monde par tout ce qui en rappelle le souvenir. Ne soyez pas gens du monde, et que la certitude de la mort vous console au milieu de toutes les peines qui pourroient vous survenir. C'est là le port de tous les vrais serviteurs de Dieu; c'est là qu'ils entreront dans la joie de leur Seigneur. Écoutez donc cette voix qui crie du ciel : *Heureux ceux qui meurent dans le Seigneur!* Chère Rosalie, et toi, cher filleul, puisque nous ne devons plus nous revoir dans ce monde, tâchons de nous retrouver dans l'autre.

6 décembre 1800.

Fragment d'une lettre à ses sœurs, du 1er février 1801.

Je vais vous donner, mes chères sœurs, une idée de la maison où je dois probablement finir mes jours. En 1693, les François, ayant pénétré en Aragon, prirent le château de Maëlla, et vinrent à l'abbaye de Sainte-Suzanne, qu'ils saccagèrent. Ce couvent, abandonné depuis plus d'un siècle, tomboit en ruine, lorsque dom Jérosime d'Alcantara, notre abbé, y est arrivé avec cinq ou six autres pauvres religieux. Les aumônes sont venues de toutes parts : les gens du peuple, n'ayant pas d'autre chose à donner, ont prêté leurs bras, et bientôt la maison a été assez bien réparée pour des hommes qui doivent vivre dans une entière abnégation d'eux-mêmes. Il n'y a pas de mendiant en Espagne qui se nourrisse aussi mal, et qui ne soit mieux pour ce qui regarde le bien-être du corps; cependant on y est heureux par l'espérance, et il n'y en a pas un qui voulût changer son état contre un empire. Dans ce monde, la mort qui se hâte vient confondre l'empereur et le moine : chacun s'en va n'emportant que ses œuvres ; alors on est bien aise d'avoir semé au milieu des larmes; le mal est passé, la joie lui succède pour l'éternité. Je regarde comme une grande grâce d'être arrivé assez à temps pour avoir part aux travaux et aux peines qui suivent un nouvel établissement...

J'ai gardé les brebis, avec une vingtaine de chèvres ; le maître berger voulut un jour me quitter pour aller chercher quelques agneaux : je ne sais si je rêvois au premier âge du monde lorsque tout étoit commun : des cris qui venoient de loin me firent apercevoir que mon troupeau étoit dans les vignes ; je criai aussi, je lançai des pierres, les chèvres gagnèrent un coteau voisin, et le reste suivit. Le berger, voyant cette belle conduite, me demanda : *Si in mi tiera era pastor*[1] ? J'ai été depuis garder les moutons avec un petit frère de quinze ou seize ans ; il a une figure douce, telle que devoit être celle du bon Abel. Il me laissa errer de coteau en coteau ; je le menai à près d'une lieue du couvent.

En Espagne, les seigneurs font de grandes aumônes. On a augmenté notre labourage, de manière que, quoique nous soyons très-nombreux, je crois qu'en bien travaillant, nous pourrons vivre sans secours d'étrangers, sans compter la foule de curieux et de pauvres que nous hébergeons. Je vous donne tous ces détails pour vous faire voir combien le bon Dieu a béni cet établissement : c'est ce que nous faisoit remarquer dernièrement notre abbé, qui est François, quoique sa famille soit originaire d'Espagne.

Fragment d'une lettre à ses sœurs, du 10 mars 1801.

Que vous êtes heureuses, mes chères sœurs, de voir les églises se rouvrir! profitez-en, soyez reconnoissantes, réjouissez-vous en Dieu, qui ne cesse de vous protéger... Mon parti est bien pris, me voici fixé jusqu'à la mort ; je souffre quelquefois, mais cette chère espérance que le bon Dieu a mise dans mon âme vient tous les soirs adoucir mes peines ; et lorsque je me rappelle la promesse que fit notre Sauveur à saint Pierre pour tous ceux qui renonceront aux biens de ce monde pour le suivre, d'où me vient ce bonheur, me dis-je, que j'ai été appelé à suivre un si

---

[1] Si j'étois berger dans mon pays?

grand maître, qui donne le ciel pour un peu de terre ?
Quelquefois le souvenir des péchés de ma vie passée m'inquiète ; je sens bien que je n'ai encore rien fait pour satisfaire à une si grande dette, puis je me tranquillise en lisant cette belle méditation de saint Augustin : «Le sou-
«venir de mes iniquités pourroit me faire désespérer si le
«Verbe de Dieu ne se fût fait chair, et n'eût habité parmi
«nous ; mais maintenant je n'ose plus désespérer, parce
«que si, lorsque nous étions ennemis, nous avons été ré-
«conciliés, etc., etc. » Il est impossible de ne pas reprendre courage. Procurez-vous ce livre de Méditations, Soliloques et Manuel de saint Augustin. Toute personne qui sert Dieu ne peut lire qu'avec transport ces belles peintures de la Jérusalem céleste. Quel puissant aiguillon pour s'animer à faire quelque chose pour notre Sauveur, qui, par sa mort, nous mérite une si belle vie ! Lisez le *Traité de l'amour de Dieu* de saint François de Sales : c'est un des livres qui m'ont fait le plus de plaisir en ma vie, quoique je l'aie lu en espagnol.

Fragment d'une lettre à ses frères, samedi de Pâques 1801.

Après-demain, mes chers frères, je ferai ma profession... Je suis étonné de me trouver si fort un dernier jour de carême. C'est bien différent du premier où je fis un dur apprentissage. Les commencements d'une chose nouvelle sont d'ordinaire pénibles, parce qu'on n'en sent pas tous les rapports ; ensuite peu à peu l'habitude semble changer la nature des choses, et on est étonné de faire avec facilité ce qui avoit coûté d'abord tant de peine : c'est ce qui m'arrive. Vous avez dû être étonnés que j'aie embrassé un état qui m'enchaîne, moi qui ai toujours aimé l'indépendance, cette liberté de courir et de m'agiter. Depuis quelques années, quoique j'eusse une existence aussi agréable que ma position me le pût permettre, je me sentois inquiet, j'avois quelquefois du dégoût pour la vie. Enfin, en lisant la Vie de sainte Marie d'Égypte, je me sentis touché de la consolation qu'on trouve lorsqu'on se voue entièrement au service de Dieu, de manière que je pris dès lors la ferme résolution d'embrasser l'état dans lequel je suis à la veille d'entrer sans retour... Vous me parlez de vos affaires. Souvenez-vous que vous êtes frères, tous bons chrétiens. Vous n'appréciez pas assez ce titre, si vous avez besoin d'un tiers pour vous arranger sur vos intérêts respectifs. Ne refroidissez pas l'amitié par des comptes : entre frères tout doit se faire par un à peu près. Que les plus riches aident aux plus pauvres. Qu'il est doux de s'aimer entre frères, et de se réunir pour parler de la vie future et de Dieu, qui est lui-même la parfaite charité !... Prions la sainte Vierge, prions-la, cette bonne mère, qu'elle nous réunisse tous au ciel, avec mon père, ma mère, mes sœurs qui y sont déjà, et qui prient de leur côté. Nous ne sommes pas comme les païens, qui, à la mort de leurs proches, se désolent. Pour nous, réjouissons-nous dans le Seigneur, qui ne nous sépare que pour peu de temps. Adieu, mes frères, adieu ; priez pour moi.

Fragment d'une lettre à sa belle-sœur, du jour de Pâques 1801.

A la veille de me vouer entièrement au silence, ma très chère sœur, je viens vous faire mes derniers adieux. En quittant Paris, vous fûtes la seule que je pus embrasser... Je ne sais pas où sont mes oncles : si par hasard ils sont à votre portée, renouvelez-leur tous les sentiments d'un neveu qui ne pourra plus traverser les monts.

S'il plaît au bon Dieu, j'aurai demain le bonheur de faire mes vœux, ainsi qu'un jeune prêtre françois qui a un air bien distingué : sa figure et sa voix portent l'empreinte de la piété.

Ma lettre ne devant partir que samedi, ma profession faite, j'y ajouterai une croix comme on en met sur la tombe des morts.

Adieu encore, ma sœur et mes frères ; ne cessons de

prier notre Sauveur qu'il veuille bien nous réunir à son côté droit au grand jour de la résurrection.

†

La famille avoit demandé un certificat de profession pour obtenir le bienfait de l'amnistie, accordé par le premier consul. Elle espéroit que la mort civile du Trappiste seroit considérée comme ayant le même effet que la mort naturelle. La lettre qui suit, écrite par un religieux de la Trappe, dispensa de faire cette nouvelle demande à la bienfaisance du gouvernement.

Lettre du Père... à la famille.

GLOIRE A DIEU.

Au monastère de Sainte-Suzanne de N. D. de la Trappe,
le 28 du mois d'août de 1802.

Monsieur,

Nous vous envoyons, comme vous le demandez, un certificat de la profession de monsieur votre frère, dans ce monastère, légalisé par notre notaire royal : nous y en ajoutons un autre qui vous surprendra, et ne laissera pas de vous affliger, en vous apprenant que monsieur votre frère mourut neuf mois après sa profession, et que le bon Dieu le retira de ce misérable monde pour le couronner dans le ciel. Les sentiments de religion dont vous êtes pénétré, monsieur, me donnent tout lieu d'espérer que votre première tristesse sera bientôt convertie en une vraie joie, quand vous saurez quelques circonstances de la vie sainte de monsieur votre frère, et de la mort précieuse qu'il a faite. Non, monsieur, ne doutez pas un instant que Dieu ne lui ait fait miséricorde, et qu'il ne l'ait reçu dans le sein de sa gloire : ainsi, ne pleurez point sa mort, mais enviez plutôt son heureux sort, et priez-le d'être votre protecteur auprès du Seigneur pour vous obtenir le même bonheur. Monsieur votre frère vint dans ce monastère après avoir parcouru une partie de l'Espagne : il se présenta à l'hôtellerie, et déclara son désir d'entrer parmi nous. La pauvreté de la maison, et le grand nombre de religieux qui la composoient, ne nous permettoient guère de recevoir de nouveaux sujets ; on lui fit beaucoup de difficultés pour l'admettre, et on finit par lui dire qu'on ne pouvoit pas le recevoir. Mais la main de Dieu, qui l'avoit conduit, le soutint dans toutes ces épreuves, et lui donna le courage de tout vaincre par sa patience et sa persévérance à demander son admission. Enfin, notre R. Père abbé, qui est plein de bonté et de tendresse, voyant sa constance, lui dit qu'il le recevroit pour Frère convers. Monsieur votre frère, qui ne cherchoit que Dieu et le salut de son âme, accepta la condition, et de suite entra aux exercices de la communauté. Il a été l'exemple et l'édification de tous dans la maison. Son humilité étoit grande et profonde, son obéissance prompte, docile et aveugle, embrassant tous les commandements avec joie et avec une soumission d'enfant. Sa patience étoit à toute épreuve, et sa charité à l'égard de ses frères, tendre, constante et ardente. Il a pratiqué les autres vertus dans le même degré de perfection ; la pauvreté étoit son amie particulière ; il vivoit dans un dépouillement entier de toutes choses : aussi le bon Dieu, qui voyoit la bonne disposition de son cœur, couronna bientôt ses vertus, et écouta les désirs ardents qu'il avoit de mourir pour ne plus l'offenser, disoit-il ; et jouir plus tôt de sa divine présence. Il fut attaqué d'une hydropisie, qui lui fit souffrir, pendant environ quatre mois, tout ce que cette maladie a de plus douloureux et de plus cruel ; mais avec quelle patience et quelle résignation à la sainte volonté de Dieu n'a-t-il pas souffert ses maux ! Il voyoit venir sa fin avec un grand contentement et une paix d'âme profonde. Il ne cessoit de témoigner sa reconnoissance au Seigneur de l'avoir conduit dans cette maison de pénitence, où il avoit trouvé tant de moyens de satisfaire à sa divine justice, pour tous ses péchés et pour se préparer à recevoir ses miséricordes, dans lesquelles il avoit une pleine confiance. Je me rappelle qu'étant couché sur la cendre et la paille, sur laquelle il consomma son sacrifice, il prenoit la main de notre R. Père abbé, avec un amour qui attendrissoit toute la communauté, qui étoit présente. Que mon bonheur est grand! disoit-il; vous êtes l'auteur de mon salut, vous m'avez ouvert les portes du monastère, et par cela même celles du ciel; sans vous je me serois perdu misérablement dans le monde; je prierai le bon Dieu de récompenser votre grande charité à mon égard. Il reçut tous les sacrements au milieu de l'église, selon l'usage de notre ordre : quelques jours avant sa mort, il demanda pardon aux Frères de tout ce qui avoit pu les offenser dans sa conduite, et les pria de lui obtenir une sainte mort par le secours de leurs prières.

Il vous aimoit tous bien tendrement; il parloit souvent de vous tous à son père-maître : celui-ci, le veillant la nuit qu'il mourut, le vit un instant avant d'entrer dans l'agonie, plus recueilli qu'à l'ordinaire, et lui demandant s'il alloit plus mal : Mes moments s'avancent, dit-il; je viens de prier pour tous mes frères et sœurs, qui m'aiment beaucoup, ajouta-t-il : et bientôt après, nous le remîmes sur la paille et la cendre, où, après six heures d'une agonie paisible et tranquille, il remit son âme entre les mains de Jésus-Christ, le 4 de janvier de la présente année. Unissons-nous ensemble, monsieur, pour bénir Dieu, et le remercier des miséricordes dont il a usé à l'égard de monsieur votre frère; et prions-le sans cesse de nous accorder les mêmes grâces, afin de nous unir à lui, dans le ciel, pour l'adorer éternellement avec ses anges. *Amen, amen, amen.*

NOTE X, page 164.

L'auteur, qui trace dans ce quatrième livre un tableau si complet des travaux de nos missionnaires dans l'Inde, à la Chine et en Amérique, s'étoit peu étendu sur les missions du Levant : il s'est reproché cette omission dans l'*Itinéraire de Paris à Jérusalem;* et comme il nous paroît convenable que le *Génie du Christianisme* renferme tout ce qui a rapport aux missions, nous avons pensé que le lecteur retrouveroit ici avec plaisir le fragment de l'*Itinéraire* qui concerne les missions du Levant.

« . . . . Enfin, nous allâmes au couvent françois rendre à l'unique religieux qui l'occupe la visite qu'il m'avoit faite. J'ai déjà dit que le couvent de nos missionnaires comprend dans ses dépendances le monument choragique de Lysicrates. Ce fut à ce dernier monument que j'achevai de payer mon tribut d'admiration aux ruines d'Athènes.

«Cette élégante production du génie des Grecs fut connue des premiers voyageurs sous le nom de *Fanari tou Demosthenis.* «Dans la maison qu'ont achetée depuis peu «les pères Capucins, dit le jésuite Babin, en 1672, il y a une «antiquité bien remarquable, et qui, depuis le temps de «Démosthènes, est demeurée en son entier : on l'appelle «ordinairement *la Lanterne de Démosthènes.*»

«On a reconnu depuis, et Spon le premier, que c'est un monument choragique élevé par Lysicrates dans la rue des Trépieds. M. Legrand en exposa le modèle en terre cuite dans la cour du Louvre, il y a quelques années ; ce modèle étoit fort ressemblant : seulement l'architecte, pour donner sans doute plus d'élégance à son travail, avoit supprimé le mur circulaire qui remplit les entre-colonnes dans le monument original.

«Certainement, ce n'est pas un des jeux les moins étonnants de la Fortune que d'avoir logé un Capucin dans le monument choragique de Lysicrates; mais ce qui, au premier coup d'œil, peut paroître bizarre, devient touchant et respectable quand on pense aux heureux effets de nos missions, quand on songe qu'un religieux françois donnoit à Athènes l'hospitalité à Chandler, tandis qu'un autre religieux françois secouroit d'autres voyageurs à la Chine, au Canada, dans les déserts de l'Afrique et de la Tartarie.

«Les Francs à Athènes, dit Spon, n'ont que la chapelle «des Capucins, qui est au *Fanari tou Demosthenes.* Il n'y «avoit, lorsque nous étions à Athènes, que le père Séra-«phin, très honnête homme, à qui un Turc de la garnison «prit un jour sa ceinture de corde, soit par malice, ou par «un effet de débauche, l'ayant rencontré sur le chemin du «port Lion, d'où il revenoit seul de voir quelques Fran-«çois d'une tartane qui y étoit à l'ancre.

«Les pères Jésuites étoient à Athènes avant les Capucins, «et n'en ont jamais été chassés; ils ne se sont retirés à «Négrepont que parce qu'ils y ont trouvé plus d'occupa-«tion, et qu'il y a plus de Francs qu'à Athènes. Leur hos-«pice étoit presque à l'extrémité de la ville, du côté de la «maison de l'archevêque. Pour ce qui est des Capucins, «ils sont établis à Athènes depuis l'année 1658, et le père «Simon acheta le *Fanari* en 1669, y ayant eu d'autres reli-«gieux de son ordre avant lui dans la ville.»

«C'est donc à ces missions, si long-temps décriées, que nous devons encore nos premières notions sur la Grèce antique. Aucun voyageur n'avoit quitté ses foyers pour visiter le Parthénon, que déjà des religieux exilés sur ces ruines fameuses, nouveaux dieux hospitaliers, attendoient l'antiquaire et l'artiste. Les savants demandoient ce qu'étoit devenue la ville de Cécrops; et il y avoit à Paris, au novi-ciat de Saint-Jacques, un père Barnabé, et à Compiègne un père Simon, qui auroient pu leur en donner des nou-velles : mais ils ne faisoient point parade de leur savoir; re-tirés au pied du crucifix, ils cachoient dans l'humilité du cloître ce qu'ils avoient appris, et surtout ce qu'ils avoient souffert pendant vingt ans au milieu des débris d'Athènes.

«Les Capucins françois, dit La Guilletière, qui ont été «appelés à la mission de la Morée par la congrégation *de* «*propaganda Fide,* ont leur principale résidence à Napoli, «à cause que les galères des beys y vont hiverner, et «qu'elles y sont ordinairement depuis le mois de novembre «jusqu'à la fête de saint Georges, qui est le jour où elles «se remettent en mer : elles sont remplies de forçats chré-

«tiens qui ont besoin d'être instruits et encouragés, et
«c'est à quoi s'occupe avec autant de zèle que de fruit le
«père Barnabé, de Paris, qui est présentement supérieur
«de la mission d'Athènes et de la Morée.»

«Mais si ces religieux, revenus de Sparte et d'Athènes,
étoient si modestes dans leurs cloîtres, peut-être étoit-ce
faute d'avoir bien senti ce que la Grèce a de merveilleux
dans ses souvenirs? Peut-être manquoient-ils aussi de
l'instruction nécessaire? Écoutons le père Babin, Jésuite;
nous lui devons la première relation que nous ayons
d'Athènes :

«Vous pourriez, dit-il, trouver dans plusieurs livres la
«description de Rome, de Constantinople, de Jérusalem et
«des autres villes les plus considérables du monde, telles
«qu'elles sont présentement; mais je ne sais pas quel livre
«décrit Athènes telle que je l'ai vue, et l'on ne pourroit
«trouver cette ville, si on la cherchoit comme elle est re-
«présentée dans Pausanias et quelques autres anciens au-
«teurs; mais vous la verrez ici au même état qu'elle est
«aujourd'hui, qui est tel, que parmi ses ruines elle ne
«laisse pas pourtant d'inspirer un certain respect pour
«elle, tant aux personnes pieuses qui en voient les églises,
«qu'aux savants qui la reconnoissent pour la mère des
«sciences, et aux personnes guerrières et généreuses qui
«la considèrent comme le champ de Mars et le théâtre où
«les plus grands conquérants de l'antiquité ont signalé
«leur valeur, et ont fait paroître avec éclat leur force,
«leur courage et leur industrie; et ces ruines sont enfin
«précieuses pour marquer sa première noblesse, et pour
«faire voir qu'elle a été autrefois l'objet de l'admiration
«de l'univers.

«Pour moi, je vous avoue que d'aussi loin que je la dé-
«couvris de dessus la mer, avec des lunettes de longue
«vue, et que je vis quantité de grandes colonnes de marbre
«qui paroissent de loin et rendent témoignage de son an-
«cienne magnificence, je me sentis touché de quelque res-
«pect pour elle.»

« Le missionnaire passe ensuite à la description des monuments : plus heureux que nous, il avoit vu le Parthénon dans son entier.

« Enfin cette pitié pour les Grecs, ces idées philanthropiques que nous nous vantons de porter dans nos voyages, étoient-elles donc inconnues des religieux? Écoutons encore le père Babin :

« Que si Solon disoit autrefois à un de ses amis, en re-
« gardant de dessus une montagne cette grande ville et ce
« grand nombre de magnifiques palais de marbre qu'il
« considéroit, que ce n'étoit qu'un grand mais riche hôpi-
« tal, rempli d'autant de misérables que cette ville conte-
« noit d'habitants, j'aurois bien plus sujet de parler de la
« sorte, et de dire que cette ville, rebâtie des ruines de
« ses anciens palais, n'est plus qu'un grand et pauvre hô-
« pital qui contient autant de misérables que l'on y voit de
« chrétiens. »

« On me pardonnera de m'être étendu sur ce sujet. Aucun voyageur avant moi, Spon excepté, n'a rendu justice à ces missions d'Athènes, si intéressantes pour un François. *Moi-même je les ai oubliées dans le* GÉNIE DU CHRISTIANISME. Chandler parle à peine du religieux qui lui donna l'hospitalité, et je ne sais même s'il daigne le nommer une seule fois. Dieu merci, je suis au-dessus de ces petits scrupules. Quand on m'a obligé, je le dis ; ensuite je ne rougis point pour l'art, et ne trouve point le monument de Lysicrates déshonoré parce qu'il fait partie du couvent d'un Capucin. Le chrétien qui conserve ce monument, en le consacrant aux œuvres de la charité, me semble tout aussi respectable que le païen qui l'éleva en mémoire d'une victoire remportée dans un chœur de musique. »

(*Note de l'Éditeur.*)

Note Y, page 177. *Missions de la Chine.*

Lord Mackartney, malgré ses préjugés religieux et nationaux, rend un témoignage bien remarquable en faveur de nos missionnaires :

« Les missionnaires partagent avec zèle un soin si rempli
« d'humanité (celui de recueillir les enfants exposés après
« leur naissance). Ils se hâtent de baptiser ceux qui con-
« servent le moindre signe de vie, afin, comme ils le disent,
« de sauver l'âme de ces êtres innocents. Un de ces pieux
« ecclésiastiques, qui n'avoit nul penchant à exagérer le
« mal, avoua qu'à Pékin on exposoit chaque année environ
« deux mille enfants, dont un grand nombre périssoit. Les
« missionnaires prennent soin de tous ceux qu'ils peuvent
« conserver à la vie. Ils les élèvent dans les principes ri-
« goureux et fervents du christianisme, et quelques-uns
« de ces disciples se rendent ensuite utiles à leur religion,
« en travaillant à y convertir leurs compatriotes.

« Les conversions s'opèrent ordinairement parmi les pau-
« vres, qui, dans tous les pays, composent la classe la plus
« nombreuse. Les charités que les missionnaires font, au-
« tant qu'ils peuvent, préviennent en faveur de la doctrine
« qu'ils prêchent. Quelques Chinois ne se conforment peut-
« être qu'en apparence à cette doctrine, à cause des bien-
« faits qu'elle leur vaut; mais leurs enfants deviennent des
« chrétiens sincères. D'ailleurs, on a toujours plus d'accès
« auprès des pauvres ; et ils sont plus touchés du zèle désin-
« téressé des étrangers qui viennent du bout de la terre
« pour les sauver.

« C'est un spectacle singulier, en effet, pour toutes les
« classes de spectateurs, que de voir des hommes, animés
« par des motifs différents de ceux de la plupart des actions
« humaines, quittant pour jamais leur patrie et leurs amis,
« et se consacrant pour le reste de leur vie au soin de tra-
« vailler à changer le dogme d'un peuple qu'ils n'ont jamais
« vu. En poursuivant leurs desseins, ils courent toutes sortes

« de risques, ils souffrent toute espèce de persécutions, et
« renoncent à tous les agréments. Mais à force d'adresse,
« de talent, de persévérance, d'humilité, d'application à
« des études étrangères à leur première éducation, et en
« cultivant des arts entièrement nouveaux pour eux, ils
« parviennent à se faire connoître et protéger. Ils triom-
« phent du malheur d'être étrangers dans un pays où la plu-
« part des étrangers sont proscrits, et où c'est un crime que
« d'avoir abandonné le tombeau de ses pères. Ils obtiennent
« enfin des établissements nécessaires à la propagation de
« leur foi, sans employer leur influence à se procurer au-
« cun avantage personnel.

« Des missionnaires de différentes nations ont eu la per-
« mission de bâtir à Pékin quatre couvents, avec des églises
« qui y sont jointes ; il y en a même quelqu'un dans les limites
« du palais impérial. Ils ont des terres dans le voisinage de
« la ville ; et on assure que les Jésuites ont possédé, dans
« la cité et dans les faubourgs, plusieurs maisons dont le
« revenu servoit seulement à favoriser l'objet de la mission.
« Ils ont souvent, par des actes charitables, fait des pro-
« sélytes et secouru les malheureux. » (*Voyage dans l'intérieur de la Chine et en Tartarie, fait dans les années* 1792,
1793 *et* 1794, *par lord Mackartney, ambassadeur du roi d'Angleterre auprès de l'empereur de la Chine*, tome II, page 383.)

(*Note de l'Éditeur.*)

NOTE Z, page 230.

Lorsque nous avons parlé, dans le volume précédent,
des beaux sujets de l'histoire moderne qui pourroient devenir intéressants s'ils étoient traités par une main habile,
l'*Histoire des Croisades*, de M. Michaud, n'avoit pas encore
paru. Nous avons déjà exprimé notre pensée ailleurs sur
cet excellent ouvrage [1] ; en voici un fragment qui vient à

---

[1] *Mélanges littéraires.*

l'appui de ce que nous avons dit sur les avantages que l'Europe a retirés de l'institution de la chevalerie :

« La chevalerie étoit connue dans l'Occident avant les croisades : ces guerres, qui sembloient avoir le même but que la chevalerie, celui de défendre les opprimés, de servir la cause de Dieu et de combattre les infidèles, donnèrent à cette institution plus d'éclat et de consistance, une direction plus étendue et plus salutaire.

« La religion, qui se mêloit à toutes les institutions et à toutes les passions du moyen-âge, épura les sentiments des chevaliers, et les éleva jusqu'à l'enthousiasme de la vertu. Le christianisme prêtoit à la chevalerie ses cérémonies et ses emblèmes, et tempéroit, par la douceur de ses maximes, l'aspérité des mœurs guerrières.

« La piété, la bravoure, la modestie, étoient les qualités distinctives de la chevalerie : *Servez Dieu, et il vous aidera; soyez doux et courtois à tout gentilhomme en ôtant de vous tout orgueil; ne soyez flatteur, ni rapporteur, car telles manières de gens ne viennent pas à grande perfection. Soyez loyal en faits et dires; tenez votre parole, soyez secourable à pauvres et orphelins, et Dieu vous le guerdonnera.*

« Ce qu'il y avoit de plus admirable dans l'esprit de cette institution, c'étoit l'entière abnégation de soi-même, cette loyauté qui faisoit un devoir à chaque guerrier d'oublier sa propre gloire pour ne publier que les hauts faits de ses compagnons d'armes. Les *vaillances* d'un chevalier étoient sa fortune, sa vie; *et celui qui les taisoit étoit ravisseur des biens d'autrui.* Rien ne paroissoit plus répréhensible que de se louer soi-même. *Si l'écuyer*, dit le code des preux, *a vaine gloire de ce qu'il a fait, il n'est pas digne d'être chevalier.* Un historien des croisades nous offre un exemple singulier de cette vertu, qui n'est pas tout-à-fait l'humilité, et qu'on pourroit appeler *la pudeur de la gloire,* lorsqu'il nous représente Tancrède s'arrêtant sur le champ de bataille, et faisant jurer à son écuyer de garder à jamais le silence sur ses exploits.

« La plus cruelle injure qu'on pût faire à un chevalier,

c'étoit de l'accuser de mensonge. Le manque de fidélité, le parjure, passoient pour les plus honteux des crimes. Quand l'innocence opprimée imploroit le secours d'un chevalier, malheur à celui qui ne répondoit point à cet appel ! L'opprobre suivoit toute offense envers le foible, toute agression envers l'homme désarmé.

« L'esprit de la chevalerie entretenoit et fortifioit parmi les guerriers les sentiments généreux qu'avoit fait naître l'esprit militaire de la féodalité : le dévouement au souverain étoit la première vertu, ou plutôt le premier devoir d'un chevalier. Ainsi, dans chaque état de l'Europe, s'élevoit une jeune milice toujours prête à combattre, toujours prête à s'immoler pour le prince et pour la patrie, comme pour la cause de l'innocence et de la justice.

« Un des caractères les plus remarquables de la chevalerie, celui qui excite aujourd'hui le plus notre curiosité et notre surprise, c'est l'alliance des sentiments religieux et de la galanterie. La dévotion et l'amour, tel étoit le mobile des chevaliers : *Dieu et les Dames*, telle étoit leur devise.

« Pour avoir une idée des mœurs de la chevalerie, il suffit de jeter les yeux sur les tournois, qui lui durent leur origine, et qui étoient comme les écoles de la courtoisie et les fêtes de la bravoure. A cette époque, la noblesse se trouvoit dispersée, et restoit isolée dans les châteaux. Les tournois lui donnoient l'occasion de se rassembler, et c'est dans ces réunions brillantes qu'on rappeloit la mémoire des anciens preux, que la jeunesse les prenoit pour modèles, et se formoit aux vertus chevaleresques, en recevant le prix des mains de la beauté.

« Comme les dames étoient les juges des actions et de la bravoure des chevaliers, elles exercèrent un empire absolu sur l'âme des guerriers; et je n'ai pas besoin de dire ce que cet ascendant du sexe le plus doux put donner de charme à l'héroïsme des preux et des paladins. L'Europe commença à sortir de la barbarie du moment où le plus foible commanda au plus fort, où l'amour de la gloire, où les plus mobiles sentiments du cœur, les plus tendres affections de l'âme, tout ce qui constitue la force morale de la société, put triompher de toute autre force.

« Louis IX, prisonnier en Égypte, répond aux Sarrasins qu'il ne veut rien faire sans la reine Marguerite, *qui est sa dame*. Les Orientaux ne pouvoient comprendre une pareille déférence; et c'est parce qu'ils ne comprenoient point cette délicatesse, qu'ils sont restés si loin des peuples de l'Europe pour la noblesse des sentiments et l'élégance des mœurs et des manières.

« On avoit vu dans l'antiquité des héros qui couroient le monde pour le délivrer des fléaux et des monstres; mais ces héros n'avoient pour mobile ni la religion qui élève l'âme, ni cette courtoisie qui adoucit les mœurs. Ils connoissoient l'amitié, témoins Thésée et Pirithoüs, Hercule et Lycas; mais ils ne connoissoient point la délicatesse de l'amour. Les poëtes anciens se plaisent à nous représenter les infortunes de quelques héroïnes délaissées par des guerriers; mais, dans leurs touchantes peintures, il n'échappe jamais à leur muse attendrie la moindre expression de blâme contre les héros qui faisoient ainsi couler les larmes de la beauté. Dans le moyen-âge, et d'après les mœurs de la chevalerie, un guerrier qui auroit imité la conduite de Thésée envers Ariane, celle du fils d'Anchise envers Didon, n'eût pas manqué d'encourir le reproche de félonie.

« Une autre différence entre l'esprit de l'antiquité et les sentiments des modernes, c'est que, chez les anciens, l'amour passoit pour amollir le courage des héros, et que, au temps de la chevalerie, les femmes, qui étoient juges de la valeur, rappeloient sans cesse dans l'âme des guerriers l'enthousiasme de la vertu et l'amour de la gloire. On trouve dans Alain Chartier une conversation entre plusieurs dames, exprimant leurs sentiments sur la conduite de leurs chevaliers qui s'étoient trouvés à la bataille d'Azincourt. Un de ces chevaliers avoit cherché son salut dans la fuite; et la dame de ses pensées s'écrie : *Selon la loi d'a-*

mour, je l'aurois mieux aimé mort que vif. Dans la première croisade, Adèle, comtesse de Blois, écrivoit à son mari, qui étoit parti pour l'Orient avec Godefroy de Bouillon : *Gardez-vous bien de mériter les reproches des braves.* Comme le comte de Blois étoit revenu en Europe avant la reprise de Jérusalem, sa femme le fit rougir de cette désertion, et le força de repartir pour la Palestine, où il combattit vaillamment, et trouva une mort glorieuse. Ainsi l'esprit et les sentiments de la chevalerie n'enfantoient pas moins de prodiges que le plus ardent patriotisme dans l'antique Lacédémone ; et ces prodiges paroissoient si simples, si naturels, que les chroniqueurs du moyen-âge ne les rapportent qu'en passant, et sans en témoigner la moindre surprise.

«Cette institution, si ingénieusement appelée *Fontaine de courtoisie, et qui de Dieu vient,* est bien plus admirable encore sous l'influence toute-puissante des idées religieuses. La charité chrétienne réclame toutes les affections du chevalier, et lui demande un dévouement perpétuel pour la défense des pèlerins et le soin des malades. Ce fut ainsi que s'établirent les ordres de Saint-Jean et du Temple, celui des chevaliers Teutoniques, et plusieurs autres, tous institués pour combattre les Sarrasins et soulager les misères humaines. Les infidèles admiroient leurs vertus autant qu'ils redoutoient leur bravoure. Rien n'est plus touchant que le spectacle des nobles chevaliers qu'on voyoit tour à tour sur le champ de bataille et dans l'asile des douleurs, tantôt la terreur de l'ennemi, tantôt la consolation de tous ceux qui souffroient. Ce que les paladins de l'Occident faisoient pour la beauté, les chevaliers de la Palestine le faisoient pour la pauvreté et pour le malheur. Les uns dévouoient leur vie à la dame de leurs pensées ; les autres la dévouoient aux pauvres et aux infirmes. Le grand-maître de l'ordre militaire de Saint-Jean prenoit le titre de *Gardien des pauvres de Jésus-Christ,* et les chevaliers appeloient les malades et les pauvres *nos seigneurs.* Une chose plus incroyable, le grand-maître de l'ordre de Saint-Lazare, institué pour la guérison et le soulagement de la lèpre, devoit être pris parmi les lépreux. Ainsi la charité des chevaliers, pour entrer plus avant dans les misères humaines, avoit ennobli en quelque sorte ce qu'il y a de plus dégoûtant dans les maladies de l'homme. Ce grand-maître de Saint-Lazare, qui doit avoir lui-même les infirmités qu'il est appelé à soulager dans les autres, n'imite-t-il pas, autant qu'on peut le faire sur la terre, l'exemple du Fils de Dieu qui revêtit une forme humaine pour délivrer l'humanité?

«On pourroit croire qu'il y avoit de l'ostentation dans une si grande charité; mais le christianisme, comme nous l'avons déjà dit, avoit dompté l'orgueil des guerriers, et ce fut là sans doute un des plus beaux miracles de la religion au moyen-âge. Tous ceux qui visitoient alors la Terre-Sainte ne pouvoient se lasser d'admirer, dans les chevaliers du Temple, de Saint-Jean, de Saint-Lazare, leur résignation à souffrir toutes les peines de la vie, leur soumission à toutes les rigueurs de la discipline, et leur docilité à la moindre volonté de leur chef. Pendant le séjour de saint Louis en Palestine, les Hospitaliers ayant eu une querelle avec quelques croisés qui chassoient sur le mont Carmel, ceux-ci portèrent leur plainte au grand-maître. Le chef de l'hôpital manda devant lui les frères qui avoient fait outrage aux croisés, et, pour les punir, les condamna à manger à terre sur leurs manteaux. *Advint,* dit le sire de Joinville, *que je me trouvai présent avec les chevaliers qui s'étoient plaints, et requismes du maistre qu'il fist lever les frères de dessus leurs manteaux, ce qu'il cuida refuser.* Ainsi la rigueur des cloîtres et l'humilité austère des cénobites n'avoient rien de repoussant pour des guerriers : tels étoient les héros qu'avoient formés la religion et l'esprit des croisades. Je sais qu'on peut tourner en ridicule cette soumission et cette humilité dans des hommes accoutumés à manier les armes; mais une philosophie éclairée se plaît à y reconnoître l'heureuse influence des idées religieuses sur les mœurs d'une société livrée à des passions barbares. Dans un siècle où la colère et l'orgueil auroient pu porter des guerriers à tous les excès, quel plus doux spectacle pour l'humanité que celui de la valeur qui s'humilioit, et de la force qui s'oublioit elle-même!

« Nous savons qu'on abusa quelquefois de l'esprit de la chevalerie, et que ses belles maximes ne dirigèrent pas la conduite de tous les chevaliers. Nous avons raconté dans l'*Histoire des Croisades* les longues discordes que suscita la jalousie entre les deux ordres de Saint-Jean et du Temple; nous avons parlé des vices qu'on reprochoit aux Templiers vers la fin des guerres saintes; nous pourrions parler encore des travers de la chevalerie errante : mais notre tâche est ici de faire l'histoire des institutions, et non point celle des passions humaines. Quoi qu'on puisse penser de la corruption des hommes, il sera toujours vrai de dire que la chevalerie, alliée à l'esprit de courtoisie et à l'esprit du christianisme, a réveillé dans le cœur humain des vertus et des sentiments ignorés des anciens. Ce qui prouveroit que dans le moyen-âge tout n'étoit pas barbare, c'est que l'institution de la chevalerie obtint, dès sa naissance, l'estime et l'admiration de toute la chrétienté. Il n'étoit point de gentilhomme qui ne voulût être chevalier : les princes et les rois s'honoroient d'appartenir à la chevalerie. C'est là que des guerriers venoient prendre des leçons de politesse, de bravoure et d'humanité ; admirable école, où la victoire déposoit son orgueil, la grandeur ses superbes dédains, où ceux qui avoient la richesse et le pouvoir venoient apprendre à en user avec modération et générosité !

« Comme l'éducation des peuples se formoit sur l'exemple des premières classes de la société, les généreux sentiments de la chevalerie se répandirent peu à peu dans tous les rangs, et se mêlèrent au caractère des nations européennes; peu à peu il s'élevoit contre ceux qui manquoient à leurs devoirs de chevaliers une opinion générale plus sévère que les lois elles-mêmes, qui étoit comme le code de l'honneur, comme le cri de la conscience publique. Que ne devoit-on pas espérer d'un état de société où tous les discours qu'on tenoit dans les camps, dans les tournois, dans toutes les assemblées de guerriers, se réduisoient à ces paroles : *Malheur à qui oublie les promesses qu'il a faites à la religion, à la patrie, à l'amour vertueux! Malheur à qui trahit son Di u, son roi ou sa dame!*

« Lorsque l'institution de la chevalerie tomba par l'abus qu'on en fit, et surtout par une suite de changements survenus dans le système militaire de l'Europe, il resta encore aux sociétés européennes quelques sentiments qu'elle avoit inspirés, de même qu'il reste à ceux qui ont oublié la religion dans laquelle ils sont nés, quelque chose de ses préceptes, et surtout des profondes impressions qu'ils en reçurent dans leur enfance. Au temps de la chevalerie, le prix des bonnes actions étoit la gloire et l'honneur. Cette monnoie, qui est si utile aux peuples, et qui ne leur coûte rien, n'a pas laissé d'avoir quelque cours dans les siècles suivants : tel est l'effet d'un glorieux souvenir, que les marques et les distinctions de la chevalerie servent encore de nos jours à récompenser le mérite et la bravoure...

. . . .

« Pour faire mieux sentir tout le bien que devoient apporter avec elles les guerres saintes, nous avons examiné ailleurs ce qui seroit arrivé si elles avoient eu tout le succès qu'elles pouvoient avoir; qu'on fasse maintenant une autre hypothèse, et que notre pensée s'arrête un moment sur l'état où se seroit trouvée l'Europe sans les expéditions que l'Occident renouvela tant de fois contre les nations de l'Asie et de l'Afrique. Dans le onzième siècle, plusieurs contrées européennes étoient envahies; les autres étoient menacées par les Sarrasins. Quels moyens de défense avoit alors la république chrétienne, où les États étoient livrés à la licence, troublés par la discorde, plongés dans la barbarie? Si la chrétienté, comme le remarque M. de Bonald, ne fût sortie alors par toutes ses portes, et à plusieurs reprises, pour attaquer un ennemi formidable, ne doit-on pas croire que cet ennemi eût profité de l'inaction des peuples chrétiens, qu'il les eût surpris au milieu de leurs divisions, et les eût subjugués les uns après les autres? Qui de nous ne frémit d'horreur en pensant que la France, l'Allemagne, l'Angleterre et l'Italie pouvoient éprouver le sort de la Grèce et de la Palestine? »

(*Hist. des Croisades.* Paris, 1822, t. V; p. 239-51, 328.)

FIN DES NOTES DU TOME III DU GÉNIE DU CHRISTIANISME.

TABLE.

GÉNIE DU CHRISTIANISME.

SUITE DU LIVRE QUATRIÈME.

Chapitre V. Que l'incrédulité est la principale cause de la décadence du goût et du génie............ Page 3

LIVRE CINQUIÈME.

HARMONIES DE LA RELIGION CHRÉTIENNE AVEC LES SCÈNES DE LA NATURE ET LES PASSIONS DU COEUR HUMAIN.

Chapitre premier. Division des harmonies........... 13
Chap. II. Harmonies physiques. Sites des monuments religieux ; Couvents maronites, cophtes, etc....... 14
Chap. III. Les ruines en général. Qu'il y en a de deux espèces.................................... 23
Chap. IV. Effet pittoresque des ruines. Ruines de Palmyre, d'Égypte, etc............................ 27
Chap. V. Ruines des monuments chrétiens.......... 30
Chap. VI. Harmonies morales. Dévotions populaires... 33

QUATRIÈME PARTIE.

CULTE.

LIVRE PREMIER.

ÉGLISES, ORNEMENTS, CHANTS, PRIÈRES, SOLENNITÉS, etc.

Chapitre premier. Cloches..................... 41
Chap. II. Du vêtement des prêtres et des ornements de l'Église... 45

Chap. III. Des chants et des prières............... 48
Chap. IV. Des solennités de l'Église. Du Dimanche.... 57
Chap. V. Explication de la Messe.................. 60
Chap. VI. Cérémonies et prières de la Messe......... 63
Chap. VII. Fête-Dieu............................ 67
Chap. VIII. Des Rogations....................... 71
Chap. IX. De quelques fêtes chrétiennes. Les Rois, Noël, etc................................. 73
Chap. X. Funérailles. Pompes funèbres des grands..... 78
Chap. XI. Funérailles du guerrier. Convois des riches, Coutumes, etc............................. 81
Chap. XII. Des Prières pour les Morts............. 84

LIVRE SECOND.

TOMBEAUX.

Chapitre premier. Tombeaux antiques. L'Égypte..... 91
Chap. II. Les Grecs et les Romains................ 93
Chap. III. Tombeaux modernes. La Chine et la Turquie. 94
Chap. IV. La Calédonie, ou l'ancienne Écosse........ 95
Chap. V. Otaïti................................ 97
Chap. VI. Tombeaux chrétiens.................... 99
Chap. VII. Cimetières de campagne................ 102
Chap. VIII. Tombeaux dans les Églises............. 105
Chap. IX. Saint-Denis........................... 108

LIVRE TROISIÈME.

VUE GÉNÉRALE DU CLERGÉ.

Chapitre premier. De Jésus-Christ et de sa vie....... 113
Chap. II. Clergé séculier. Hiérarchie............... 121
Chap. III. Clergé régulier. Origine de la vie monastique. 133
Chap. IV. Des Constitutions monastiques........... 139
Chap. V. Tableau des mœurs et de la vie religieuse. Moines, cophtes, maronites, etc..................... 145

CHAP. VI. Suite du précédent. Trapistes, chartreux, sœurs de Sainte-Claire, pères de la rédemption, missionnaires, filles de la charité, etc.............. 149

LIVRE QUATRIÈME.

MISSIONS.

CHAPITRE PREMIER. Idée générale des missions........ 157
CHAP. II. Missions du Levant...................... 166
CHAP. III. Missions de la Chine................... 171
CHAP. IV. Missions du Paraguay. Conversion des sauvages.. 178
CHAP. V. Suite des missions du Paraguay. République chrétienne. Bonheur des Indiens................ 184
CHAP. VI. Missions de la Guiane.................. 197
CHAP. VII. Missions des Antilles.................. 200
CHAP. VIII. Missions de la Nouvelle-France........ 205
CHAP. IX. Fin des missions....................... 218

LIVRE CINQUIÈME.

ORDRE MILITAIRE DE CHEVALERIE.

CHAPITRE PREMIER. Chevaliers de Malte............ 220
CHAP. II. Ordre teutonique....................... 225
CHAP. III. Chevaliers de Calatrave et de Saint-Jacques-de-l'Épée, en Espagne........................ 227
CHAP. IV. Vie et mœurs des Chevaliers............ 231
NOTES ET ÉCLAIRCISSEMENTS..................... 247

FIN DE LA TABLE DU TOME TROISIÈME.

www.ingramcontent.com/pod-product-compliance
Lightning Source LLC
Chambersburg PA
CBHW072016150426
43194CB00008B/1131